Christian Theology in the Early and Medieval Ages

초기와 중세
기독교 신학

김득해(Samuel Dukhae Kim) 지음

인간과문학사

저를 평생 동안 아낌없이 사랑해 주신 김득호 친형님께
이 글을 바칩니다.

| 책을 내면서 |

그동안 신학교에서 종교철학과 세계종교사를 가르쳐 온 교수로서 초대와 중세교회사에 특별한 관심을 가지게 되었고 다양한 자료들을 접하게 되었다. 이 자료들을 모아 연구하고 정리하면서 이를 바탕으로 해서 이 책을 만들게 되었다.

지난 몇 년 동안 초대와 중세시대의 교회사, 문화사 그리고 신학에 대하여 관심을 가지고 집중적으로 연구했는데 이 과정에서 느낀 것은 초대 및 중세교회사와 문화사의 연구는 상당히 많았다. 또한 이에 관한 책들도 많이 출판되었으나 이 시대의 전반적 사상과 신학을 다룬 책들은 별로 많지 않다는 것을 알게 되었다.

그래서 이 책은 초대와 중세의 교회사와 문화사들을 다루었지만 많은 부분 이 시대에 나타난 여러 가지 사상적 체계와 그리고 교리를 중심으로 신학적 해석을 지적하고 분석하는 것을 목적으로 했다.

이 책의 연구 자료는 일차 자료(primary source)와 이차 자료(secondary source)로 나누어서 수집한 것들이다. 기본 자료는 초대교회 문서들로써 영어로 쓰여진 책들을 참고하였고 보충 자료는 영어와 독일어로 된 책들의 번역된 논문들을 모아서 연구 자료로 삼았다. 그동안 수집한 논문 자료들을 채택하고 요약하여 신학교 교재로 간단히 정리한 것들도 함께 묶었다.

　학술적이라기보다 누구나 편하게 읽고 이해할 수 있도록 만드는 데 초점을 두었다. 따라서 학생들은 물론이고 일반 신도들도 쉽게 읽고 배울 수 있도록 정리하였다. 이 책이 초대 및 중세의 문화와 신학을 이해하는 데 도움이 되기를 바란다.

　책의 출판을 위해 항상 재정적으로 후원해 준 나의 대학원 친구 Charles Goodman 사장에게 특별히 감사를 드린다. 또한 추천사를 써 주신 장로회 신학대학교 임성빈 총장님과 횃불트리니티신학대학원대학교 이정숙 총장님에게도 감사를 드린다. 영어 편집을 도와주신 Mrs. Deborah Heatwole과 그리고 한국어 편집에 힘써 주신 분들께도 감사를 드린다.

　끝으로 국제복음신학교 가족 여러분과 책의 출판을 맡아 주신 인간과문학사에 감사를 드린다.

2019. 10

김득해

추천사

초대교회사와 중세교회사를 연구한 자료들이 많이 나와 있다. 연대별로 중요한 사건들을 선별하고 그것들을 빠짐없이 기술하기 위해 애쓴 자료들이 우리 주위에 존재한다. 그 사건의 배경과 그것이 끼친 영향 등을 중심으로 의미를 찾으려는 시도들, 그리고 나름의 사관을 가지고 초대교회사와 중세교회사를 관통하려는 노력들 역시 꾸준히 제공되어 왔다.

그러나 초대교회와 중세교회 역사를 흐르는 사상의 흐름, 신학의 흐름을 한 눈에 보기란 쉬운 일이 아니다. 교회사, 문화사와 함께 가는 사상적 흐름, 신학적 해석의 흐름을 아는 일은 어쩌면 우리에게 더 의미 있고 중요한 일임에도 그동안 그러한 시도는 쉽게 이루어지지 않았다.

이런 가운데 김득해 박사님은 그 동안 종교철학과 세계종교사를 연구하고 가르치며 수집해 온 다양한 자료들을 가지고 초대교회와 중세교회의 사상과 교리에 대한 신학적 해석을 시도했고 그것을 책으로 내기에 이르렀다. 그의 이러한 작업들은 그간의 교회사와 문화사에 대한 연구들을 더욱 입체적으로 조명하며 우리의 신학과 신앙을 더욱 풍성하게 한다. 그래서 이 책의 출간이 더욱 반갑다. 이 책에서는 여러 이야기들을 시대별로 정리할 뿐 아니라 신학적 주제별로 모아 해석과 분석을 시도한 부분이 돋보인다.

또한 이 책은 모든 신도들이 편하게 읽을 수 있도록 쉽게 쓰였다는 점에서도 가치가 있다. 그래서 신학생뿐 아니라 일반 신도들도 이 책이 말하고자 하는 바에 쉽게 다가갈 수 있다. 나는 이 책을 읽는 모든 이들이 초대와 중세의 문화와 신학을 이해하게 되고 이를 통해 오늘을 살아가는 데 필요한 신학적 해석 또한 더욱 풍요롭게 하게 될 것이라 기대한다.

그동안 다양한 사역의 현장에서 가르치며 헌신해 온 김득해 박사님이 이 책을 통해 그의 연구를 더 많은 이들과 나눌 수 있게 되어 감사하게 생각한다. 이 책은 더 풍성한 신학적 해석을 통해 교회의 역사, 하나님의 역사에 가까이 가고자 하는 모든 이들에게 유용한 길잡이가 될 것이다.

임성빈 박사
(장로회 신학대학교 총장)

추천사

초기독교를 이해하는 데 가장 기본이 되며 중요한 것은 성경과 교회사를 통해 펼쳐진 신학이다. 성경은 하나님의 말씀으로 그리스도 예수 안에 있는 믿음으로 말미암아 구원에 이르는 지혜가 있게 한다(딤후 3:15). 반면 신학은 C. S. 루이스(Lewis)의 말대로 "하나님과 깊은 교제를 나눈 수백 명의 사람들의 경험에 기초하여 만들어진 지도와 같다……. 좀 더 멀리 가고 싶다면 지도를 사용해야만 한다."

이런 이유에서 바른 신학 훈련은 하나님의 말씀을 바르게 읽게 할 뿐만 아니라 각 시대의 역사 현장에서 분별력 있게 말씀을 적용하도록 도와준다. 이것이야말로 신학생들이, 또 교회에서 지도자의 위치에 있는 사람들이 신학을 잘 배워야 할 이유이다. 특별히 초대교회와 중세교회의 신학은 모든 신학의 기초가 되며, 개신교종교개혁자들이 그들의 신학을 정립함에 있어서 긍정적이든 부정적이든 가장 중요한 자료로 사용하였기에 개신교인들이라면 누구나 잘 배우고 충분히 이해하여야 개신교 신학을 이해할 수 있다.

미국에서 오랜 기간 신학 수업, 목회, 또 교수사역을 통해 이러한 필요를 잘 알고 계신 김득해 박사님께서 초대교회와 중세교회 신학을 일목요연하게 정리하셔서 누구나 쉽게 접근할 수 있는 책, 《초대/중세 신학》을 출간하신 것을 크게 반가워하며 축하를 드린다. 이 책이 많은 사람들에게 성경과 기독교를 바로 이해하는 지도와 같은 역할을 하게 되기를, 그리하여 국제복음신학교 학생들과 개신교 역사와 신학에 관심을 가진 한인교포들이 더욱 하나님을 알아가고 인간을 사랑하는 신학적 묵상이 깊어지기를 소망하는 마음으로 이 책을 추천한다.

이정숙 박사
(횃불트리니티신학대학원대학교 5대 총장)

차례

책을 내면서 — 4
추천사 | 임성빈(장로회 신학대학교 총장) — 6
　　　　| 이정숙(횃불트리니티신학대학원대학교 5대 총장) — 8

제1장 기독교 역사의 위치와 범위 — 19
초대사 / 중세사 / 근세사

제2장 초대 및 중세 신학의 과정 — 21

제3장 초대교회의 모습 — 28
초대교회의 시작 / 초대교회의 성례(세례와 성찬)
초대교회의 행정 및 관리 / 초대교회의 부흥

제4장 초대교회의 핍박기
A. 로마 황제숭배의 배경 — 53
B. 로마 황제들의 10대 박해 — 55
　1. 네로(Nero: AD 54―68)의 박해 — 55
　2. 도미티안(Domitian: AD 81―96)의 박해 — 57
　3. 트라얀(Trajan: AD 97―117)의 박해 — 59

4. 하드리안(Hadrian: AD 117—138)의 박해 — 59

5. 마르쿠스 아우렐리우스(Marcus Aurelius: AD 161—181)의 박해 — 60

6. 셉티무스 셀베루스(Septimus Serverus: AD 191—211)의 박해 — 61

7. 막시미너스(Maximinus: AD 235—238)의 박해 — 61

8. 데키우스(Decius: AD 240—251)의 박해 — 62

9. 발레리아누스(Valerianus: AD 253—259)의 박해 — 64

10. 디오클레티안(Diocletian: AD 284—286)의 박해 — 64

11. 결론 — 65

제5장 예루살렘 멸망의 원인과 결과 — 66

제6장 초대 교부시대의 기독교 변증론

A. 이그나티우스(Ignatius: AD 35—107) — 72

B. 폴리캅(Polycarp: ca. AD 69—155) — 74

C. 저스티노스(Justinos: AD 125—165) — 76

D. 이레니우스(Irenaeus: AD 130—202) — 76

E. 히폴리투스(Hippolitus: AD 170—236) — 79

F. 클레멘트(Clement: AD 150—215) of Alexandria — 79

G. 텔투리안(Tertullian: AD 150—220) — 81

H. 오리겐(Origen: AD 184—254) of Alexandria — 83

I. 초대교회사학자 유세비우스(Eusebius of Caesarea: AD 260—340) — 87

J. 크리소스톰(John Crysostom: AD 349—407) — 92

K. 암브로시우스(Ambrosius: AD 340—397) — 93

L. 성 제롬(Saint Jerome: AD 345—422) — 97

M. 성 어거스틴(St. Aurelius Augustinus: AD 354—430) — 102

N. 펠라기우스(Pelagius: AD 370—420) — 121

제7장 초대시대의 신학 논쟁

A. 아리우스와 알렉산더의 신학 논쟁 — 122

B. 아다나시우스와 아리우스의 신학 논쟁 — 127

    아리우스(Arius, AD 250—336)

    아다나시우스(Athanasios, AD 295—373)

    아다나시우스에 대한 신학적 평가

C. 초대신학에 대한 종합적 결론 — 132

제8장 고대시대에 나타난 이단 사상

A. 에비온파(Ebionites: 가난한 자) — 136

B. 엘카이파(Elkesaites) — 136

C. 말시온파(Marcionites) — 137

D. 몬타누스파(텔투리안의 일파) — 139

E. 노비티안파 — 140

F. 도나투스파 — 140

G. 도케티안파 — 141

H. 마니교 — 141

I. 영지주의(Gnosticism) — 142

제9장 신앙 신조의 필요성

A. 이단 종파에 대항할 신경(신조)의 형성 및 발달 — 145

B. 신경의 종류 — 147

    파피루스 문서(2세기 후반) / 로마신경(215년경) / Marcelluce고백(340년경) / Hippo(400년경) / Rufinus고백(404년경) / 사도신경(使徒信經; Symbolum Apostoloicum)

   * 각 교회가 사용하는 사도신경 원문
     라틴어원문/천주교 사도신경/성공회 사도신경/개신교의 사도신경

제10장 성경의 정경화 과정

A. 정경의 종류 — 158

무라토리안 정경 / 유세비우스정경

B. 정경의 권위에 대한 기준 — 159

제11장 콘스탄틴 대제

A. 콘스탄틴 대제의 등극 — 161

B. 태양과 십자가와의 종교적 혼합 — 165

C. 콘스탄틴 대제는 진정 크리스챤이었는가? — 166

D. 콘스탄틴 대제 회심 — 167

E. 콘스탄틴 대제의 기독교 공인 이후의 교회 상황 — 167

F. 콘스탄틴 대제에 대한 업적과 신학자들의 평가 — 174

G. 콘스탄틴 대제의 아들 콘스탄티우스 — 176

H. 금욕주의와 수도원 생활(세속화 반동 운동) — 177

I. 은둔주의 — 180

J. 삼위일체에 관한 격심한 논쟁을 일으킨 아리안주의(Arianism) — 181

제12장 기독론에 대한 8대 논쟁

A. 니케아종교회의(AD 325: 콘스탄틴 대제) — 183

B. 콘스탄티노플회의(AD 381: 데오도시우스 황제) — 214

C. 에베소회의(AD 431: 데오도시우스 2세) ― 215

D. 칼케돈회의(AD 451: 마르키아누스 황제) ― 215

E. 콘스탄티노플회의(AD 583: 유스티아누스 황제) ― 216

F. 콘스탄티노플회의(AD 680: 콘스탄틴 4세) ― 216

G. 니케아회의(AD 787: 콘스탄틴 6세) ― 216

H. 콘스탄티노플회의(AD 869 & 879: 바실리우스 황제) ― 217

제13장 중세시대(中世時代, Medium Aevum; Medieval Times)

A. 중세시대의 기독교 ― 221

B. 동방교회와 서방교회 ― 222

C. 동방교회의 특징 ― 224

D. 동방정교회의 신학 ― 225

E. 동서교회의 분리의 원인과 결과 ― 227

F. 로마교회의 전성시대 ― 228

G. 십자군(十字軍; Crusade) 전쟁의 원인과 결과 ― 229

제14장 중세시대 기독교의 변천 과정

A. 스콜라철학 ― 235

B. 안셀름(Anselmus: AD 1033—1109) — 237

C. 토마스 아퀴나스(Thomas Aquinas: AD 1224—1274) — 240
   토마스의 철학사상 / 아퀴나스가 가톨릭교회에 끼친 영향

D. 탁발교단의 탄생 — 256

E. 중세기 말의 현상 — 258
   면죄부 판매 / 성인숭배 /
   연옥의 창설 / 화체설(Transubstantiation)

제15장 종교개혁(신교: Protestantism)의 탄생

A. 종교개혁의 발단 — 261

B. 최초 종교개혁자: Huldrych Zwingli(쯔윙글리: AD 1484—1581) — 264

C. 마르틴 루터(Martin Luther: AD 1483—1546) — 265
   루터의 종교개혁 / 믿음으로 의롭게 되다(이신칭의:以信稱義) /
   루터의 95개 반박문의 내용 / 루터의 십자가 신학 / 루터의
   신학의 배경 / 루터와 종교개혁주의자들이 말하는 영성문제

D. 존 칼빈(John Calvin: AD 1509—1564) — 295
   칼빈의 회심 / 종교개혁과 칼빈 / 칼빈 신학의 7가지 원칙 /
   칼빈의 종교개혁이 유럽에 끼친 영향 / 칼빈의 5대 교리(The
   Five points of Calvinism)

E. 알미니안주의의 5대 교리(The Five Points of Arminianism) — 314

자유의지(Free Will) / 조건적 선택(Conditional Election) / 보편적 속죄(Universal Atonement) / 저항할 수 있는 은혜(Obstructable Grace) / 은혜의 상실(Falling from Grace)

F. 종교개혁 반대파(반종교개혁)의 운동 ― 317

제16장 르네상스, 합리주의적 및 경험주의의 탄생 ― 320

제17장 초기와 중세 기독교 신학의 맺는 말 ― 329

* **초대 중세신학에 나타난 중요인물들** ― 335
* **Summary of the Christian Theology in the Early and Medieval Ages** ― 337
* **A Brief History of Christianity** ― 372

제1장 기독교 역사의 위치와 범위

기독교 교회 역사의 위치를 말하게 되면 그 범위로는 시간적으로 초대교회 탄생 이후부터 시작된다. 그러나 공간적으로는 세계 교회의 역사를 말한다.

교회 역사를 시대적으로 구분하면 다음과 같다.

A. 초대사(AD 1-600) : 그리스도의 출현 - 그레고리 1세 즉위까지

1. 사도시대(Apostolic Age: 1-100) : 교회의 건설기
2. 사도 이후 시대(Post Apostolic Age: AD 100-200) : 교회 핍박기
3. 교부시대(Ante-Nicene-Fathers: AD 200-300) : 교부활동시대
4. 세계공의회시대(Post-Nicene-Fathers: AD 300-600) : 신학조성기

B. 중세사(AD 600-1517) : 그레고리 1세 즉위 - 신교 발생기까지

1. 과도기(600-800) : 초대교회에서 중세교회로의 발전기
2. 로마교회 성장시대(800-1073) : 동서교회 분리기
3. 로마교회 전성시대(1073-1303) : 그리스도교 실 생활기
4. 로마교회 쇠퇴시대(1303-1517) : 종교개혁 전초기

5. 종교개혁시대(1517-1648) : 신교 발생기

C. 근세사(AD 1648-현재) : 합리주의 및 경험주의에서 최근세까지

1. 근세시대(1648-1800) : 신교 확장기
2. 최근세시대(1800-현재) : 에큐메니칼 운동 및 세계 기독교 연합 시기

제2장 초대 및 중세 신학의 과정

　초대와 중세 신학은 현대 신학의 기초를 놓는 과정이라고 할 수 있는데 우선 중세시대에 들어가기 전에 초대교회사를 통해 신학을 살펴보면 그 조직이나 범위에 있어서 다소 단순하면서도 다양한 면을 감지할 수 있다.

　초대교회는 그 역사가 짧을 뿐 아니라 신학도 제대로 정립되지 못하였고 교회의 신앙 고백이라 할 수 있는 주기도문 및 사도신경 그리고 성경의 정경 작업 등도 상당한 시일이 지난 후에 제정되었다. 그뿐 아니라 초대교회를 이끌어 나갈 지도자도 베드로, 요한 및 바울 등 사도들을 제외하고는 별로 많지 않았다. 그동안 초대교회는 로마 황제들에 의해 약 200여 년 동안 핍박을 받아 왔고 기독교인들은 이러한 핍박 속에서도 순교를 무릅쓰고 천국 복음을 전하려고 힘을 기울였다.

　초대교회 신학은 교부신학자들이 중심이 되어 연구된 것인데 신학은 물론 철학 그리고 그들의 변증론으로 구성이 되어 있다. 초대

교부신학자들은 헬라 교부와 라틴 교부로 구분되면서 수도원을 중심으로 스콜라(Schola)철학을 형성하였다. 교부신학자들은 Socrates, Plato, Aristotle의 철학에 의지하여 기독교를 이해하려 했고 또한 기독교를 합리적으로 옹호하기 위한 철학을 펴서 기독교 존재의 참된 의미를 찾으려고 하였다. 교부신학자들의 신학의 초점은 합리적인 철학과 이성을 통하여 신학과 신앙의 문제를 해결하려는 것이며 또한 초자연적 계시도 최대한도 알아보려고 하는 것이다.

초대교회시대의 신학에는 경건주의도 있었으나 경건주의 신학은 별로 발전하지 못하였다. 다행히도 어거스틴이 신앙 위주의 신학에 관심을 두고 경건주의에 힘을 기울였으나 그의 신학도 이성과 철학을 무시할 수 없었다. 그러나 그에게는 이성과 철학이 신앙을 위한 도구에 불과했다.

그 다음으로 중세의 신학은 어느 정도 초대교회의 어거스틴의 신앙과 신학에 뿌리를 두고 있다고 하겠으나 초대 교부신학자들과 마찬가지로 이성과 철학에 더 많이 의존하고 있다고 볼 수 있다. 특히 중세시대를 대표하는 최고의 신학자이면서 철학자인 토마스 아퀴나스는 이성과 철학을 이용하여 기독교를 합리적으로 이해하려고 노력을 했다.

토마스는 또한 장차 로마교회가 건전한 교회로 발전하기 위해서는 교황청을 중심으로 하는 중앙집권제의 교회 system을 만들어야 한다고 주장했다. 그는 그의 신학(Summa Theologiae)을 통하여 오늘날의 가톨릭교회의 모든 제도를 구성하고 집대성하는 공헌을 한 신학자로 유명하다. 토마스 외에 중세 신학을 대표하는 신학자는 성 안셀름 등이 있다.

중세시대가 끝나면서 종교개혁시대에 들어와서 루터와 칼빈에 의해서 다시 어거스틴의 신앙과 경건주의 중심의 기독교 운동이 활발하게 전개되었다.

이 종교개혁 신학은 교황청 중심의 중세 신학과는 대조를 이루고 있다. 종교개혁 신학은 부패한 교회와 권위적인 교황 중심의 정치를 배격하는 신학을 정립하는 것이었다. 이 종교개혁 신학은 로마교회의 권위와 전통과 인간의 공로로 구원을 얻는다는 신학에서 벗어날 뿐 아니라 율법적, 형식적 신앙에서 복음주의적 신앙으로 돌아서고 의식적 신앙에서 개인 경험 위주의 신앙으로 전환하며 교회의 권위에서 탈피하고 개인의 신앙적 자유화에 관심이 기울어지게 하는 신학이었다. 이 종교개혁의 신학은 로마교회의 권위만이 할 수 있는 성서의 번역을 누구나 자유로이 할 수 있도록 기초를 세웠고 하나님과의 대화를 위해 교황의 중재가 필요하던 것을 없애도록 권유했으며 신앙에 의해서만 얻어지는 이신칭의以信稱義를 강조하는 신학이기도 했다. 또 종교개혁 신학은 교황의 권위에 반대하고 성서의 권위를 인정하게 되며 하나님에 대한 개인적인 신앙 체험을 중요시 여기고 또 만인 제사장주의를 주장하는 신학으로 발전했다.

끝으로 이 책의 마지막장은 종교개혁의 반응으로 나타난 합리주의와 경험주의를 다루었다. 합리주의는 자아를 중심으로 신과의 관계를 추구해 보려는 철학이다.

그 다음 영국을 중심으로 일어난 경험주의를 다루었는데 경험주의 철학자인 존 로크를 간단히 분석해 보았다.

공동체 유익을 목표로 한 초대 및 중세시대의 신학

흔히 신학자(Theologian of Christianity)라고 호칭을 하는데 그 뜻은 기독교 진리를 체계적으로 연구하는 학자를 의미한다. 마르틴 루터에 의하면 진리란 삼위일체 하나님이며 그의 특별계시인 성경이다. 그러므로 신학자는 하나님의 계시를 통하여 하나님의 본질과 그의 사역 그리고 역사적으로 형성된 기독교의 교리를 해석하고 연구하는 사람이라고 정의될 수 있다.

옥스포드 사전에 의하면 신학자는 신학이라는 단어와 사람이라는 접미사가 결합되어 만들어진 단어라고 한다. 특히 기독교 신학에 정통한 사람을 가리킨다고 정의하고 있다.

Theology + a person versed in theology, especially Christian theology, 즉 기독교 신학자란 어원적으로 기독교 신학을 연구하는 학자이다. 유신론적 실존철학자 키엘케골은 신학자는 다른 사람이 어려워 설명을 못하는 사실들을 기독교적으로 조리 있게 연구하는 교수라고 했다. 철학자 J. Pelikan은 신학자에 대하여 아주 독특한 제안을 했는데 신학자란 신약시대의 서기관과 바리새인이라고 주장했다.

칼빈은 신학자를 성경해석자라는 관점에서 본다. 초대교부였던 어거스틴은 신학을 하나님에 관하여 이해하는 것 또는 말하는 것 (de divinitate rationem sive sermo ne)이라고 하면서 그러므로 신학자는 하나님을 논하는 자라고 정의하였다. 토마스 아퀴나스는 신학을 조금 더 상세하게 다음과 같이 정의 했다. "Theologia a deo docetur, Deum docet, et ad Deum ducit." 즉 신학이란 하나님에 의해 가르침을 받고 하나님에 대하여 가르치고 그리고 하나님께 인도되는 것이라고 했다. 그러므로 이 두 학자로부터 신학자의 참 모습을 볼 수 있는데 신학자는 하나님을 연구하는 것이 제일의 과제이다.

그러면 신학자의 의무는 무엇인가? 하나님의 진리의 말씀인 성경을 바르게 연구하는 것이다. 칼빈은 신학자의 의무는 그리스도만 갈망하고 바라보며 배우고 연구하는 것이라고 말한다. 칼빈은 사람이 조작한 것을 성경에 섞지 않도록 할 것이며 사람이 자기 생각을 첨가할 때 하나님의 신비는 더럽혀진다고 보았다. 신학자의 임무라는 것은 말로 귀를 즐겁게 하는 것이 아니라 참으로 확실하고 유익한 것을 말하고 우리의 양심을 강화시키는 것이라고 했다.

신학자는 독자적 연구에 갇혀 있지 않고 교회 공동체와 사회를 위한 공공신학자이다. 신학자는 공적 장소인 신학교나 대학교에서 강의하는 것은 물론 자신의 신학 연구를 신학회 모임에서 발표를 통하여 검증을 받아야 한다. 특히 신학교 교수는 하나님에 대한 지식과 인간에 대한 지식을 연구하면서 모든 성도들이 세상에서 바른 지식을 얻어 풍성한 삶을 살도록 당면한 문제를 분석하고 연구하여 해답을 찾아야 한다고 John Hasting 교수는 강조한다.

20세기의 저명한 독일 신학자 칼 발트는 신학자의 임무와 역할에 대해서 다음과 같이 말한다. 진정한 개신교적 가르침에 따르면 '신학자'라는 용어는 신학 교수나 신학생이나 이른바 성직자에게 한정되지 않는다. 이 용어는 그리스도교 공동체 전체에게 맡겨진 신학적 사명을 유념하고 그리고 자신의 고유한 재능에 따라 하나님의 말씀을 연구하여 공동체의 유익을 위해 연구하고 또 그렇게 할 능력이 있는 모든 그리스도인을 가리킨다고 하였다. 미국의 흑인 신학자 James H. Korn은 신학자들의 책임이란 바로 하나님의 백성들의 억압과 해방 경험을 그리스도의 고통과 부활의 맥락 속에서 재해석하고 하나님의 해방 사업에 참여하는 행동이 어떠한 것인가 명료하게 밝혀 주는 것이라고 하였다.

스탠리 그랜츠 교수는 신학자를 다음의 몇 가지로 분류해서 논하고 있다. 1) 평신도 신학자(Lay Theologian): 자신의 신앙을 비판적으로 평가하고 다른 사람들의 신앙을 단순하게 받아들이지 않는 신학자; 2) 목회 신학자(Ministerial Theologian): 자신의 신앙을 비판적으로 평가하고 다른 사람들의 신앙을 강하게 믿는 신학자; 3) 전문 신학자(Professional Theologian): 기독교인들과 목회자들을 신학적 지식과 도구들을 사용하여 가르치는 신학자; 4) 학문 신학자(Academic Theologian): 신학을 공부하는 전문 신학도들에게는 유익이 있지만 학문 신학자들의 작품들이 기독교인들과 교회를 위해서는 큰 도움을 주지 못하는 신학자를 가리킨다.

그러므로 이 책에서 다루는 초대 및 중세 신학자들은 이러한 신학자의 임무를 가지고 그리스도 공동체에 유익한 신학적 논제들을 다루었던 사람들로서 비록 현재 신학자들처럼 짜임새 있는 신학을 논하기보다 후세들에게 신학의 논쟁이 될 모든 문제를 다루고 해석하고 그 결과를 우리에게 제공하여 주었던 사람들이다.

제3장 초대교회의 모습

A. 초대교회의 시작

신약성경에 의하면 초대교회의 역사를 기록한 사람은 누가로서 사도행전을 통해서 복음이 어떻게 전파되었는가를 우리에게 보여주고 있다. 사도시대에 처음으로 가시화된 교회는 예루살렘교회이다. 예루살렘은 예수님 당시 유대인들에게 중심 도시였을 뿐 아니라 초대교회시대에서도 중요시되는 도시였다. 예수님의 승천 이후에 위대한 지도자들이었던 베드로와 예수님의 동생이었던 야고보가 예루살렘교회의 주도적 역할을 하였는데 그들은 예루살렘을 중심으로 포교 활동을 시작했으며 AD 70년 예루살렘이 로마에 의해 멸망당하기 전까지 예루살렘교회는 지속된 것으로 알려지고 있다.

사도시대의 최초의 교회인 예루살렘교회의 시작은 다음과 같다. 그리스도의 부활 사건 이후 마가의 다락방에서 오순절에 120명의 문도들이 모여 성령을 받고 예루살렘교회를 시작한 것으로 기록되어 있다. 성령이 충만했던 베드로는 예루살렘교회를 대표하여 설교하여 3,000여 명의 회심자가 생기는 폭발적인 성과를 거두기도 했다. 이때 개종한 많은 사람들은 세계 각 지역에 흩어져 있던 유대인들이 대부분이었다. 그런데 이들은 각기 그들의 지역으로 돌아가서 복음을 전하고 가정교회를 시작한 것처럼 보인다. 예를 들어서 로마교회는 바울이 가기 전에 이미 스스로 창립되었을 가능성이 많았다고 생각된다. 물론 베드로가 세웠다는 이야기도 있지만 신빙성이 적다. 예루살렘 멸망 이후에는 팔레스타인의 실질적 대표 교회는 안디옥교회였는데 이방인 전도에 앞장을 섰었다. 야고보서, 바울서신들 그리고 베드로서신들을 통해 안디옥교회에 대한 기록들이 많지는 않지만 수록되어 있다.

그리고 성경 외에 초대시대 역사가인 요셉푸스의 기록들도 이때의 배경을 이해하는데 많이 도움이 된다. 비유대지역에 대한 기독교 세력의 확장은 스테반의 순교와 더불어 사마리아에까지 이르게 되었고 사도였던 빌립이 에디오피아의 내시를 개종시켜 세례를 베풀었다. 이것은 아프리카 지역의 이방인 세계에 복음을 전하게 되었다는 초창기의 기록으로 남아 있다.

예루살렘교회의 맥을 이어온 안디옥교회의 교인들은 대부분 유대인들이었으나 전통적인 유대인들과는 달리 그들의 생각을 넓혀서 항상 이방인들을 맞이할 수 있는 마음의 준비가 되어 있었다. 안디옥이 이방인들을 위한 선교센터가 될 수 있었던 배경에는 바나바(Barnabas), 마가(베드로의 동역자) 그리고 바울 등의 훌륭한 선교사들이 있었기 때문이다. 바울과 바나바는 바나바의 고향인 사이프러스 섬을 경유하여 소아시아의 안디옥, 이코니움, 루스트라에서 복음을 전했다. 바울과 바나바는 유대인들의 방해가 있었지만 조심스럽게 교회를 조직하였으며 또 지역교회를 위해 영적지도자나 장로들을 세웠다.

바울은 2차 전도여행을 통해 많은 성과를 거두었다. 빌립보, 배뢰아, 데살로니카, 아덴과 고린도 등의 지역에 복음 전파를 통해 많은 회심자들을 얻었으며 바울의 3차 전도여행에서는 갈라디아, 프리기아를 거쳐 에베소를 둘러보았고 그리고 바울의 마지막 전도 목적지는 로마였다. 그는 로마에 가기 전에 《로마서》를 기록하였으며 스페인까지 가서 복음을 전하는 것이 그의 이방인 전도의 목표였다고 말했다. 바울의 전도여행의 영향으로 중동과 아프리카 그리고 아시아에서도 복음이 전파되었다. 인도에는 예수의 부활을 의심했던 도마가 선교사로 그리고 중동에는 예수의 제자인 다데오가 선교를 했고 그 외에 예수의 십자가를 지고 갔던 구레네 시몬도 복음 전파에 참여했고 이외에 안드레, 마태, 야고보, 바돌로메 등 모두 복음사역을 하다 대부분이 순교를 당한 것으로 전해지고 있다.

결과적으로 사도시대에 여러 지중해 연안을 중심한 로마제국 내의 지역에 복음이 폭넓게 전파되었음을 알 수가 있다. 복음 전파와 더불어 곳곳에 기독교 공동체인 교회들이 세워지고 있다는 사실도 특기할 만하다. 이 교회공동체는 매일 세속에 들어가 복음을 전하는 Missional church의 역할을 잘 감당하고 있었다.

바울은 그 후에 시리아 지방의 안디옥을 세계의 선교센터로 만들었다(AD 44-68). 바울로부터 시작된 세계 선교는 아시아로 퍼졌고 사도 요한은 소아시아의 에베소를 통한 세계 선교의 요람지로 만들었다(AD 68-100).

예루살렘교회가 최초의 교회로서의 중요한 의미를 가지지만 실제적인 전도사역의 공헌은 안디옥과 에베소라고 말할 수 있다.

초대기독교 공동체는 다음과 같은 특징을 가지고 있다

1) 초대 기독교인들은 로마제국의 다원주의 종교현상을 탈피하고 유일신론을 주장했다. 2) 초대 기독교인들은 죄의 용서와 그리스도의 구원의 은혜를 믿었다. 3) 초대 기독교인들은 유대주의적인 국수주의를 버리고 국제적이고 우주적인 세계관을 가지고 있었다. 4) 초대 기독교인들은 하나님 나라에 대한 종말론적인 실현을 주장했다. 5) 초대 기독교인들은 로마제국의 부패한 삶에 반대하여 개인적인 도덕성의 순결을 주장했다. 6) 초대 기독교인들은 사회정의의 보편성과 공동체성을 주장했다. 7) 초대 기독교인들은 하부구조에 속한 힘없는 사람들을 도우며 그들에게 희망을 주었다.

가장 중요한 것은 초대 기독교는 "그리스도께서 살아계신 하나님의 아들이며 세상의 구세주"라는 신앙 고백에 뿌리를 두고 있는 공동체라는 것이다. 초대 예루살렘교회의 가정에서 일어난 3대 사건은 성만찬(막 14:12-26)과 부활한 그리스도의 만남(요 20:14-29) 그리고 성령강림(행 2장)이었다. 이 성령강림 사건의 무대인 마가의 다락방은 꽤 넓은 공간을 가지고 있었다. 이곳은 예수님의 제자들의 거처지로 사용되었고 이층에는 120명 정도가 함께 있을 공간이 있었다 (행 1:12-15). 초대교회의 처음 집회 장소는 유대인들이 모이는 공회당이 아니고 가정이었다. 가정교회들이 집주인들과 함께 언급되어 있는데 예를 들어 빌립보(행 16:40), 고린도(행 18:7), 로마(롬 16:5), 에베소(고전 16:19), 라오디게아(골 4:15), 골로새(몬 1-2) 등이다. 이 가정교회에서 주로 사용된 단어는 "그들과 함께 있었던 성도들", "그들과 함께 있었던 형제들"이다. 여기서 선교동역자들이 함께 있었던 것이 확실하며 또한 가정교회는 예루살렘의 마리아 가정과 같이 다수가 여성들의 집이었던 것으로 알려져 있다. 아마도 초대교회에는 과부가 많았던 것으로 추정되기도 한다.

이러한 가정을 중심으로 한 신앙공동체는 당시에 교회당이 없었던 기독교인들의 신앙의 터전이 되었다. 초대 문서에 의하면 AD 148년에 티그리스강 동쪽지역인 Arbil에 교회 건물이 있었다는 증거가 있으며 그러나 불행히도 AD 201년에 홍수로 파괴되었다고 전한다. 로마 내에서도 가정을 중심으로 한 신앙공동체가 많았다. 유대교를 위시해서 타 종교들이 자신들의 공회당이나 신전이 있었지만 기독교는 그렇지 못했다. 기독교는 특히 정부의 공인을 받지 못하고 의심을 받는 등 어려운 처지에 있었다. 기독교인들은 가끔 카타콤이라는 지하 무덤에서 예배를 드리기도 했다. 기독교인들은 지상 위에 회당이나 교회 건물을 가질 수 없었으나 지하의 카타콤을 사고파는 것은 허락이 되어 있었다. 그래서 그들은 카타콤을 사서 예배당으로 대신 쓰기도 했다. AD 250년경에는 소아시아, 시리아 그리고 이집트 등에 몇 개의 교회들이 존재하기도 했다고 초대 문서는 전한다.

초대교회시대의 어거스틴은 교회를 하나님의 나라(Kingdom of God)라고 표현하였다. 그러므로 교회의 역사는 지상에서의 하나님 나라의 역사를 가리킨다. 하나님 나라의 역사는 하나님을 믿는 사람들 즉 하나님의 백성들의 생활과 그들의 신앙의 역사이다. 하나님의 백성들을 구분한다면 구약의 백성들을 중심으로 한 구약 역사와 신약의 백성들로 이루어진 신약 역사라고 할 수 있다. 그러나 전체적인 역사적 입장에서 본다면 태초의 창조 역사로부터 시작하여 현재에 이르기까지 하나님의 백성들의 삶의 Panorama가 역사 속에 나타난 것이다.

그러나 이러한 오랜 역사 속에서도 한 가지 계속되어 온 중심적 사건은 무엇보다도 하나님의 백성들을 구원할 구세주(Messiah) 즉 예수 그리스도의 탄생이다. 예수 그리스도는 온 인류 역사의 중심일 뿐 아니라 온 우주의 모퉁이 돌이다(요 1:3; 골 1:16-18). 구약의 역사를 예수 그리스도의 성육신의 준비 과정이라면 신약의 역사는 예수 그리스도의 오심을 통해 성취될 인류 구속의 총체적인 역사라고 할 수 있다. 그러므로 교회의 역사는 예수 그리스도의 구속사역에 대한 복음 전파를 실천하고 있는 교회 성도의 삶의 역사라고 할 수 있다. 더 나아가서 초대교회 역사는 인류를 위한 그리스도의 죄 사함의 새로운 언약을 믿고 감사하는 교회 성도들의 역사이기도 하다(막 14:21, 마 26:28, 고전 11:25). 그러므로 초대교회 역사는 기독교 발생의 배경, 사도시대의 교회 그리고 교부시대의 교회 역사를 다루게 되고 이후 중세교회사는 로마교황제를 중심하여 약 1천 년간의 유럽 기독교의 발전 과정과 역사를 찾아보게 된다.

역사적으로 고찰해 볼 때 예수 그리스도의 성육신은 중동에서 오히려 조용한 반응을 맞이한 것 같다. 고대 헬라작가 Celsus는 AD 175년경에 기독교인들의 메시아 탄생을 극소화 시키려고 노력하였다. 그는 예수가 태어난 팔레스타인의 베들레헴은 조그만 마을로 별로 알려지지 않았으므로 기독교 종교는 위대한 것이 아니라 왜소한 종교라고 혹평을 하였다. Celsus는 계속해서 만일 하나님이 모든 사람들을 구원하실 계획이 있으시다면 그가 세계의 한 구석을 택하여 그렇게 엄청난 사건을 전개할 것이라고 누가 믿겠는가? 라고 의문을 던졌다. Celsus의 주장하는 바와 같이 예수가 태어난 팔레스타인은 아주 작은 고장이었다. 세계지도 상에서 볼 때 오지奧地임에 틀림없이 보인다. 팔레스타인의 크기는 북에서 남까지 150마일, 동에서 서까지 75마일 정도에 지나지 않는다. 예수 그리스도는 이 국경을 넘어간 적이 없고 그는 고작 걸어서 갈 수 있는 곳만 다녔다고 초대교회사는 말한다.

그러나 실제로 세계지도를 펴놓고 보면 Celsus의 말은 지나친 주장이라고 말할 수 있다. 그 당시 팔레스타인은 세계에서 지리적으로 중심부에 위치하고 있었고 또한 아시아와 아프리카, 지중해와 홍해 그리고 유럽과 아시아를 연결하고 유럽과 아프리카를 접하는 구심점에 있었다. 그리고 고대의 찬란한 문명의 요람지를 낀 통로 역할을 한 길목이었다. 특히 예수가 태어날 당시 지중해를 중심으로 이루어진 로마제국의 영토 확장은 사실상 기독교의 요람지인 팔레스타인을 포함했으므로 복음을 전파하기 위해 좋은 기지가 된 것이다.

그뿐 아니라 세례요한이 이곳 팔레스타인에서 그리스도를 맞이할 준비를 하고 있었고 주님이 오시기 약 30여 년 전에는 이미 로마제국은 기독교를 위해 준비되어진 국가로 발전했으며 장차 로마는 기독교 복음 전파의 중심지가 될 것이라는 것은 예정된 하나님의 섭리라고 초대교회 기독교인들은 믿고 있었던 것 같다.

로마제국의 등장은 여러 면에서 기독교 복음 전파에 지대한 공로를 하였다.

첫째로 로마제국은 그리스도가 오기 전에 정치적으로 통일국가를 이루어서 세계를 하나의 정치권으로 만들면서 복음 전파가 쉽게 확산될 수 있었다. 둘째로는 로마제국의 팽창으로 그리스—로마 문화를 형성하여 단일화된 문화 체계에서 기독교 복음 전파가 용이해졌다는 것이다. 셋째로는 언어의 통일이다. 당시에 헬라어가 세계적인 공용어로 사용되었기 때문에 기독교 복음 전파를 위한 언어 소통이 쉽게 이루어졌다. 팔레스타인 언어는 아람어 이었지만 대부분의 사람들은 헬라어에 능통해 있었다. 헬라어는 당시 지중해의 동쪽까지 이르는 여러 지역에서 사용되는 보편적인 언어이었다. 로마에서는 라틴어를 사용하였으나 헬라어도 동시에 사용되었다. 사도 바울도 "로마에 보내는 편지"에서 장차 스페인에 가서 헬라어로 복음 전하기를 희망한 것을 알 수 있다(롬 15:23).

넷째로 로마를 중심으로 한 교통의 발달이다. 교통의 편리로 기독교 확장과 복음 전파에 커다란 도움이 되었다. 많은 사람들이 자유로이 여행할 수 있으므로 복음에 쉽게 접할 수가 있었다. 다섯째로 로마제국은 나중에 황제숭배로 충돌하기 이전까지는 종교의 자유를 허락하는 정책을 취했다.

지금까지 위해서 언급한 대로 유대인 중심의 예루살렘교회는 초기에는 베드로를 위시해서 사도들을 통해서 포교 활동이 많이 전개되었으나 예루살렘 교회의 성장과 발달은 사실상 한 세기를 넘기지 못하고 그 세력이 많이 약화되었다. 그 대신 안디옥 교회를 중심으로 한 이방인 교회들이 그 뒤를 이어 복음 전도에 앞장을 섰다.

복음 전파가 자리를 잡기 시작하자 드디어 AD 52년경에 예루살렘교회에 대한 일대 박해가 시작되었고 그 후 AD 60년대 중반경 유대─로마전쟁 때에 예루살렘교회 성도들은 성도聖都인 예루살렘에서 더 이상 버틸 수가 없어서 펠라라고 하는 소도시에 대부분 이주하게 되었다. 사실상 예루살렘 모교회는 성도에서 거의 자취를 감추어져서 볼 수 없게 되었다.

그리고 AD 62년경에 예수의 동생 야고보가 무섭게 처형된 것을 본 사도 베드로도 예루살렘에서 더 이상 머무를 수 없다고 생각하고 이방지역인 로마교회로 옮겨가 버리고 말았다는 소문이다. 사도 바울도 세 차례나 세계 전도여행을 하였으나 한 번도 로마에 들어가 본 적이 없으나 유대인들의 고소사건에 휘말려 그의 선교 목적과는 전혀 상관없이 로마에 가게 되었다.

예루살렘교회가 자취를 감추자 세계교회 역사는 안디옥과 로마를 중심으로 시작되게 되었다. AD 60년 중반에 걸쳐 로마에서 이방인의 사도인 바울 사도가 참형을 당하고 유대인의 사도인 베드로도 거의 같은 시기에 처형되어 그리스도 복음 전파의 주역들이 순교하게 되자 당분간 복음 전파는 주춤하게 되었으나 이방인들을 위해서는 안디옥교회가 그리고 라틴계통의 지역에서는 로마에 세워진 로마교회가 초대교회의 선교 중심지가 되었다.

로마교회가 선교의 중심지가 되었지만 또 한편으로는 기독교에 대한 핍박도 점점 커지기 시작했다. 위에서 잠깐 언급한 대로 62년경부터 황제 네로는 그의 세력이 확장되기는 하였으나 AD 64년경에 일어난 로마 대화재 사건은 네로에게 상당히 불리하게 작용되어 네로는 이 화재 사건을 어떻게 풀어야 할지 고민할 수밖에 없었다. 그 당시의 소문으로는 황제 자신이 스스로 불을 질렀다고 하는 말이 시민들 사이에 퍼져나가고 있었기 때문이다. 이러한 소문이 무슨 근거가 있는 것이 아닌데도 불구하고 피해 당사자인 시민들이 그 소문을 헛소문으로 여기지 않았다는 것이다. 네로는 이러한 유언비어를 잠재우는 방법을 찾으려고 노력하는 중에 로마의 기독교인들을 하나의 소방용수消防用水로 사용하기로 생각했다. 네로는 기독교인들을 제물로 삼아 이들을 공중 앞에서 처형함으로써 군중들의 마음을 누그러뜨리려고 했다. 실제로 기독교인들은 십자가형이나 인간횃불형으로 처형되었는데 이때 베드로나 사도바울도 함께 순교의 제물이 된 것으로 알려져 있다.

그리고 초대시대 교회를 구성했던 유대인들은 기독교가 탄생했을 때 새 종교를 따른다고 생각하지 않았다. 그들은 여전히 유대인이었지만 한 가지 다른 점은 유대교를 따르는 유대인들이 아직도 메시아의 도래를 기다리고 있었는데 반해 그들은 메시아가 이미 세상에 오셨다고 확신한 데 있었다는 것이다.

따라서 유대인들을 향한 기독교의 메시지는 그들의 고유한 유대성을 버려야 한다는 것이 아니라 메시아의 시대가 시작되었으므로 더 나은 유대인이 되어야 한다는 것이다. 마찬가지로 이방인들에 대한 이들의 복음 전파 역시 새로운 종교를 받아들이라는 것이 아니라 아브라함과 그 후손에게 주어진 약속에 참여하라는 것이었다. 이방인들은 육신적으로는 아브라함의 자손이 될 수 없었으므로 신앙을 통해 그 자리를 차지하도록 초대되었다. 이러한 초대가 가능했던 이유가 선지자시대부터 유대교에는 메시아의 도래를 통하여 모든 민족과 국가들이 시온으로 모일 것이라는 믿음이 있었기 때문이었다. 초대 기독교인들에 있어서 유대교인들은 기독교에 대항하기보다 이미 예언이 성취되었음을 깨닫지 못하거나 믿지 못한 전통 유대인들이었다. 기독교를 배척한 유대인들도 상황을 비슷하게 이해하였던 것이다. 분명히 기독교는 새로운 종교가 아니라 유대교 안에 존재하는 이단적 분파였다는 것이다. 1세기의 유대교는 단일한 조직체계가 아니라 그 안에 다양한 분파와 이론들을 포함하고 있었다. 그러므로 기독교가 등장했을 때 유대인들은 이를 또 하나의 분파로 간주했던 것이다.

또 한편 유대인들과 입장을 바꾸어 생각하면 기독교에 대한 유대인들의 태도를 이해하기 쉽다. 그들은 자기들의 관점에서 기독교를 바라보고 새로운 이단 종파가 각처로 돌아다니면서 훌륭한 유대인들을 종용하여 이단이 되게 한다고 보았다. 그뿐 아니라 많은 유대인들은 자기들이 독립을 상실한 이유가 조상의 전통에 충실하지 못했기 때문이라고 생각했다. 따라서 이 새로운 이단의 출현으로 말미암아 하나님의 분노가 다시 이스라엘에 임하게 될 것을 두려워하였다.

위에 열거한 모든 이유 때문에 유대인들은 기독교인들을 박해했고 기독교인들은 로마 당국의 보호를 받고자 했다. 예를 들면 고린도의 유대인들은 사도바울을 갈리오 총독에게 고소하면서 "이 사람이 율법을 어기면서 하나님을 경외하라"고 사람들에게 권한다 라고 주장한 것을 알 수 있다.

갈리오 총독은 "너희 유대인들아. 만일 이것이 무슨 부정한 일이나 불령한 행동이었으면 내가 너희 말을 들어주는 것이 옳거니와 만일 문제가 언어와 명칭과 너희 법에 관한 것이면 너희가 스스로 처리하라. 나는 이러한 일에 재판장 되기를 원하지 아니하노라(행 18:14-15)"고 응답했다. 후에 바울이 이방인을 성전에 데리고 돌아왔다는 주장으로 폭동이 일어나 일부 유대인들이 사도바울을 살해하고자 했을 때 바울을 구한 것은 로마인들이었다.

이러므로 로마인들은 당시의 문제가 유대인들 사이의 내분이라는데 동의하고 있었다. 로마인들은 문제가 그리 심각하지 않는 한 개입하지 않았고 폭동과 난동이 발생할 때에 질서를 회복하고 난동의 주모자를 처벌하기 위해 개입했을 뿐이다.

　다시 정리하면 많은 유대인들에게는 기독교의 탄생은 메시아의 도래 문제로 유대인들 사이에 한 분파가 생긴 것으로 간주했다는 것이다. 당시의 로마는 유대인 기독교인들과 이를 반대하는 유대인들 사이의 갈등과 내부 문제가 심각하다는 것을 알고 있었다. 그러나 점차로 이방인 개종자가 증가함에 따라서 점점 기독교와 유대교의 구분이 뚜렷해졌고 유대인 그리스도인들의 비율은 감소되기 시작했다. 또 한편 유대민족주의가 증가하기 시작하여 로마에 대항한 반란으로 이어짐에 따라 기독교 신자들 특히 이방인 신자들은 이러한 독립운동과 거리를 두려고 했다. 그 결과 로마 당국은 기독교가 유대교와는 아주 다른 종교임을 깨닫기 시작했다.

　네로 황제부터 콘스탄틴 대제의 회심에 이르기까지 2세기 반 동안 로마제국의 기독교 박해의 근저에는 기독교가 독립된 종교라는 이 새로운 의식이 깔려 있는 것이기 때문이다. 로마 당국자들은 오랫동안 유대인들을 다룬 결과 대부분의 유대인들이 황제와 신들 예배를 거부한 것이 기존의 당국자들에 대한 반역행위가 아니라는 것 그리고 기존의 당국자들이 유대인들에게 자기들의 신들을 섬기라고 강요할 때에만 반란이 발생하리라는 것을 이해하게 되었고 결과적으로 유대인들이 황제를 숭배할 것이라는 기대를 버렸다. 따라서 기독교를 유대교의 변종이라고 여기는 한 그 신자들에게 황제숭배를 요구하지 않으며 그들의 황제숭배 거부가 반역이요 불순종의 행위가 아니라 종교적 신념의 문제로 간주하게 되었다. 그러나 기독교인들 모두가 유대인이 아님이 분명해지자 당국자들은 기독교인들에게도 다른 제국의 신민들과 마찬가지로 황제숭배에 의해 충성심을 보여줄 것을 요구하곤 했다.

기독교 초기시대에 유대교와 기독교의 관계는 숙명적 결과들을 초래했다. 기독교가 유대교 내의 이단적 분파로 등장하는 동안 유대교는 이를 탄압하려 했는데 그것은 유대인 기독교인들에 의해 기록된 신약성경 곳곳에서 찾아 볼 수 있다. 그러나 유대인들이 기독교인들을 박해할 수 없는 위치에 서게 되자 반대 현상이 일어났다. 기독교가 로마제국의 공식 종교가 되자 기독교 신자들 중에는 유대인들을 버림받은 인종으로 선포하고 박해하는 사람들이 늘기 시작했다.

B. 초대교회의 성례(세례와 성찬)

초대교회에서 유행했던 성례에는 현 개신교가 사용하고 있는 세례와 성찬과 다소 차이가 있지만 거의 흡사했다. 첫째로 세례는 그리스도를 구주로 고백하는 자에게 베풀어졌는데 주로 침례로 행해졌다. 초대 교부신학자이며 북아프리카 출신인 텔투리안은 세례에 대하여 다음과 같이 말하고 있다. "모든 것은 단순하다. 위대함도 보이지 않고 새로운 것도 없고 많은 대가를 치루지 않아도 된다. 한 남자가 물속에 들어가고 그에게 몇 마디의 말이 주어진다. 그는 물에서 나오지만 실제적으로 그렇게 그의 몸이 깨끗하게 보이지 않는다. 죽음이 물담금에 의해서 해결된다니 이 얼마나 놀랍고 신기한 일이 아니겠는가? 우리는 또한 신기해 하지만 우리가 믿기 때문에 신기해한다."

텔투리안은 처음으로 세례에 관하여 "고기"라는 그리스의 익투스(Ichthus)를 사용했다. 이 표징은 나중에 기독교인들에게 믿음의 Brand로 사용되었다. 이것은 다섯 개의 희랍문자로 처음 문자들을 합쳐서 고기라는 말과 상응하도록 하였다. Iesus(예수), Christus(그리스도), Thou(하나님의), Uios(아들), Soter(구세주)의 첫 문자들을 모아서 Ichthus(물고기)라는 단어를 맞추어 낸 것이다. 이 고기의 표시는 그들의 반지, 인장, 장식 및 묘비 등에 새겨져 기독교인의 신앙과 정체성을 확인하는 표시가 되었다.

초대교회시대에 거의 비밀적으로 이 표시가 많이 사용되었다고 한다. 세례 시에 기독교인들은 작은 물고기들로서 우리의 익투스와 같이 물에서 다시 태어난다고 한다.

초대교회 교인 중의 대부분은 유대인으로 이들은 유대교의 예배의식에 익숙해져 있었고 기독교인의 생활과 복음에 대한 기본적인 이해를 가지고 있었기 때문에 큰 문제는 없었으나 이방인들에게는 세례 준비가 복잡했다.

　세례를 받기 위해 여러 가지 훈련과 교육을 거치는 세례 준비 기간을 정하여야만 했다. 이 세례 준비 훈련과 기간은 3세기 초부터 실천되었다. 세례 준비 기간은 일반적으로 대단히 길었다. 약 3년 정도였는데 이때 세례 준비 자료로써 교리문답(Catechism)이 따로 있지 아니하고 세례자들을 위해서 기독교 교리에 관한 교육을 실시했으며 동시에 믿음의 확신에 대한 신앙고백서를 준비해야만 했다. 세례는 일 년에 한 번 정도로 부활절에 거행했다. 3세기 초부터는 세례받을 사람들은 금요일과 토요일에 금식을 한 다음에 예수님이 부활하신 주일 아침에 세례를 받았다. 세례는 완전 나체로 행해졌으며 남자들과 여자들은 서로 분리되었다. 이들이 물 위에서 올라올 때 새 생명을 상징하는 흰옷이 주어졌다. 그 다음에 그들에게 기름을 발라 그들을 왕 같은 제사장의 일부로 만들었다. 세례는 주로 침례로 거행되지만 물이 충분하지 않은 경우에는 성부와 성자와 성령의 이름으로 머리 위에 물을 세 번 붓는 것으로 집행되었다. 초대교회에서 유아세례를 베풀었는지에 관해서는 현재 기록으로 남아 있는 것으로는 확실하지 않다.

　둘째로 성만찬에 관한 초대교회의 예식이다.
　초대교부인 저스티노스는 초대교회의 성만찬을 다음과 같이 묘사했다. 집례자가 예복을 입고 제단에 서게 되면 빵과 포도주가 집례자에게 전해진다. 집례자가 빵과 포도주를 위해 기도하는데 기도에는 하나님의 구속사역에 대하여 그리고 성령의 능력이 빵과 포도주에 임하기를 위해 길게 기도한다. 집례자가 감사기도를 올리면 회중들은 히브리어로 "아멘"으로 화답한다.

집사들이 모든 참여자에게 떡과 포도주를 나누어 주고 불참자들에게도 전해준다. 빵은 쪼개어 분배했고 신자들은 한 잔의 컵을 돌려가며 포도주를 마셨다. 포도주는 물이 섞여 있는데 이때 성만찬에 쓰이는 물 섞인 포도주는 아주 가난한 사람들이 식사 때 포도주에 물을 타서 먹은 관습이 성만찬에도 재현되는 것 같다. 그들이 성만찬에 참여하는 것은 하나의 예식에서 끝나는 것이 아니라 그리스도의 임재를 사실적으로 인식하는 경험으로 생각하고 있다고 본다. 초대교회의 예배는 성찬 위주의 예배 형식이었다. 사도행전에 의하면 신도들은 성찬 예배를 드리기 위해 한 주의 첫째 날에 모였다고 기록하고 있다. 그 이유는 그날이 주님의 부활하신 날이기 때문이었다. 이때의 예배의 주된 목적은 신실한 기독교인들에게 회개를 촉구하거나 그들의 죄의 심각함을 의식하게 하려는 것이 아니라 주님의 부활을 기념하고 주님의 약속대로 모든 신자들의 부활을 기억하기 위한 것이었다.

그러므로 이 예배는 행복한 신자들의 모임이며 fellowship의 행사였다. "신도들은 날마다 마음을 같이하여 성전에 모이기를 힘쓰고 집에서 떡을 떼며 기쁨과 순진한 마음으로 음식을 먹고 하나님을 찬미하며 또 온 백성의 칭송을 받으니 주께서 구원 받는 사람들을 날마다 더하시리라(행 2:46 - 47)."

이후로 교회에서는 성찬이 예배의 중심이 되었다. 최근 개신교 예배에서 성찬보다 설교에 더 무게를 두게 된 것은 종교개혁자 칼빈의 교의와 신학사상에서 비롯된 것이다.

위에서 언급한 대로 초기 성찬 예배의 특징은 부활의 확신을 축하하는 모임이므로 기쁨과 감사가 넘치는 가운데 신자들은 음식을 교회에 가져와 공동 식사를 한 후에 빵과 포도주를 위한 특별 기도를 하였다. 그러나 2세기 초부터는 공동 식사는 폐지되었다. 그 이유는 기독교인들끼리 모여 나누는 애찬에 대한 소문이 나서 로마 정부의 박해가 더 심해질까 염려해서이다.

초대 교부인 저스틴은 성찬 예배에 대하여 다음과 같이 말했다. "일요일이라고 불리우는 날이 오면 도시나 농촌에 사는 모든 신자들이 모인다. 그들의 집회에는 시간이 허락되는 한 사도들의 수상록(memoirs of the Apostles)이나 예언서가 봉독되었다. 봉독자가 봉독을 마치면 사회자가 권면을 하면서 이 아름다운 본보기를 따르라고 권한다. 그리고 그날 드린 헌물은 사회자에게 인계되고 사회자는 이것을 가지고 고아와 과부들, 질병 등으로 고생하는 사람들 그리고 감옥에서 고생하는 사람들에게 제공한다. 신자들은 "우리는 이 일요일의 모임을 기뻐한다. 이날은 우리의 구세주이신 예수 그리스도가 죽은 자들로부터 부활하신 날이기 때문이다"라고 고백한다." 실제로 초대교회시대의 성찬 예배는 우리가 현재 드리는 성찬 예배와도 별 차이가 없다.

2세기 이후로는 예배 형식이 다소 달라졌다. 저스티노스는 초대교회의 가정예배 의식에 대하여도 간단히 기록하고 있다. 예배는 1부와 2부로 나누어지는데 1부 예배에서는 예배의 집례자를 중심으로 세 가지의 중요한 순서가 진행되는데 성경 봉독 설교 그리고 기도인데 이것은 유대인 회당의 의식을 모방한 것 같다. 설교자들은 설교에서 복음서를 많이 주해 및 강해했고 구약은 강해를 위주로 하였다. 그리고 선지서를 읽음으로써 그리스도를 구약의 성취자라는 것을 강조하려 했다. 성경 봉독에 이어 설교는 주로 봉독한 성경 구절에 대한 주해였고 그리고 기도와 찬양 순서가 이어졌다. 당시에는 신자들이 개인적으로 성경을 소유하는 것이 거의 불가능했기 때문에 신자들은 성경 주해를 통해서 성경 지식을 얻었다. 1부 예배는 상당히 길어서 어떤 때는 몇 시간 계속되었는데 축복기도로 1부 예배를 마쳤다.

당시의 가정교회 설교자들은 그리스도께서 앉아서 강론한 것처럼 앉아서 설교를 했다. 이것은 또한 유대교의 습관이기도 했다. 가정 설교의 대표적인 사람들은 폴리갑과 이레니우스 등 교부신학자들의 설교가 유행했는데 이레니우스는 스승인 폴리갑에 대해서 말하기를, "폴리갑은 주를 만났던 목격자들로부터 그리스도와 사도들에 관해서 직접 들었으며 그 진술들의 내용이 복음서와 별로 다를 바가 없었다." 이 당시 가정교회의 설교는 사도들의 전승을 그대로 유지하면서 그리스도의 말씀을 중심으로 강론으로 행해졌던 것이다. 1부 예배를 마치고 2부 예배에 들어가면 세례를 받지 못한 사람들은 퇴장하고 신자들은 평화의 인사를 나눈 다음에 위에서 언급한대로 성찬 예배가 시작된다.

초대교회의 또 하나의 특징은 신자의 무덤에 모여 성찬식을 거행하는 것이다. 이것이 카타콤(Catacomb) 즉 지하 묘지의 기능이었다. 어떤 학자들은 지하 묘지 교회를 묘사하여 기독교인들이 당국의 눈을 피해 모여 예배드린 장소로 표현하기도 한다. 실제로 기독교인들만 카타콤을 이용한 것은 아니다. 카타콤은 당국자들에게 잘 알려진 공동묘지였는데 경우에 따라 기독교인들이 카타콤을 은신처로 사용했지만 실제로 기독교인들이 카타콤을 이용한 진정한 이유는 교회가 정부의 인정을 받지 못하여 재산을 소유할 수 없었기 때문이었다. 장례협 회원들은 재산 소유의 허락을 받았는데 이들은 자체의 묘지를 언제나 소유할 수 있었다. 도시의 기독교인들이 그러한 장례협회들을 조직했으므로 그들이 자기 소유의 공동묘지에서 모이는 것이 가능했다. 그러나 카타콤을 이용하게 된 중요한 이유는 많은 신앙의 영웅들이 이곳 카타콤에 묻혔을 뿐 아니라 이 카타콤에서 성찬을 통하여 죽은 믿음의 조상들과 예수 그리스도를 결합해 준다고 확실히 믿고 있었기 때문이다. 죽은 자들에 대하여 성찬식을 거행하게 된 것은 2세기 중반에 순교자들의 기일에 무덤에 모여 성찬을 거행하는 것이 하나의 행사가 되었다. 당시에는 죽은 사람들도 교회의 일부이므로 성찬 예식을 통하여 산 자와 죽은 자들이 한 몸임을 확인하는 것이었다. 초대교회의 예배가 지하 묘지나 공동묘지의 모임은 극히 드물었다.

초대교회시대 때의 교인들은 항상 그리스도의 한 몸이 가지는 통일성을 중요시하는 의식 때문에 한 도시에 여러 교회가 존재하는 것을 별로 반가워하지 않았다. 그래서 한 도시에서 감독이 성찬에 쓰고 남았던 빵과 포도주를 다른 교회에 보내어 성찬식 때 같이 사용하도록 하였다. 이것이 분병의 시초라고 해석되기도 한다. 한 주일에 있어서 일요일은 일종의 부활절이고 기쁨의 날인 반면에 금요일은 성금요일로 생각해서 회개와 금식과 슬픔의 날로 보내었다. 한 가지 초대교회에서 문제가 되었던 것은 부활절 행사였다. 현재와는 달리 어느 날 혹은 어느 주일에 지켜야 할지 서로 의견이 상충되어 어려움을 겪었다. 일부 유대인 기독교인들은 유대교의 유월절을 고집하는가 하면 다른 기독교인들은 주일을 지켜야 한다고 주장했다. 2세기에 이 문제로 격렬한 논쟁이 벌어졌다. 오늘날에도 기독교와 동방정교회가 서로 다른 날을 부활절로 지키는 것과 같은 형편이었다. 부활절에는 개종자들에게 세례를 베풀어 회중으로 받아들였다.

예수님의 탄생을 언제 어떻게 축하하는 일도 초대교회에서는 의견이 달랐다. 예수님의 탄생과 관련된 가장 오래된 축일은 1월 6일 주현절(Epiphany)이었다. 주현절은 본래 예수님의 탄생일을 축하하는 날이었다. 서방 라틴어권에서는 12월 25일이 1월 6일을 대신하기 시작했다. 12월 25일은 원래 이교도의 축제일로서 콘스탄틴 대제 이후 크리스마스로 대체되었다.

C. 초대교회의 행정 및 관리

초대교회의 조직은 비교적 간단하다. 2세기 초의 교회에는 감독, 장로 및 집사로 구성되어 있다. 초대교회에는 성경의 의미를 결정하고 교회를 다스리는 권위 있는 감독적 형태(The Episcopal Form of Church Government)가 생겨났다. 초대교부 키프리안에 의하여 그 골격이 완성되었다. 이때부터 종교개혁에 이르도록 교회는 감독 정치 형태를 취하였는데 오늘날도 로마 가톨릭, 희랍정교 및 감리교회는 감독 정치 형태를 유지하고 있다. 그런데 초대교회에서는 불행히도 감독과 장로의 칭호가 구별되지 않은 경우가 많다. 2세기 말부터 3세기 초에 들어가서 교회는 이단들을 강력하게 대항하기 위해 감독의 권위와 사도전승의 이론을 강조했다. 특히 교회가 성장할 뿐 아니라 이방인의 숫자도 늘어가고 동시에 이단의 위험도 점점 커져감으로 감독의 권한을 크게 늘릴 수밖에 없었다.

D. 초대교회의 부흥

 초대교회에서는 오늘날 우리가 하는 행사인 부흥회 및 사경회가 없었다. 그 대신 저명한 신학자, 유능한 스승 혹은 감독들을 초청하거나 그들의 학당에서 세미나 형식으로 부흥회 대신 신앙 강론이 자주 열렸다. 저스틴과 오리겐 같은 교부들의 강론은 아주 인기가 있었다. 그러나 이런 강론보다도 대부분의 초신자들은 무명의 기독교인들에 의해 전도를 받았다고 초대 문서는 기록하고 있다.

 초대교회에서도 오늘 기독교처럼 부흥회 이외에도 치유 집회를 통해 복음을 전파했다는 사실이다. 초대교회시대에 그레고리 우마투르구수(Gregory Thaumaturgus)라는 사람이 있었는데 이 이름은 "기적을 행하는 사람"이라는 의미를 가지고 있다. 그는 본도 출신으로 네오가이사랴 감독이 되면서 신학 논쟁이 아닌 기적을 통해 복음을 전하게 되었다. 초대교회 전설에 의하면 그는 기도를 통해서 홍수가 난 강물의 진로를 바꾸기도 했다고 한다. 또 사도들과 동정녀가 그에게 나타나 앞일을 인도했다는 기록도 있다. 그러나 실제로 놀라운 사실은 바울과 바나바와 같은 순회전도사를 통해 선교가 된 것도 중요했지만 더 나아가서 노예들, 상인들, 광산에 강제 노역으로 끌려간 포로 등을 통한 전도도 활발했다는 것이다. 전도는 주로 도시에 전파되었고 농촌지역 전도는 서서히 이루어졌다.

제4장 초대교회의 핍박기

초대교회시대는 신학 형성에 앞서서 여러 가지 모양으로 교회가 핍박을 받는 어려운 시기였다. 사도시대 이후로 들어가면서 로마의 기독교 핍박기가 시작되는데 우선 로마의 기독교 박해의 원인을 살펴보면 우연한 원인과 실제적 원인으로 구분되어 나타난다. 우연적인 원인은 기독교인들을 부도덕하고 불의한 자로 보았고 기독교 때문에 천재지변이 자주 일어난다고 보았기 때문이다.

그러나 실제적인 원인을 살펴보면 기독교인들의 사상의 부조화를 들고 있다. 다시 말해서 로마인은 국가지상주의나 기독교인은 신본주의라는 것이 문제가 되었다. 그리고 사회생활의 부조화를 핑계 삼았는데 로마인은 사치 오락을 즐기지만 기독교인들은 이를 배격한다는 것이다. 그 다음으로 종교상의 부조화가 이유였는데 로마인은 황제숭배를 강조하나 기독교인들은 이를 배격하고 유일신 하나님을 숭배한다는 것이다. 이러한 이유로 기독교인들은 사회에서 추방되었을 뿐 아니라 맹수와 사투를 시키고 또한 기독교 박멸운동으로 성경과 기물을 파괴하였다.

A. 로마 황제숭배의 배경

황제를 신격화하는 사상은 본래 희랍 전통에서 시작되었다고 보는데 이 전통이 로마제국에 들어와서 인간인 황제를 신격화하는 일로 본격화 되었다. 로마제국에서 황제에 대한 신적 숭배를 자청한 황제는 제3대 가이우스 칼리굴라였다. 그는 희랍적 성향의 군주 모습을 그대로 받아들였다.

그는 화려한 생활을 시작하면서 자신이 주피터와 완전히 대등한 신이라고 공언한 바 있다. 그는 태양신의 빛나는 관을 쓴 자기 모습을 동전에 새겨 넣기도 하였다. 한편으로 그는 모든 신상의 머리를 제거하고 그 위에 자기 머리를 새겨 올려놓으라고 명령하였다. 칼리굴라는 그의 지나친 욕심 때문에 자기의 부하는 물론 여호와 하나님만을 숭배하는 유대인들을 위시해서 많은 사람들로부터 미움을 받아 AD 44년 피살을 맞게 되었다.

그 다음으로 황제숭배를 지나치게 주장한 황제는 네로 황제였다. 네로는 자신이 아폴로 신과 동일시되려고 애를 썼다. 동전에 새겨진 그의 초상들은 네로 자신을 마치 천지를 진동시키는 아폴로 신처럼 묘사했다. 네로는 특히 황제숭배를 반대하는 유대인들과 기독교인들을 처벌하면 그의 황제숭배 사상이 성공할 것으로 알고 그들을 특별히 압박하는데 앞장을 섰다.

황제숭배 사상은 그 후 많은 황제들에 의해 시도되었으나 도미티안 황제 때 그 절정을 이루었다. 도미티안 지배 말기인 AD 90년경에 황제숭배가 의식화 되고 제도화됨에 따라 이를 반대하는 종교인들 특히 기독교인들에 대한 박해는 극에 도달했다. 도미티안 황제는 황제숭배를 거절하는 사람은 그 누구를 막론하고 극형에 처벌하기로 법을 만들었다. 그는 자신의 권력이 절대적임을 과시했고 또 그의 신성을 드러내려고 많은 노력을 기울였다. 그는 그의 시민들이 그를 처음으로 "주님", "하나님"으로 부르도록 명령하였다. 그래서 동방의 동전에는 그에 대해 "하나님"이란 칭호가 새겨져 있다. 그는 자신의 명령이 하나님의 명령이라고 하여 공문서를 "우리의 주이신 하나님이 다음과 같이 명령하신다"란 말로써 시작했다.

한편 소아시아의 항구도시 에베소에는 연로한 사도요한이 살고 있었는데 이곳에는 황제의 초거대상이 세워진 웅장한 규모의 신전이 있었다. 요한은 황제숭배를 반대하여 밧모섬으로 유배되었으나 도미티안 황제가 죽자 곧 유배 생활에서 풀려났다.

기독교인들을 핍박하고 박해하는 로마 황제들의 횡포는 말로 형용할 수 없을 정도인데 특히 로마 황제들의 10대 박해는 로마 역사는 물론 기독교 역사에서 잊지 못할 최대의 기독교 압박으로 길이 남을 것이다. 결과적으로 기독교인들은 순교를 무릅쓰고 항거함으로써 기독교인들끼리 서로 협력하는 계기가 되었고 마가의 다락방의 성령 운동을 기점으로 기독교가 생명의 종교로 자리를 잡게 되고 교회와 국가의 구별이 명확히 드러나게 되었다.

B. 로마 황제들의 10대 박해

기독교 박해의 사건은 로마 황제 열 명으로부터 200여 년에 걸쳐 수많은 기독교인의 순교자를 내게 한 엄청난 사건으로 알려져 있다. 로마 황제들은 기독교의 성장을 두려워하여 기독교 박해 방책으로 로마 황제숭배를 적극적으로 추진했다. 로마 황제들은 여러 가지의 핑계를 들어 기독교인들을 핍박하였는데 약 200여 년 동안 베드로와 바울을 위시해서 수많은 기독교인들이 순교를 당했다.

1. 네로(Nero: AD 54 - 68)의 박해

위에서 잠깐 언급한 대로 네로는 로마제국의 제5대 황제로 로마 역사상 가장 악한 황제 중의 한 사람으로 알려졌다. AD 55년 의붓동생인 브리타니쿠스를 독살하고 59년에는 정치적으로 간섭해 온 어머니 아그리피나를, 62년에는 아내 옥타비아를 살해했다.

이러한 사악한 네로에게 로마 대화재 사건이라는 악재가 갑자기 터졌다. 이 화재는 로마제국의 수도를 거의 대부분 6일 동안 밤낮으로 걷잡을 수 없이 태웠던 끔찍한 화재였다. 이 화재로 거대한 도시

절반이 잿더미로 변했다.

당시 로마는 골목이 좁고 집이 다닥다닥 이어져 있어서 불은 번지기가 쉬우면서 불을 진압하기는 어려운 구조였다. 화재는 막시무스라는 대전차 경기장 근처에서 발생해 도시의 14지역 가운데 4지역을 제외한 모든 곳을 다 태웠고 왕궁 일부, 대저택 그리고 가난한 시민들의 집도 다 태웠다. 로마의 고대 유명한 건축들이 화염 속으로 사라졌고 수만 명의 로마 시민들은 삶의 터전을 몽땅 잃게 되었다. 화재 당시 기독교인들은 일반인들에게 부정적으로 인식이 된데다 이상하게도 유대인들과 기독교인들이 사는 두 지역은 불에 타지 않았기 때문에 네로 황제는 자연스럽게 로마 대화재의 책임을 기독교인들에게 뒤집어씌울 수 있었다.

또 기독교인들이 그리스도라는 사악한 미신에 사로잡혀 황제숭배를 하지 않아서 화재가 일어났다고 핑계를 대고 기독교인들을 배반자라고 몰아세울 수 있었다. 네로는 기독교인들을 사회 혼란 해결의 희생양으로 삼아 탄압하기에 이르렀다. 네로는 그리스도인들에게 화재의 책임을 물으면서 로마와 시민들을 역경에 몰아넣은 장본인들이라는 죄목으로 처형하기 시작했는데 이때 바울과 베드로가 순교를 당했다고 전해진다. 처형 방법으로는 맹수와의 사투, 그리고 십자가 처형이었다. 네로가 최초의 기독교 박해자라고 하는 것은 로마제국 황제 중 최초라는 뜻이다. 화재가 끝난 후 네로는 복구를 위한 대책을 세우고 법령을 발포했지만 많은 사람들은 네로가 자신의 황금 저택을 지을 대지를 개간하기 위해서 또 로마시보다 더 찬란한 도성을 짓고 싶어서 불을 냈다고 소문을 냄으로써 네로를 더욱 노엽게 만들었고 또한 궁지에 몰아넣었다. 어떤 역사가는 로마시가 화염에 쌓여 있을 때 네로가 Palataine의 탑에 올라가서 배우의 옷차림을 하고 수금을 타면서 트로이의 멸망을 노래했다고 전한다.

2. 도미티안(Domitian: AD 81 - 96)의 박해

도미티안 황제는 성장기의 상처로 인해 심한 열등의식이 있는 사람이었다. 위에서 언급한 대로 그는 자신의 권좌를 강화하고 거대한 로마제국을 일사분란하게 통치하는 수단으로 로마제국의 모든 시민들로 하여금 황제 자신을 "주님, 하나님(Lord and God, Dominus et Deus)"으로 숭배할 것을 명령하였다. 그는 로마제국의 이름을 영원한 제국(Eternal Emphire)으로, 자신의 이름은 영원한 왕(Everlasting King)으로 바꾸고 로마제국 황제의 우상화 작업을 시작하였다. 그는 로마 시민들은 도미티안 황제의 이름으로 지어진 성전에 나아가 향을 피워 제단에 던지고 Caesar Kurios(시이저는 주님이시다)라고 외치도록 하였다.

그는 또한 사람들이 이러한 작은 예식을 행하는 한 그가 어떤 다른 종교를 갖든지 문제 삼지 않았다. 그러나 기독교인들은 황제숭배를 단연히 거부했다. 도미티안 황제는 이러한 일종의 예배 행위를 통해 자신의 거대한 제국을 하나로 통일하려 했던 것이다. 도미티안 황제는 15년간 통치하면서 기독교를 가혹하게 박해하였다. 기독교인들이 황제숭배를 거절하고 그들만의 국가를 꿈꾼다는 이유로 기독교인들의 재산을 몰수하고 그들을 무자비 살해하였다. 또 기독교인들 때문에 모든 신들이 노하여 천재지변이 자주 일어나게 되었다고 억지로 불평을 만들었다.

그러나 당시 유일한 그리스도의 제자로 남아 있던 사도요한은 황제숭배가 심각한 문제가 아닐 수 없었다. 시이저를 정치 지도자로 존경할 수는 있지만 시이저를 주님으로 예배한다는 것은 상상도 할 수 없었다. 요한에게 있어서 시이저는 하나의 피조인간에 불과했다. 언젠가는 시이저도 그리스도 앞에 머리를 숙일 때가 올 것을 요한은 굳게 믿고 있었다. 사도요한은 도미티안 황제숭배를 거부하게 되었다. 로마정부로서는 사도요한의 태도가 정치적인 반역이요 위협으로 생각하고 그를 죽일 생각도 있었으나 그렇게 되면 기독교인들의 소요가 더 일어날 것 같아서 할 수 없이 그 대가로 요한을 밧모섬(Island of Patmos)에 보내게 된 것이라고 로마 가톨릭 신학자들은 추측하고 있다. 밧모섬은 현재 터키 해안으로부터 서쪽으로 10마일 가량 떨어져 있는 돌섬이다. 로마 정부는 밧모섬에 채석장을 만들어 정치범들을 가두고 채석 노동을 하여 일생을 보내게 하였다. 로마 정부는 사도요한뿐 아니라 초대 헬라 교부로 유명했던 클레멘트도 사형에 처했다.

도미티안 황제의 처형 방법은 다른 황제들과 마찬가지로 맹수와 사투, 재산 몰수, 추방 등이었으며 이때에 카타콤(Catacomb) 즉 지하

무덤이 생겼는데 기독교인들이 이 카타콤에 몰래 숨어 예배를 드렸다고 전해진다.

3. 트라얀(Trajan: AD 97 - 117)의 박해

트라얀 황제는 비교적 온화한 황제로 알려졌다. 다른 종교를 가졌다고 해서 무자비하게 학살하지는 않았다. 네로나 도미티안 황제 때부터 내려온 기독교 박해가 다소 완화된 듯 했으나 아주 없어진 것은 아니었다. 트라얀 황제는 기독교인들을 박해하는 원칙을 세웠다. 기독교인들을 일부러 수색하여 처벌하지 말 것, 만약에 잘못이 있어서 기소되면 엄하게 처벌할 것, 또 만약에 그들이 자기들의 신앙을 버리고 로마의 신을 찬양하면 석방할 것 등이다. 이 칙령으로 인해 혹독한 박해는 어느 정도 수그러들었으나 지속적인 박해는 계속되었다. 이때에 시리아 지방 안디옥의 감독이었던 이그나시우스가 순교를 당했다.

4. 하드리안(Hadrian: AD 117 - 138)의 박해

하드리안 황제는 성격이 복잡하고 변덕스러웠다. 그는 특히 유대인들의 반란에 신경을 많이 썼다. 유대인들이 예루살렘에서 반란을 일으키자 유대인들을 예루살렘에서 타 지역으로 강제 이주시켰다. 하드리안 황제는 유대인들과 반대로 기독교인들을 그렇게 엄하게 다스리지는 않았다. 하드리안 황제는 AD 125년경 아시아의 총독 미누시우스, 푼다누스에게 보낸 편지에서 정당한 재판을 거치지 않고서는 기독교인들을 처형하지 말라고 하였다. 이 칙령은 비기독교인들로부터 근거 없는 모함을 받는 것을 보호하는데 목적이 있었다. 그러나 하드리안 황제는 로마의 국경일에 모든 시민이 로마 신에게 예배할 것을 강조했고 예배하지 않는 자들을 모조리 처형하라고 명령을 내렸다.

5. 마르쿠스 아우렐리우스(Marcus Aurelius: AD 161 - 181)의 박해

마르쿠스 아우렐리우스는 로마제국의 제16대 황제이다. 그의 별명은 "철인황제"이며 그의 명성은 중국에까지 알려졌는데 중국 역사서 《후한서》에 기록된 "대진국왕 안돈"이 바로 마르쿠스였다. 그의 죽음으로 로마제국의 전성기는 끝나고 군인 황제시대가 시작되었다. 그는 철학을 바탕으로 한 에세이인 《명상록》을 쓰고 스스로 스토아철학의 대변인 역할을 하였다. 그는 명상록을 통하여 금욕과 절제를 주장하였으며 수많은 명언을 남길 정도로 공부를 많이 했던 황제였다. 이 명상록은 12편으로 되어 있는데 로마 스토아철학의 대표적인 책으로 현재도 알려져 있다. 마르쿠스는 인정이 많고 자비로운 황제로 알려졌고 처음에는 기독교에 대하여 우호적인 경향을 나타냈으나 나중에는 아첨자들의 영향을 받아 기독교를 참혹하게 박해했다. 그는 기독교인들을 죽일 때 각종 고문과 악행을 사용하였고 그들을 사나운 짐승의 밥으로 던졌다. 이때 폴리갑이 순교하였다.

6. 셉티무스 셀베루스(Septimus Serverus: AD 191-211)의 박해

그는 태양신 제사장의 딸 돔나와 결혼한 후 본격적으로 기독교를 박해하기 시작했다. 기독교인들로 하여금 국가신상에 강제로 절을 하게 함으로써 기독교인들을 색출하려 했다. 기독교에 입교를 금지하고 포악무도하게 기독교인들을 박해했다. 이 때 이레니우스가 순교를 당했다.

7. 막시미너스(Maximinus: AD 235-238)의 박해

막시미너스 황제는 다른 황제에 비해서 재위 기간이 아주 짧았다. 그래서 재위 기간 동안 항상 위기를 느꼈다. 그리고 기독교인들이 아주 싫어하는 황제였다. 기독교 성직자들을 전부 처단하려고 애를 썼고 더욱 나아가서 황제가 암살한 전임 황제를 그리스도인들이 지지하였다는 사실로 인해 그리스도인들을 더욱 박해하였다. 폰티아누스와 히폴리투스가 광산의 노예로 붙잡혀 갔다가 순교하였다.

8. 데키우스(Decius: AD 240 - 251)의 박해

데키우스 황제는 다뉴브강 유역 북부 출신으로서 그가 황제로 즉위할 당시 로마제국은 이미 그 전성기를 지나 부패와 더불어 국가의 쇠퇴기에 이르렀다. 반대로 기독교는 상대적으로 흥성하고 번창하고 있었다. 그래서 황제는 그 옛날의 로마 종교로 되돌리는 일이 제국을 다시 발전시키는 길이라고 생각하고 그동안 로마의 국력을 약화시키는 원인이라고 생각되는 기독교를 온전히 없애 버리려고 계략을 꾸몄던 것이다. 황제는 또한 기독교인 때문에 이민족이 침입했다고 핑계를 대면서 기독교인들을 박해하였다. 또 기독교인들 때문에 국력이 쇠약해진다는 핑계로 기독교인들의 재산을 몰수하기 시작했다. 박해가 시작되면서 기독교인이 아닌 사람들도 데키우스 황제의 생각에 동조하는 국민도 처음에는 소수이나마 조금 있었다. 황제의 이러한 교회 박해 계획은 로마제국이 기독교에 내린 공공연한 선전포고와 같은 것이었다. 이 박해 계획은 한 지방에 국한된 것이 아니라 전국에 걸쳐 실행된 것이다. 이때의 박해는 그 진행 방법도 전과 조금 다르다. 교회의 발전을 막을 뿐 아니라 오히려 배교자를 많이 배출하는데 신경을 많이 쓰게 되었다. 이 때문에 교회 지도자들이 말할 수 없는 끔찍한 박해를 받을 뿐 아니라 평신도들에게도 배교를 강요하는 모든 수단을 동원했다. 만약 교회의 최고 지도자인 감독이 도피하다가 체포되면 엄중한 취조를 받게 되었고 또 피신하는 일이 합법적인지 조사를 받아야 했다.

결국 탄압을 견디지 못한 신도들은 일정한 날 일제히 지방장관 앞에 출두해야 하고 또는 의원 앞에 나아가 제물을 드리거나 아니면 로마 황제 신전 제단 앞에 향불을 피워야 했다. 또 전에 혐의를 받았던 사람이 순종의 뜻을 표하는 경우에 앞으로 황제를 위해 몸을 바칠 사람이라는 것을 증명하는 증명서를 관청에서 받아야 했다. 더욱이 증인들의 서명까지 올라 있어야 했다. 로마제국 내에서는 오로지 하나의 종교만이 있어야 한다고 하면서 황제숭배를 유일한 종교로 삼고 황제에게 제사를 지내는 사람들에게 제사증을 발급하기도 했다.

그런데 주목할 만한 사실은 일반 국민의 협조도 거의 없이 오로지 당국에 의해서만 수행되었다는 사실이다. 이교도들은 당국에 협력하기는커녕 신도들의 은신이나 피신을 도와주었고 그 수는 점차 늘어났다. 더 나아가서 일찍이 신도들을 향해 겨누었던 증오의 화살은 헛된 옛 소문과 함께 사라지고 이교도들에게도 화살을 돌려댔다. 데키우스의 박해는 일반적으로 성공을 거둔 것은 사실이나 그가 기대했던 일반 국민들의 협조가 거의 없었던 것은 큰 실패였다. 데키우스 황제의 기독교 박해 때 수난을 당한 두 교부신학자가 있다. 한 사람은 오리겐이고 한 사람은 클레멘트이다.

9. 발레리아누스(Valerianus: AD 253-259)의 박해

발레리아누스 황제는 재위 초기에 기독교에 동정적이었으나 후에 상당한 박해를 가했다. 기독교인들의 재산을 압수할 뿐 아니라 그들의 공민권도 박탈하였다. 질병과 흉년이 일어난 것은 기독교인들 때문에 신이 노한 것이라고 하면서 기독교인들을 무참히 학살하였다. 기독교인들의 공적 집회를 금지시켰다. 이때에 오리겐이 중병으로 죽었고 키프리안이 순교 당했다.

10. 디오클레티안(Diocletian: AD 284-286)의 박해

디오클레티안 황제는 처음부터 기독교인들을 박해하려는 것은 아니었다. 그 이유는 아내인 프리스카와 딸인 발레리아는 기독교인이었고 그 외 많은 신하들도 기독교인들이었으므로 그가 직접 기독교인 박해에 나서기를 꺼려했다는 점이다. 그래서 그는 실제로 기독교인 박해 책임자로 그의 직속 부하인 갈레리우스로 하여금 담당하게 하였다. 그렇다고 해서 기독교인들의 박해를 승인한 사람이 황제 자신이라는 것을 피할 수는 없었을 것이다. 실제로 디오클레티안 황제 때 교회는 그 수와 세력에 있어서 급격한 성장을 보여 왔다. 소아시아와 같은 곳에서는 그리스도인이 인구의 대다수를 차지하고 있었고 동방의 수도 니코메디아의 교회당은 그 도시에서 가장 큰 건물 중의 하나였다. 또 한편 황제의 궁중에서는 그리스도인들이 신임을 받는 자리를 차지하고 있었으며 더 나아가서 기독교인들이 기독교 신앙을 고백하는 행위도 자주 있었으나 국가의 제사 행위나 황제숭배 의식에 기독교인들이 자주 빠지게 되므로 이로 인해 일종의 혐의를 받지 않을 수가 없게 되었다. 이리하여 황제의 측근에서도 황제의 관용적인 태도를 못마땅하게 생각하는 사람들이 점차 늘게 되었으며 특히 그리스도께 충성한다는 이유로 군대 복무를 거부하고 군인 선서를 거부하는 기독교인들의 행위는 황제를 아주 노엽게 하였다. 황제는 기독교 조직이 점차로 제국 조직보다 강하게 되는 것을 두려워하고 기독교를 박해하였는데 교회는 대부분 파괴되었고 성경은 불태워졌으며 그리스도인의 재산과 시민권은 박탈 위기에 처해 있었으며 로마 신들에 대한 숭배가 강요되었다. 디오클레티안 황제는 기독교 박해 칙령을 네 번이나 반복하여 반포하였다.

결론

이렇게 네로 황제(AD 54년)부터 디오클레티안 황제(AD 286)까지 약 200여 년 동안 기독교를 박해하였지만 오히려 기독교는 박해가 심할수록 더 왕성하게 성장할 수 있었는데 여기에는 수많은 순교자의 피가 그 기초가 되었다.

제5장 예루살렘 멸망의 원인과 결과

주후 70년경에 유대교의 총본산지인 예루살렘이 멸망했다. 예루살렘의 멸망은 유대인의 멸망뿐 아니라 세계의 멸망의 상징이었고 예수님도 예루살렘 멸망을 예언하시고 그 슬픔을 달랠 길 없어서 눈물을 흘리셨다고 성경은 기록하고 있다(눅 21:20-21, 19:41-44). 유월절 직전부터 4개월 동안 로마 황제 베스파시아누스의 아들 티투스가 예루살렘을 포위하고 로마군 6만 명과 현지 지원군으로 구성된 4군단이 예루살렘을 침공하였다. 사실상 예루살렘 침공은 처음은 아니다. 약 650여 년 전(BC 587년)에 바벨론의 느부갓네살이 예루살렘을 파괴한 적이 있었다. 이번 예루살렘 침공 당시 예루살렘 인구는 약 10만 명을 웃돌았지만 로마 군인들이 예루살렘을 포위하고 가두는 바람에 유다 밖의 지중해와 근동 도처에서 유월절을 맞아 예루살렘에 찾아온 순례자들로 인하여 100만이 넘는 사람들이 예루살렘에 있었다. 로마군의 포위 속에 넉 달 동안에 이미 거의 절반의 사람이 굶어 죽었다. 죽은 사람의 시체는 성 밖으로 던져졌는데 역사학자 요세푸스에 의하면 그렇게 던져진 시체가 60만이 넘는다고 기록하고 있다. 요세푸스는 유대인 장군으로 티투스 황제의 통역 역할을 하면서 이 전쟁의 모든 일을 기록한《유대전쟁사》를 남긴 사람이었다.

옛날 유다가 바벨론에 의해 멸망당할 때에 선지자 예레미야가 저항하지 말라고 한 것처럼 유대인들에게 로마에 저항하지 말라고 요세푸스는 설득하려고 노력했다. 성벽 너머에는 50여만 명에 가까운 굶주린 유대인들이 생지옥 속에서 살고 있었다. 일부는 광신적인 종교적 열심 당원이었지만 대부분은 무고한 사람들이었다.

예루살렘 멸망의 원인을 찾아보면 로마 관리들의 악정과 총독들의 부정과 지나친 탐욕 그리고 유대인 대제사장의 부패와 사리사욕에 눈이 어두워진 것과 백성들의 강포였는데 유대 백성들은 감람산 포도원에서 4,000여명이 극렬한 집회를 주도했다. 그리고 유대인들의 끊임없는 반란으로 로마 정부의 탄압이 극도에 도달했다. 이 예루살렘의 멸망으로 예루살렘은 완전히 파괴되었고 성전이 완전히 방화되었으며 사망자도 무려 11만여 명에 도달했고 유대인의 포로만도 9만 7천 명이 넘었다고 요세푸스는 기록하고 있으나 또 다른 로마의 역사가 타키투스는 사망자와 포로수가 6만 명 정도라고 기록하고 있다. 이때 대 파괴된 성전은 아직까지도 복구되지 않았으며 유대인들은 1900여 년이 지난 후 1948년 다시 예루살렘을 포함해 이스라엘 땅을 점령하였다. 현재 예루살렘은 유대교, 이슬람교와 기독교의 세 종교의 중심지로 사용되고 있다.

예루살렘 멸망이 기독교에 끼친 영향

　유대교의 총본산인 예루살렘이 무너짐으로써 기독교가 자유를 얻게 되고 기독교가 각지로 흩어져서 전도의 판도가 확대되었으며 기독교 조직 운동도 시작되었다. 그러나 로마 국가의 압정이 시작되면서 기독교는 다시 박해의 시절을 맞게 된다.

제6장 초대 교부시대의 기독교 변증론

교부(Fathers)란 사도들의 직계 제자로서 교리의 정통성을 이어 간 교회 지도자들은 물론 교리 발전에 크게 공헌한 후세의 교회 지도자를 가리키는 말이다. 교부라는 말은 또한 "교회의 아버지"라는 의미로써 그들이 교회를 이끌던 시대를 교부시대라고 한다. 교부들은 시대에 따라서 사도적 교부와 니케아종교회의 전후의 교부로 나누어진다. 니케아종교회의 이전 시대의 교부들로는 변증 교부(Apologists), 헬라 교부(Greek Fathers), 라틴 교부(Latin Fathers) 등이 있다. 특히 변증 교부들은 로마 정부에 항의하여 기독교를 옹호하기 위한 수단으로 발전되었는데 당시에 변증 교부들은 Apologia(기독교옹호론)를 로마 황제에게 제출하기도 했다.

초대 교부들은 무엇을 믿었을까? 사도시대의 교부들은 사도들이 선포한 것과 같은 복음을 선포하는 데 매우 관심이 많았다. 그들은 사도들로부터 배운 복음으로 충분하였기 때문에 신학 교리를 구성하는 것에 관심이 없었다. 사도시대의 교부들은 초대교회에 불쑥 등장한 거짓 교리들을 노출시키고 그것들을 뿌리 뽑는 일에 사도들만큼 열심이었다. 사도시대의 교부들은 사도들로부터 배운 복음에 신실하기를 원하였기 때문에 메시지의 정통성은 그대로 보존되었다.

초대 교부들 중에서 사도들과 후대 제자들은 초대교회 교인들에게 커다란 권위로 군림했다. 1세기 말부터 로마의 클레멘트는 교회 내의 분파를 반대하면서 사도적 계승을 내세웠다. 안디옥의 이그나시우스는 니케아총회 이전의 교부들 역시 복음에 충실하려고 노력했지만 다른 걱정거리들이 생겨났다. 바울, 베드로, 누가의 서신들과 같은 비중을 가지고 있다고 주장하는 여러 가짜 문서들이 생겨난 것이다. 이 가짜 문서들이 생겨난 이유는 뚜렷했다. 만일 그리스도의 몸된 교회가 거짓 문서를 받아들이도록 설득될 수 있다면 교회에 오류가 끼어들 것이 분명했다. 그래서 니케아총회 이전의 교부들은 그릇된 교리들로부터 기독교 신앙을 보호하는데 많은 시간을 할애했다. 그리고 이것은 교회에서 받아들여진 교리 형성의 시작으로 이어졌다.

니케아총회 이후의 교부들은 모든 종류의 이단에 맞서서 복음을 수호하는 사명을 수행하게 되면서 복음을 변호하는 방법에 점점 더 관심을 갖게 되었고 참되고 순수한 형태로 복음을 전달하는 일에는 덜 관심을 갖게 되었다. 따라서 그들은 사도시대 교부들의 특징이었던 정통으로부터 벗어나기 시작했다. 그리고 이것은 결국 신학자의 시대이고 동시에 신학 논쟁의 시대라고 할 수 있다.

초대 교부시대에는 아직도 신학이 완전히 정립되지 못하고 신학의 기초를 이루는 시대이었으므로 신학의 혼란 시기였다. 신학의 정립을 위해 철학적 사고방식을 중요시 여겼다. 철학적 사고방식의 중요한 과제는 존재에 대한 의미와 규명으로 삶의 의미에 대한 연구와 인생관의 확립 및 세계관의 확립이고 더욱 나아가서 철학을 통하여 신의 존재를 추구하는 것이다.

기독교 초기에 신학은 교부철학이 그 중심에 서 있었다. 교부철학자들은 철학에 의지하여 기독교를 옹호하려 했고 또한 기독교를 합리적으로 옹호하기 위한 철학을 펴서 기독교 존재의 참된 의미를 찾으려고 하였다.

교부철학의 중심 내용은 다음과 같다. 참 진리는 예수 그리스도를 통하여 계시되어야 하고 구약은 기독교 진리를 옹호하는 방패 역할을 하며 참 진리이신 예수 그리스도를 추구하는 중보 역할을 해야 한다. 신앙, 이성, 철학 및 신학이 교부철학의 기본 요소로 서로 보완하는 역할을 해야 한다. 교부철학자로는 사제인 감독, 신부 외에 평신도들이 교부철학의 지도자의 역할을 하였으나 그중에서도 사제나 신부들이 중심이 되었는데 대부분 교부신학자로 희랍 교부신학자와 라틴 교부신학자로 구성이 되어 있었다.

초기교부철학자는 Ignatius, Polycarp, Justinos, Hippolitus, Irenaeus, Clement, Tertullian, Origen, Crysostom, Pelagius,

Ambrosius, Jerome, Augustinus 등이 있다.

A. 이그나티우스(Ignatius: AD 35 - 107)

시리아의 지방 안디옥에서 태어난 이그나티우스는 사도 베드로와 요한의 제자로 주후 70년부터 107년까지 37년 동안 수리아 안디옥교회의 제3대 감독으로 사역했던 인물이었다. 이 교회는 예루살렘교회가 스테반 집사의 일로 핍박을 받을 때 흩어진 성도들이 이주하여 처음 세운 교회로 세계 선교의 전초기지 역할을 했던 교회였다.

이그나티우스는 그의 칠십 평생 동안 사람들에게서 "하나님에 의해 잉태된 자" 혹은 "하나님의 사자"라는 별명을 들은 사람이었다. 전설에 의하면 복음서에서 예수께서 무릎에 앉히고 축복했던 그 어린이(마18:1-5)가 바로 이그나티우스였다고 한다. 2세기 기독교 사회에서 얼마나 존경을 받았던 인물이었던가를 보여주는 것이다. 이그나티우스가 AD 107년경에 트라얀 황제 때 순교를 당했는데 그는 로마로 압송되어 가던 중 서머나에서 자신을 위해 구명운동을 하고 있던 로마의 그리스도인들에게 다음과 같은 편지를 보냈다. "나는 여러분들께 탄원합니다. 나에게 불합리하게 친절하지 마십시오. 내가 순교를 통하여 하나님께 도착하도록 그리고 내가 야수의 먹이가 되도록 하십시오. 나는 야수들의 날카로운 이에 물려서 죽어가고 있습니다. 세상이 더 이상 나의 몸을 보지 못할 때 나는 진실로 예수 그리스도의 제자가 될 것입니다. 이러한 수단들을 통하여 내가 하나님에게 희생이 되도록 주님께 기도하십시오." 그가 처형당하기 전에 쓴 기도문 가운데 이런 글도 들어 있었다. "내가 단지 기독교신자라 불릴 뿐 아니라 신자답게 행동할 수 있도록 해 주십시오……. 내 사랑이신 분이 십자가에 돌아가셨습니다. 나는 썩을 양식을 말하지 않습니다. 나는 하나님의 떡인 예수 그리스도의 몸을 맛보기를 원합니다……. 또 영원히 목마르지 않게 할 그의 보혈을 마시기를 원합니다……. 나는 고난을 당할 때 예수 그리스도 안에서 자유할 것이며 그와 함께 부활할 것입니다……. 나는 그리스도의 순수한 떡으로 바쳐질 수 있도록 맹수들의 이빨에 의해 제분되어야 하는 하나님의 밀입니다." 이그나티우스는 그리스도를 위해 자기를 철저히 버린 신앙의 위대한 스승이 되었다. 이그나티우스는 요한복음 12:24절 즉 한 알의 밀알이 죽어 많은 열매를 맺는다는 생각을 염두에 두고 희생을 각오한 것이다.

이그나티우스는 순교의 땅 로마로 향하면서 일곱 개의 서신을 남겼는데 이것은 초대기독교 역사를 살펴보기 위한 가장 중요한 기록으로 남아 있다. 이 서신은 서머나에서 에베소, 막네시아, 트라리아, 로마 등지로 보내는 서신과 드로아에서 빌라델비아 서머나교회로 보낸 서신, 그리고 폴리캅에게 보낸 서신 등 7편의 서신이다. 그의 서신에는 안디옥교회 내에 몇 개의 분파가 있었음을 지적하고 감독으로서 이단적이라고 생각되는 교리들을 맹렬히 반대하였다고 기록했다. 이로 인해서 반대파들이 로마 정부에게 고소를 했는지는 자세히 알 수 없으나 그는 열 명의 군인에 의해 포박된 채로 로마로 압송되어 유죄판결을 받고 처형되었다. 이그나티우스는 교회 역사 최초로 보편교회(Catholic Church)라는 용어를 써서 교회의 조직을 강화하도록 노력을 하였다. 그는 처음으로 감독은 장로에서 분리되어 감독이 장로를 대표하는 직분을 주장한 것으로 알려져 있다.

이러한 모든 사실을 폴리캅, 이레니우스, 유세비우스도 자기 저술에 자세히 기록을 하였다. 이그나시우스는 동방교회 교부였다.

B. 폴리캅(Polycarp: ca. AD 69 - 155)

폴리캅은 사도요한의 수하에서 공부하여 사도들과 그 후세대를 연결하는 사람이라고 역사가 브루스는 말한다. AD 105년경에 폴리캅은 서머나 – 현재 이즈미르(Izmir) – 에 와서 목회를 시작하였다. 폴리캅은 젊은 나이인 20대에 아시아 일곱 교회 중의 하나인 서머나 교회의 감독이 되고 그가 86세에 순교를 당할 때까지 감독직을 계속했다. 후에 헬라 교부의 지도자 중의 한사람인 이레니우스의 스승이 되었고 이그나티우스의 친한 친구로 알려져 있다. 폴리캅은 황제숭배를 거절하여 무신론자라는 죄명으로 AD 155년경에 화형으로 순교한 속사도 교부이다. 폴리캅이 순교를 당하기 전에 그에게 예수를 부인하기만 하면 살려주겠다는 로마 정부의 제의를 거절하면서 다음과 같이 말했다. "나의 생애 86년 동안 나는 예수를 섬겨왔고 그분은 한 번도 나를 모른다고 한 적이 없는데 내가 어떻게 나의 주님을 모른다고 하란 말인가?"라고 반박했다.

폴리캅이 순교할 즈음에 재판관이 그를 산채로 태워 죽이겠다고 위협했는데 폴리캅은 재판관이 붙인 불은 순간적이지만 지옥의 영원한 불은 꺼지지 않는다고 대답했다. 마지막으로 그가 화형용 장작더미 속에서 기둥에 묶인 후 하늘을 우러러 다음과 같이 크게 기도했다고 한다. "전능하신 주 하나님······. 주님께서 저를 이러한 순간에 참여하기에 합당한 자로 여겨 주심을 감사합니다. 다른 순교자들과 함께 그리스도의 잔에 참여할 수 있게 하여 주셔서 감사합니다. 이를 위해 당신을 찬양하며 영광을 돌립니다." 오래전 안디옥의 이그나티우스는 자기보다 어린 폴리캅에게 감독의 의무를 다하고 신앙을 굳게 지키라고 권면했는데 이제 폴리캅은 자신이 이그나티우스의 기대와 모범을 따르기에 충분한 인물임을 증명했다. 사도요한의 제자였던 이그나티우스가 순교한 지 약 반세기 후에 폴리캅이 순교를 당한 것이다.

그는 일생 동안 겸손한 전도자로서 복음전도에 힘을 썼는데 신자는 물론 불신자까지도 다 폴리캅을 존경했다고 전한다. 그가 순교한 다음에 많은 사람들이 그의 진실함을 보고 교회에 나오게 되었다고 한다. 폴리캅은 감독으로 재직 중에 당시의 이단주의자인 말시온을 사탄의 맏아들이라고 했는데 말시온은 그리스도는 참된 육신을 소유하지 않았으며 환상설에 불과하다고 주장한 사람이다. 말시온에 대해서는 후에 다시 설명할 예정이다.

C. 저스티노스(Justinos: AD 125 - 165)

그의 철학 사상은 아리스토텔레스(Aristotle)의 지혜의 철학에 근거하여 기독교는 참 진리이신 예수 그리스도를 알 수 있는 지혜에 근거하여야 된다고 말한다. 그는 Logos 개념의 이상주의 철학에 근거를 두고 현상과 세계는 Logos에 의하여 생성되었다고 본다. 기독교는 절대적으로 완전한 Logos의 현현이라고 보고 있다. 교부철학자 중에 Logos의 개념을 많이 연구한 사람 중의 한 사람으로 꼽힌다. 그에 의하면 Logos는 창조되지 않은 가장 순수한 본체(Purest Essence)로 이 세상 창조 전부터 존재했다고 말한다.

저스티노스는 로마교구의 교부로 그리고 변증 교부로 활동하였다.

D. 이레니우스(Irenaeus: AD 130 - 202)

소아시아 서머나에서 탄생한 그는 그의 Mentor인 폴리캅의 제자이다. 그의 저술에 흔히 인용되는 "노인" 또는 "장로"는 폴리캅을 암시한다. 그는 헬라고전과 신구약성경에 정통한 학자이며 목회자였다. 그는 그의 장래를 위해서 프랑스의 리용(Lions)으로 이주했다. 그는 리용의 감독으로 있으면서 교회를 섬겼는데 감독으로서보다 교인들의 신앙생활에 더 관심을 가지고 있었던 목회자로 잘 알려져 있었다. 그의 저술은 신학자의 논리나 사색이라기보다 신자들의 신앙을 돕는 지침서라고 보는 것이 더 나을 것이다. 그의 저술을 통하여 2세기 말 초대교회의 신앙 상태가 어떤지를 찾아 볼 수 있다. 이레니우스는 이단을 비판하는 책을 썼는데 특히 영지주의와 고대교회 사상에 관한 것이었다. 5권으로 구성되어 있는 이 책은 제1권에서 영지주의 이단들에 대한 역사적 고찰을 다루었고 제2권에서는 이단설에 대한 철학적 논박을 기록했으며 제3권에서는 성서적 비판을 제4권에서는 그리스도의 말씀을 통하여 말시온 사상을 비판하였으며 마지막 제5권에서는 영지주의 이론에 대항하여 그리스도의 부활을 논증하는 등 이러한 반이단논증은 모든 이단들을 공격하기 위해서 그의 신학을 개진하는 계기가 되었다.

이레니우스는 창조주 하나님은 선한 하나님이시고 목자와 같은 분으로 선한 목자로서 사랑으로 피조물의 세계를 창조했다고 한다. 이레니우스는 주장하기를 하나님은 창조 때부터 인간에게 자유의지를 주어서 책임 있는 존재로 만들었다고 말한다. 이 자유는 우리로 하여금 하나님의 성품에까지 자랄 수 있도록 하는 것이고 그러므로 하나님과 좀 더 친밀한 관계를 누릴 수 있도록 하는 것이 자유의지의 목적이라고 말했다. 이레니우스는 예수님을 제2의 아담이라고 하면서 그 이유는 그의 생애와 죽음과 부활을 통해 새 인류가 창조되었기 때문이라는 것이다. 그리고 예수 그리스도는 문자 그대로 교회의 머리이시니 교회는 곧 그의 몸이다. 우리 몸은 예배, 특히 성찬을 통해 계속 성장하며 또 우리는 머리에 연결되어 있어서 그리스도의 승리가 가져다 준 유익들을 이미 누리고 있다. 그의 부활을 통하여 최후의 부활이 약속되어 있으니 그의 몸을 이루는 모든 자들이 이에 참여하게 될 기쁨을 누리게 된다고 강조한다.

이레니우스는 아담과 이브에 대해서도 다음과 같은 논리를 제시했다. 하나님이 창조한 아담과 이브는 선하게 창조되었으나 아직 성숙하지 못해 어린아이들과 같아서 하나님과 깊은 교제를 통해서 성숙해지기를 희망했다고 주장했다. 그는 리옹의 감독일 뿐 아니라 당시에 잘 알려진 신학자였다. 그가 영지주의를 비롯해서 다른 이단사상을 비판하였으나 그 자신도 삼위일체 사상에 대해서는 이단의 카테고리에서 벗어나기 힘들게 되었다. 그의 신학사상은 다소 이단적으로 하나님은 유일신 하나님이시나 자유의지에 의해 창조되었다고 보고 Alpha와 Omega의 하나님을 부정한다. 또 하나님에 의하여 창조된 세계는 근본적으로 선하였으나 후에 인간의 죄로 인해 타락되었다고 보고 있다. 이레니우스는 Gnosticism(영지주의)에 반기를 들고 자유의지의 하나님을 옹호하려 했다.

이레니우스는 헬라 교부로 활동을 하였다.

E. 히폴리투스(Hippolitus: AD 170 - 236)

희랍인으로 로마에서 태어나 후에 이레니우스의 제자가 되었고 스승의 저작을 통하여 지성적 훈련을 쌓았다. 그의 작품은 거의 스승의 것과 닮았다고 할 수 있다. 그는 로마교회의 존경받는 학자가 되었고 그는 박식하고 웅변, 열정 그리고 도덕성이 뛰어난 학자가 되었다. 히폴리투스는 창세기를 비롯하여 구약의 대부분의 중요한 구절들을 발췌하여 설교집을 만들었다. 그는 그의 유일한 교의적 작품으로 "그리스도와 적그리스도에 관한 성경적 설명"을 발표하여 당시의 모든 적그리스도적 논증들을 비판했다. 그의 모든 작품은 헬라어로 기록이 되었는데 주석, 변증, 교의, 도덕 등 다양한 주제들을 다루었다. 그는 희랍의 오리겐학자에 버금갈만한 학자로 정평이 나 있었다. 그는 터틀리안과 마찬가지로 당시에 유행하던 영지주의를 비판했다.

히폴리투스는 헬라 교부로 활동하였다.

F. 클레멘트(Clement: AD 150 - 215) of Alexandria

클레멘트는 이레니우스와는 다소 다른 신학자요 철학자다. 이레니우스가 목회자라면 그는 사상가요 철학자이다. 그는 교회의 전통적 신앙을 해석하려는 것이 아니라 영적 진리를 탐구하려는 이들을 돕고 이교도 지성인들에게 기독교가 불합리한 미신이 아님을 증명하는 것이었다. 그래서 그는 초대 교부시대에 영성 신학의 선구자로 알려졌다. "아는 것이 믿는 것보다 우위다"라고 하면서 신앙에 앞서 이성을 앞세워 기독교를 이해하려 했다. "나는 하나님 사역뿐만 아니라 하나님 자신을 인식하고 싶다"고 했다. 클레멘트의 사상의 기초는 플라톤이었다. 플라톤에게서 발견할 수 있었던 모든 진리는 성경 속에서 예수 그리스도를 통해 계시된 진리라는 것이었다. 그는 기독교를 헬라철학으로 이해하려 했다.

그에 의하면 유대인들에게 율법이 주어졌다면 헬라인들에게는 철학이 주어졌다. 양자 모두 당시 그리스도 안에 계시된 궁극적 진리로 사람들을 이끄는 목적을 지니고 있었다. 하나님은 유대인들과 율법의 계약을 맺으셨고 헬라인들과는 철학을 통해 계약을 맺으셨다. 그리고 성경과 철학 사이에 공통점이 있는데 그것은 성경이 풍유와 비유로 많이 설명되어 있기 때문에 풍유와 비유의 방법을 이용하는 철학과 연관을 지을 수 있다는 것이다.

또 신앙과 이성은 밀접한 관계를 가지고 있다. 신앙은 제일 원리 즉 시발점이고 이성은 그 위에 작용한다. 신앙으로 만족하고 이성을 사용하지 않는 기독교인은 젖으로 만족하는 어린아이와 같다고 했다. 철학도 신적 기원을 가질 수 있다. 철학은 복음의 준비이다. 희랍철학의 대가로서 희랍철학에 근거하여 기독교를 이해하려 했다. Logos는 인간 이성이 성육화된 것이라고 믿었다.

클레멘트는 로마교회의 감독직을 수행하는 중 고린도교회의 분쟁에 관한 소식을 듣고 그 해결에 관한 편지를 감독의 자격으로 고린도교회에 보냈다.

이 서신에서 그는 신구약성경 특히 바울서신을 다수 인용하면서 사랑과 겸손으로 그리스도를 본받아 서로 화목하고 장로와 집사들에게 순종할 것을 권면했다. 그의 신학적 경향은 철학적인 반면에 대부분 사도바울적이며 특히 이신도의 사상을 이해하려 했다.

클레멘트는 알렉산드리아교구의 교부였다.

G. 텔투리안(Tertullian: AD 150 - 220)

텔투리안은 AD 150년경 칼타고에서 로마 군대 백부장의 아들로 태어났다. 그는 처음에 법학을 전공하여 로마에서 유명한 법률가로 활동하였다. 그는 AD 193년 40세에 이르러서 기독교로 개종하여 복음 변증과 선포에 헌신하였다. 또 AD 197년부터 라틴어 신학 논문 저술에 힘을 기울였으며 후에 라틴신학의 아버지로 불릴 정도로 훌륭한 신학자가 되었다. 그는 어거스틴과 함께 라틴계에서 가장 독창적이고 중요한 신학자라는 칭찬을 받기도 했다. 그는 철학, 법률, 헬라문학, 라틴문학에 심오한 지식을 소유하고 있었으며 강한 의지력과 날카로운 지성, 감동적인 웅변, 심도 있는 해학 등이 모두 그를 대표하는 상징인 것이다. 그는 이러한 은사를 가지고 저술 활동과 변증을 통하여 기독교 진리 수호에 총력을 기울였다. 그는 33개의 변증론적 학술을 발표했는데 전부 Latin어로 기록하였다.

그의 변증론은 세 가지 종류로 분류된다.
1) 기독교의 옹호 변증으로 유대인, 이교도, 영지주의, 말시온 그리고 로마정부에 보낸 변증론이다.
2) 기독교의 교리를 설명한 것으로 세례, 그리스도의 인격 및 부활 등에 관한 신학 변증론이다.
3) 기독교 윤리를 설명한 것으로 사제의 독신생활, 일부일처주의, 성적 순결, 금식 등에 관한 변증론이다.

텔투리안은 헬라철학이 말하는 지혜보다 기독교는 죄의 문제를 중요시하고 은혜와 사죄의 영력을 받아 능히 거룩한 삶을 살아갈 수 있는 것이라고 믿었다. 그의 거룩한 삶에 대한 강력한 동경은 금욕 생활에 기울게 되고 따라서 구원은 믿음에서 오지만 세례 후의 범죄는 금욕 생활에서만 용서를 받을 수 있다고 생각하였다. 텔투리안은 나중에 금욕 생활을 강조하는 몬타누스주의에 심취했는데 몬타누스는 자신이 성령에 의해 사로잡혀서 예언을 하기 시작했다는 것이다. 텔투리안은 삼위일체라는 용어를 처음 사용하였으나 그 내용은 다소 다르다. 아들은 아버지와 본질에 있어서는 같으며 삼위인격의 본원이 같다고 믿었고 또한 예수는 하나님에게서 나왔고 하나님의 일부라고 했다. 성령은 아들을 통하여 아버지에게서 나왔기 때문에 둘 다 아버지께 종속된 것이라고 말했다. 후에 이 종속론은 어거스틴에게까지 이어졌으나 어거스틴은 텔투리안의 삼위일체론을 부정하고 성삼위가 동격인 삼위일체설을 주장하였다.

그는 이단설에 대항하여 많은 신학 논문을 썼다. 텔투리안은 본래 법률가로서 수사학의 교육도 받은 사람으로 그의 저술 전체에서 보면 법적 사고 체계를 찾아볼 수 있다. 그는 또한 기독교 초기의 라틴 신학자요 변증론자였으며 도덕가였다. 로마정부의 대항해서 가난한 자들을 대변하는 대중운동가이기도 했다. 나는 기독교가 모순된 고로 믿는다고 하면서 이 모든 모순을 풀기 위해서 신앙을 가지려고 한다고 말했다. 기독교의 모든 이단은 철학이다. 기독교에는 단순한 신앙만이 요구된다. 그는 또한 기독교 문화 저술가로도 명성이 높았다.

텔투리안은 북아프리카교구의 교부이며 라틴 교부였다.

H. 오리겐(Origen: AD 184 - 254) of Alexandria

오리겐은 독실한 기독교 가정환경을 배경으로 Alexandria에서 태어났다 아버지는 셀베투스 황제의 박해를 받아 순교하였다. 그는 어머님의 지혜로 목숨을 구하게 되었고 교리문답학교에 입학하여 클레멘트 문하에서 수학하였으며 후에는 Clement와 마찬가지로 희랍을 대표하는 교부철학자가 되었다. 그는 처음부터 성경해석학에 관심을 가졌으며 또한 기독교 변증론자이기도 하다. 셀베투스 황제의 극심한 박해로 인하여 신학 교수들이 각지로 흩어지자 신학교를 인수받아 18세부터 클레멘트의 후계자로 신학 교수가 되었다. 그는 일생을 독신으로 지내며 가난한 사람들을 많이 도왔다. 그는 또한 동료들 간에 겸손한 신학자로도 정평이 나있다. 변증론자로서 예수처럼 비유를 이용해서 성경을 해석하려 했다.

오리겐은 교회 안에서 성경을 학문적으로 연구한 첫 번째 주석가이다. 오리겐은 성경을 단순히 교리나 윤리적 가르침을 주는 책으로 보지 않았다.

그는 성경을 대양 또는 숲으로 간주하면서 성경의 각 말씀 속에 문자적 영감이 있음을 주장한다. 각 문자마다 한 단어마다 신비를 갖고 있다는 것이다. 그는 지나칠 정도로 성경 주석에 관심을 두었다. 때로는 그의 지나친 해석 방법으로 이단으로 몰리기도 했다.

오리겐은 세 가지의 중요한 책을 썼는데 첫째 책은 조직신학의 논증으로 《제일원리론(De Principiis, On First Principle)》이라는 광대한 저서이다. 이 《제일원리론》은 신앙 규범에 대하여 자세히 설명하고 있다.

또 이 저서는 고대교회에서 기독교 신앙에 관한 신학적 구성을 최초로 펼친 서적으로 평가된다. 오리겐은 성경 주석의 한 방법으로 신구약 전체에 걸쳐 은유적 해석 방법을 사용하여 많은 사람들의 감탄을 받기도 했다. 이 《제일원리론》은 모두 4권으로 되어 있는데 1권에서는 하나님과 삼위일체, 그리고 천사들과 그들의 타락을 다루었고 2권에서는 창조주로서의 하나님과 성부 하나님의 동일성, 그리고 창조사역, 원죄와 예수 그리스도의 구원과 심판들을 다루었다. 3권에서는 자유의지와 죄, 유혹을 다루었고 4권에서는 성경의 영감이 무엇인지를 다루었다. 이 《제일원리론》을 좀 더 분석하면 예수 그리스도는 피조된 것이 아니고 성부에게서 나신 분으로 사람이 되었지만 역시 성부와 동격이고 그는 죄인들을 위해서 죽으시고 부활하시고 승천하였다. 성령도 성부에게서 났으나 역시 성부와 성자와 동격이다. 성자는 하나님의 광채로 그 광채를 통하여 성부를 알게 된다. 성령은 우리 안에 거하시며 우리의 구원을 도와주신다. 아버지의 관한 지식은 아들의 계시를 통하여 성령 안에서 얻어진다. 성령 없이 구원이 없고 세례는 삼위일체 하나님의 이름으로 주어진다. 하나님에 의해 창조된 인간은 성경이 무엇인지 배워야 한다. 성경은 하나님의 영감을 받아 기록된 것으로 구약은 예수의 오심을 예언하며 선포한다. 하나님의 영감이 없으면 구약이 예수를 예언할 수 없다.

오리겐의 두 번째의 역작으로 《Hexapla(Sixfold)》를 썼는데 그 뜻은 여섯 겹으로 영지주의와 또한 기독교를 반대하는 유대교를 겨냥

해서 쓴 것이다. 이 책은 무려 6,500page가 넘으며 약 27년의 긴 세월을 통해서 쓴 역작으로 평가되고 있다. 그는 그의 논쟁에서 영혼은 창조 이전에 존재하고 있음을 믿었다. 또한 연옥설을 주장하였고 세계는 이상과 물질로 구성되었다고 보았다. 세 번째의 책은 《Celsus(반박문)》인데 신플라톤철학과 스토아 사상을 가지고 기독교를 과학적 입장에서 변증한 책으로 모두 8권이 지금까지 전해져 내려오고 있다.

오리겐은 초대교부 중에서 어거스틴 다음으로 방대한 지식과 영향을 끼친 교부이다. 그는 누구보다도 철학적 사고를 통하여 성경을 더 깊이 파헤치려고 노력한 신학자이다. 그래서 그의 글은 항상 성경을 심층적으로 깊이 파헤쳐야 한다고 주장하고 있다. 왜냐하면 성경은 신비로 가득 차 있기 때문에 그냥 읽어서는 해득하기 어렵기 때문이라고 말한다. 오리겐의 문제는 성경을 너무 깊이 파헤치려는 욕심에 성경에 기록되지 않은 것까지도 추측으로 해결하려 했음으로 이단 시비에 휘말리기도 했다. 오리겐이 한때 이단으로 몰리게 된 원인 중의 하나는 위에서 언급한 것같이 그의 영혼선재설이었다. 인간이 창조되기 전에 영혼이 벌써 존재했다는 것이다. 삼위일체의 주창자인 아다나 시우스도 오리겐의 지나친 비유적 성경 해석의 문제를 알고 있으면서도 그의 성서 연구의 열정 때문에 이단의 범주에 넣는 것을 꺼려했다는 소문도 있었다.

오리겐은 알렉산드리아교구의 교부였다.

I. 초대교회사학자 유세비우스(Eusebius of Caesarea: AD 260 - 340)

유세비우스는 팔레스타인에서 출생해서 그의 대부분의 생활을 가이사랴에서 보낸 것으로 전해지고 있다. 가이사랴의 유세비우스는 불행하게도 초기교회사에서 어용신학의 전형적인 학자로 오해된 인물이다. 이 사람은 교회사학가로 《콘스탄틴의 생애(Life of Constantine)》를 기록하여 콘스탄틴 황제를 찬미한 것은 사실이다. 유세비우스는 "콘스탄틴 대제의 개종과 기독교의 공인은 기독교에 새로운 vision(길)을 열어주는 획기적인 사건일 뿐 아니라 당연한 귀결"이라고 평가했다. 이렇게 공을 세운 콘스탄틴 대제를 지상에서의 하나님의 대리자인 기독교의 황제로 높이 평가했다. 유세비우스의 증언에 의하면 대제는 인류의 통치와 복지에 관계되는 모든 일에 있어서 대제는 하나님의 대리자요 세상에서 그의 권위 이외에는 보편적 권위가 따로 없으므로 교회의 일에 있어서도 그가 궁극 판정의 기준이 될 수밖에 없다고 하였다.

유세비우스는 콘스탄틴 대제를 지나치게 지지함으로 그를 제국의 권력에 매료된 인물이라고 비판을 받았다. 유세비우스가 대제를 좋아하는 만큼 대제도 유세비우스를 존경하고 좋아했다. 콘스탄틴 대제는 유세비우스가 당대의 최고의 지식인이오, 신학자요 그리고 역사학자이면서 가이사랴의 감독을 지내고 있다는 소문을 듣고 있었다. 유세비우스는 또한 많은 사람에게 존경을 받는 교회행정가요 박식하고 명망이 높고 추종자가 많으며 또한 기독교 변증가로 유명한 사람임을 잘 알고 있었다. 나중에 대제는 종교적 문제 해결을 위해 전권을 맡겼던 호시우스에 의해 유세비우스가 파면을 당하고 더욱이 신학 논쟁이 더욱 가열되고 있다는 사실을 알게 되었을 때 대제는 결국 니케아종교회를 통해 이 문제를 극복하려 하였다.

유세비우스가 어용학자로 소문이 난 것은 조금 지나친 것 같다. 당시 상황으로 볼 때 유세비우스는 대제에 접근하여 신학 논쟁을 막아 보려는 생각에서 대제에게 친근하게 접근을 했는데 그의 행동이 다소 지나친 것으로 오해가 될 가능성이 있는 것은 사실이다. 그가 콘스탄틴 대제와 그의 사역에 지나칠 정도로 열렬히 지지했다고 비판하는 것도 당연히 있을 수 있다. 당시의 사람들은 유세비우스를 제국의 권력에 매료된 인물이라고 비판을 했으나 실제로 유세비우스는 개인적으로 대제와 그렇게 가까운 사이는 아니었다. 또 그렇게 지나칠 정도로 대제에게 아부해야 할 근거나 조건도 없는 상태였다. 그의 가정에 대해서는 자세히 밝혀지지 않았다. 그가 기독교 가정에서 자랐는지 아니면 개종을 했는지는 알려지지 않았다. 그는 오리겐이 죽는 시기에 태어나서 제롬이 태어날 때쯤 세상을 떠났다.

유세비우스는 가이사랴교구의 감독으로 있으면서 최초의 교회사학자로 《교회사(Historia Ecclesiatica 10권)》를 썼는데 이 교회사는 312-324년 사이에 여러 번 개정되었다. 10권으로 되어 있는 교회사는 다음과 같은 내용으로 구성되어 있다. 교회들의 사도성, 감독들의 사도계승, 교회의 핍박, 순교자의 모습, 황제 디오클레티안 황제 치하의 교회들의 상황들, 콘스탄틴 대제 하에서의 교회들의 모습, 기독교와 로마제국과의 관계 등이다. 그리고 교회의 청소년기, 교회의 규율, 그 당시의 이단들도 자세히 묘사되어 있다.

유세비우스의 교회사는 후대 기독교사가들에게 비할 수 없이 중요한 의미를 갖는데 만약 그의 교회사가 없었다면 고대교회사 자료의 대부분이 소멸되었을 것이다. 현대 기독교인들이 잘 알고 있는 고대교회의 인물들과 사건들을 모으고 정리하여 출판한 유세비우스의 공로는 현대교회 사학자들의 의해 칭찬을 받을 만하다. 그의 교회사가 없었더라면 현재 우리가 알고 있는 고대교회사의 반 정도만 알고 있을 뿐이다. 고대교회의 인물들과 사건들을 거의 그의 교회사에 의존하기 때문이다. 콘스탄틴 대제시대가 들어오면서 교회의 박해가 사라지기 시작했는데 유세비우스는 이 상황을 가리켜 기독교의 출애굽 사건과 비교될 수 있는 것으로 말하고 있다. 유세비우스는 콘스탄틴 대제가 하나님의 계획 속에서 그의 도구로 사용되고 있다고 보고 있다.

유세비우스는 가이사랴의 감독이 되면서 너무 바빠서 교회사학자로 저술을 계속할 수 없는 지경에 이르렀다. 가이사랴 감독의 직은 그 도시 자체뿐 아니라 팔레스타인 전체를 관할하는 직이었다. 유세비우스는 목회자요 행정가로서 활약하는데 신경을 쓰지 않을 수 없었다. 그가 감독이 된 지 몇 년이 지나지 않아 교회의 위기가 왔다. 그것은 제국의 교회 핍박이 아니라 교회 내의 신학 분쟁이었다. 유세비우스의 문제는 사실상 당시의 신학 논쟁에 대하여 이해가 부족한 것으로 보였다. 그보다도 그가 학자이면서 교회행정가로 두 가지의 일을 감당하기에는 쉽지 않았다. 그는 학자로서 모든 것을 사실 그대로 기록하기를 원하지만 동시에 교회의 화평을 위해서 여러 반대 그룹들의 의견도 듣고 그들의 주장도 들어주지 않으면 안 되었다. 사실상 교회의 평화와 통일을 이루기 위해서 다른 그룹들과 타협하지 않을 수 없었다. 이 때문에 처음에는 단성설을 주장하는 아리우스주의에 가까운 척하다가 니케아종교회의에서는 그의 반대편에 섰다가 회의가 끝난 다음에는 다시 입장을 바꾸었다. 그는 일면 위선자나 기회주의자로 보일 수가 있었다. 당시에 교회들은 그의 leadership을 통해서 훌륭한 학자요 존경받는 목회자가 되기를 원했으나 그는 자신의 모순된 태도로 교회 화평을 해결하는데 도움이 되지 못했다.

유세비우스는 콘스탄틴 대제가 니케아공의회에서 교회의 복리와 통일을 원하는 모습을 보았다. 그는 여러 번 황제를 접견할 기회가 있었고 특히 콘스탄틴 대제가 새로 건축된 성모교회 봉헌을 위해 예루살렘을 방문할 때 황제와 친밀해진 것 같다. 이 행사는 또한 콘스탄틴 대제의 재위 30주년을 기념하는 축제였는데 이 지역의 가장 큰 도시의 감독이었던 유세비우스는 축제 진행에서 중요한 역할을 하게 되었다. 그는 이 축제에서 콘스탄틴 대제를 찬양하는 연설을 하였다. 이 연설 때문에 유세비우스는 아첨꾼이라는 비난을 면치 못하게 되었다. 사실상 권위적인 황제 앞에서 이러한 연설을 할 수 밖에 없었을는지 모른다. 유세비우스는 황제의 군신도 아니고 친구도 아니었다. 유세비우스는 콘스탄틴 대제가 하나님에 의해서 특별히 선택된 인물이라고 생각했으므로 그의 지지를 받으려 한 것도 사실이다.

콘스탄틴 대제가 죽은 후에도 유세비우스는 AD 337년에 대제가 교회의 평화를 위해서 공헌한 인물이었다고 했는데 이를 두고 유세비우스가 너무 콘스탄틴 대제를 의식했다는 평과 유세비우스가 대제에게 감사의 표현을 한 것뿐이라고 평하는 학자도 있다. 이러한 유비우스의 칭찬하는 글 때문에 그 당시에 콘스탄틴 대제의 조각상에게 제물을 바치는 기독교인들도 많이 생겼다.

결론적으로 유세비우스는 초대교회시대의 거의 유일한 교회사학자로서 그가 당시나 후세에 어떻게 평가되든지 간에 그가 교회 역사를 상세히 기록하여 후세에 남긴 공로는 잊혀지지 않을 것이다.

J. 크리소스톰(John Crysostom: AD 349 - 407)

크리소스톰은 희랍의 안디옥에서 태어났고 후에 제37대 콘스탄티노플의 대주교로서 활동하였으며 또한 희랍교회 박사로도 알려진 초대교부 중의 한사람이다. 그는 어렸을 때 지혜롭고 인격이 출중한 어머니로부터 경건한 교육을 받았다. 그의 어머니는 그를 안디옥의 최고 명문 학교로 보내어 교육을 시켰고 그는 나중에 희랍어로 Crysostom 즉 "황금 입"이라는 별명을 가질 정도로 유명한 설교가요 대중 연설가가 되었다. 그는 교회 지도자요 정치 지도자로서 국가의 권력남용에 대하여 강력하게 비판을 가했다. 크리소스톰은 저술가로도 소문이 났는데 당시에 어거스틴 다음으로 많은 논문과 저서를 기록한 것으로 정평이 나 있었다. 그는 로마 가톨릭교회와 동방정교회, 성공회 모두 그를 성인으로 추대하였으며 특히 대한성공회에서 사용하는 《성공회 기도서》의 저녁기도에도 성 크리소스톰의 기도가 포함되어 있다.

크리소스톰의 저작 가운데에서도 가장 유명한 것은 역시 《로마서 강해》이다. 그의 강해는 가장 이론적이고 논증적이어서 어느 누구의 "로마서 강해" 못지않게 인기가 있어서 오늘날에도 많이 읽히고 있다. 그는 대주교로서 청빈의 의무를 실천하지 않는 성직자들을 교회에서 추방하기도 했다. 그의 강직한 성격은 당시 알렉산드리아 대주교였던 테오필루스와 마찰을 빚게 되고 테오필루스는 크리소스톰에게 여러 가지 죄목을 지워서 출두할 것을 명하였으나 거부하자 대주교직에서 그를 파면하였다. 그러나 크리소스톰을 존경하는 콘스탄티노플의 많은 시민들과 테오필루스 지지자들과의 충돌로 많은 사람들이 학살을 당했다. 크리소스톰은 결국 유배지에서 객사하게 되고 그가 죽은 뒤 31년 후인 AD 438년에 크리소스톰은 명예를 회복하게 되었다. 그의 유해는 로마로 옮겨졌다가 그로부터 800년 후인 2004년에 다시 콘스탄티노플로 이장되었다.

크리소스톰은 니케아종교회의 이후의 교부신학자로 특히 동방교부 활동하였다.

K. 암브로시우스(Ambrosius: AD 340 - 397)

암브로시우스는 4세기에 활동한 서방교회의 4대 교부 중의 한 사람으로 법률가이며 밀라노의 주교였다. 아리우스에 맞서 정통 기독교 전례와 성직에 대하여 강하게 개혁을 일으킨 사람으로 알려져 있다. 기독교의 성인이며 교회 박사 가운데 한 사람이다. 그는 로마 가톨릭교회, 동방정교회, 성공회, 루터교 그리고 오리엔트 정교회에서 성인(saint)으로 인정을 받고 있다. 그의 이름은 희랍어에서 나온 것으로 "불멸"의 뜻을 가지고 있다.

암브로시우스는 독일 트리아에서 태어났으며 그의 아버지는 길리아 지방의 로마제국 귀족 출신 장관이었다. 그러나 아버지가 일찍 사망하자 그는 32세의 나이에 로마 황제의 근위대장이며 독실한 신자였던 안치오 프로부스의 도움으로 법률과 수사학을 공부하게 되었다. 그는 로마 황제 발렌티아누스 1세에 의해 에밀리아지역의 집정관이 되어 로마 서부지역의 행정관으로 밀라노에 주재하게 되었는데 당시에 밀라노에 새 주교를 임명하는 일이 그의 첫 임무였다. 이때에 프로부스는 암브로시우스를 칭찬하는 말로 "이제 법관이기보다는 감독이라는 기분으로 정치하시오"라는 덕담을 건넸는데 그는 프로부스의 말대로 감독에 오르게 되었다.

이 당시 기독교의 이단으로 잘 알려진 아리우스파와 보편교회(정통파이며 니케아파) 사이에 심각한 의견 대립이 있어서 주교 임명이 거의 불가능하게 되었다. 암브로시우스는 이 사태를 진정시키고 치안과 질서를 유지시킬 책임이 자신에게 있다고 생각하여 선거 현장에 참석하였다. 그는 긴장감이 감도는 교회에 나타나 뛰어난 연설로 청중들의 마음을 움직였다. 그때 한 어린이가 일어나서 "암브로시우스가 감독입니다."라고 외쳤다. 그 말이 많은 군중들의 마음을 사로잡아 사람들이 "암브로시우스가 감독이다. 암브로시우스를 감독으로!"라고 외쳤다. 그 말이 급속히 확산되어 대립 관계에 있던 두 파가 같은 소리를 내기 시작했다. 암브로시우스는 이 누 파의 싸움에 계속 중재에 나섰으나 결국 실패하고 말았다. 그는 다행히도 양쪽 진영에서 존경을 받고 있던 차에 할 수 없이 스스로를 주교에 임명할 수밖에 없는 처지가 되었다.

  암브로시우스는 34세가 될 때까지 세례를 받지 않았고 신학적 지식을 충분히 지니지 못한 행정가였음에도 불구하고 사람들은 그를 지지했다. 물론 인정받았던 행정가였기에 감독으로 추대했겠지만 그들이 볼 때 종교적 경험이 없는 행정관이야말로 신학적 논쟁에서 한쪽으로 치우치지 않을 적임자로 보았던 것이다. 암브로시우스는 나중에 이렇게 말했다. "저는 제가 감독으로 부름 받는 데 부족하다는 사실을 잘 알고 있었습니다. 저는 세속에 헌신했었기 때문입니다. 그러나 주님의 은혜로 저는 바로 제가 되었습니다." 암브로시우스는 감독직 수락을 애써 거부했지만 시민들은 어떠한 실수라도 자신들이 책임지겠다며 열띤 성원을 그에게 보냈고 주위의 감독들이나 황제까지도 그를 감독으로 승인했다.

  암브로시우스는 AD 374년 11월 24일에 세례를 받고 그로부터 일주일 후인 12월 1일에 주교로 임명되었다. 그리고 그는 감독으로서의 직임에 충성했다. 이러한 면을 보면 4세기 말의 교회의 인도자들이 하나님을 향한 충성된 마음과 소신이 있고 겸손했지만 정확히 죄 사함을 받고 복음적 신앙 위에 서 있던 사람들이었는가에 대해서는 의문의 여지가 많다. 신학적 지식이 부족했던 암브로시우스는 배우기도 전에 가르치기 시작했다. 그래서 그는 배우기와 가르치기를 동시에 해야 한다는 심정으로 신학과 성경 공부에 몰입했다. 그는 청빈한 삶을 살며 목회 활동에 전념했다. 그는 그 후 당대에 가장 훌륭한 설교자가 되었고 또한 가난한 사람들을 위해 사회 선교에도 많이 힘을 썼다. 그러나 그는 주교로서 하나님의 말씀을 열심히 준비해서 전하는 일에 몰두하였다. 남녀노소 할 것 없이 많은 사람들이 그의 명설교와 강연을 듣기 위해 매일 같이 교회를 찾았다고 한다.

한때 암브로시우스는 교회의 성물聖物 즉 금, 은 장식품들을 팔아 피난민들을 위한 자금으로 사용했는데 이것을 보고 아리우스파들은 교회의 성물들을 파는 것은 신성모독이라고 암브로시우스를 비난했다. 암브로시우스는 이에 대해 다음과 같이 응답했다. "주님을 위해 황금보다는 영혼들을 보존하는 것이 더 낫다. 주님은 사도들에게 황금을 주지 않았고 그리고 하나님께서는 또한 황금 없이 교회들을 모으셨다. 저들이 가장 값지게 여기는 것이 무엇인가? 교회 건물인가? 아니면 살아있는 영혼인가? 금그릇들보다도 살아있는 그릇들을 차지하는 것이 낫다."

암브로시우스의 주석 설교는 당시에 대단한 인기를 끌었다. 암브로시우스가 당시 문제아였던 어거스틴을 회개시키고 훗날 위대한 성인이 될 수 있게 해 주었던 것은 기독교의 한 기적의 역사라고 할 수 있다. 어거스틴의 고백록에 의하면 밀라노에서 암브로시우스 주교가 성서를 주석하는 설교를 듣고 회심하게 되었으며 그의 어머니 모니카도 암브로시우스 주교에게 아들 어거스틴의 장래를 부탁했다고 한다.

암브로시우스에 대한 한 가지 에피소드를 소개한다면 암브로시우스가 로마 황제의 데살로니카 주민 학살에 반대하여 그가 회개하지 않으면 교회 출입을 허락하지 않겠다고 했을 때 황제가 거부하자 그도 끝까지 황제의 교회 출입을 허락하지 않았다. 결국 황제가 자기의 잘못을 뉘우치고 회개했을 때 비로소 교회 출입을 허락한 막강한 주교로서 소문이 나 있었다. AD 397년 4월 4일 성토요일(부활절 하루 전날)에 암브로시우스는 세상을 떠났다. 그는 마지막으로 눈을 감기 전에 "내가 이 세상을 떠날 날이 어찌 많이 남았단 말인가? 오 주여! 어서 빨리 오소서. 지체하지 마시고 저를 거절하지 마옵소서"라는 말을 남겼는데 그를 존경하던 많은 사람들이 그의 마지막의 아름다운 장면을 보고 그가 세상을 떠난 다음에도 그를 더 존경하게 되었다고 한다.

암브로시우스는 서방 교부이며 특히 라틴 교부로 활약을 하였다.

L. 성 제롬(Saint Jerome: AD 345 - 422)

성 제롬은 초대교회시대의 다른 교부들보다 독특한 신학자인 것은 잘 알려진 사실이다. 우선 일반적으로 사제로서 혹은 감독으로서 갖춰야 할 덕목이 없었던 신학자였다. 선배인 아다나시우스처럼 예리한 신학적 통찰력이 결여되어 있었고 암브로시우스처럼 용기와 신념이 있어서 어려운 일을 헤쳐 나아갈 능력도 부족하고 크리소스톰처럼 설교와 강론에 뛰어난 인물도 아니었다. 제롬은 성격이 불같아서 불의에 대하여 참지 못하는 사람으로 겸손하고 온유하고 부드럽다기보다는 거만하고 격정적이고 또 자기를 조롱하는 자조自嘲적인 사람이었다. 그는 항상 인간 이상의 차원에 도달하고자 했으므로 게으른 것처럼 보이는 자들이나 자기를 비평하는 자들을 참고 보지 못했다.

제롬의 비판 대상자들은 이단자들은 물론 무지하고 위선적인 인물들이 많이 포함되어 있었다. 그의 눈에는 크리소스톰이나, 암브로시우스 심지어는 어거스틴까지도 그의 위선자의 카테고리에 속해 있었다. 그는 자기의 의견과 달리하는 자들을 가리켜 "다리가 둘 달린 멍청한 당나귀들"이라고 혹평을 했다. 아마도 그의 이러한 태도 때문에 제롬은 4세기에 독특한 기독교 인물 중의 한 사람으로 알려졌을지 모른다. 고대기독교 미술사에서는 그를 해골을 응시하는 심술궂은 금욕고행자로 묘사했다.

그는 북부 이탈리아의 한 마을에서 태어났는데 그는 당시의 알려진 위대한 많은 인물들보다 훨씬 나이가 어렸다. 그러나 그는 태어날 때부터 노인이었다고 말할 정도로 성숙했으며 또 자신이 동시대의 인물들보다 더 늙었다고 자평하였다. 더 놀라운 사실은 다른 사람들도 역시 그를 노련한 존재로 받아들였다는 것이다. 그는 고전과 이교도 전통에 많은 관심을 가지고 연구하기도 했다. 그가 중병에 걸렸을 때 하루는 꿈을 꾸었는데 그는 최후의 심판 자리에 서서 "너는 누구냐?"라는 질문을 받고서 "나는 기독교인입니다"라고 대답했다. 재판관은 그를 정면으로 반박했다. "거짓말 말아라. 너는 이교주의자 아니면 키케로주의자임에 틀림없다"라고 말하자 제롬은 큰 충격을 받고 성경과 기독교 신학에 전념하기로 했다고 전한다. 제롬은 또한 성(sex) 문제 때문에 고민을 많이 했다. 수도 생활을 실천함으로써 이 성 문제를 해결하려고 했다. 그러나 그는 수도원에서 악몽에 시달렸는데 로마에 있는 무희들의 환상이 그를 괴롭혔다. 그는 자기의 육체를 학대하고 극단적으로 엄격한 생활을 통해 이러한 생각들을 억제하려 했다. 그는 괴상한 생각도 했다. 목욕을 하지 않으려고 애를 썼는데 그 이유는 이미 그리스도에 의해 씻김을 받았는데 더 씻을 필요가 없다는 것이다. 그러나 이러한 극단적인 금욕 생활도 그에게는 크게 도움이 되지 못했다.

결국 제롬은 자신이 은자의 생활을 하기에는 적당한 인물이 아니라고 생각하고 3년 만에 문명 세계로 돌아왔고 다시 학문에 열중하여 나중에는 안디옥에서 장로로 선출되었고 AD 381년에는 콘스탄티노플종교회의에 참석하기도 했다. 그는 로마로 돌아와서 그의 생애 말기까지 성경의 새로운 라틴어 번역에 착수했다. 제롬은 요령이 있는 사람이 아니었고 그의 괴팍한 성격 때문에 곧 로마교회의 지도자들로부터 공격을 받기 시작했으며 많은 적을 만들기도 했다. 제롬은 결국 로마를 떠나 성지인 예루살렘을 거쳐 그 후 다시 이집트로 돌아가서 수도사들과 알렉산드리아 학자들을 만나 많은 신학적 토론을 했다. 그는 단적인 금욕 생활보다 학문에 열중하는 규칙적인 생활을 하기 시작했다.

제롬의 최대의 업적은 성경을 라틴어로 번역한 것이다. 그동안 대부분의 번역은 히브리어원어의 헬라어 번역본인 70인 역에 기초하고 있었다. 그러나 제롬은 히브리어로부터 직접 라틴어로 번역을 한 것이다.

그의 번역판은 후에 벌게이트(Vulgata, Vulgate)라고 알려졌으며 결국 전체 라틴어권에서 교회의 표준 성경이 되었다. 그는 특히 시편을 탁월한 라틴어 시로 번역을 하였다. 벌게이트 성경은 처음에 제롬이 원하는 바처럼 환영을 받지 못했다. 그리고 누가 이 거룩한 성경을 제 마음대로 번역할 수 있도록 허락했느냐는 질문과 불평이 쏟아져 나왔다. 적어도 70인의 번역은 70여 학자들이 번역을 한 후 서로 완전히 맞추어 보고 서로 완전히 일치했다는 전설을 대부분의 기독교 지도자들은 신봉하고 있었다.

제롬이 라틴어 번역판을 내놓자 70인 역을 좋아하는 사람들은 제롬에게 영감된 하나님의 말씀에 관한 존경심이 부족하다고 평을 했다. 무식한 신자들뿐만 아니라 유식한 기독교인들도 그의 번역을 비판했다. 북아프리카 Hippo의 어거스틴은 아래와 같은 강한 비평의 편지를 그에게 보냈다. "성경을 라틴어로 번역하는 것을 삼가 시기 바랍니다. 만약 70인 역과 다른 부분이 있을 때는 주를 첨가하십시오. 그 누구도 그 무엇도 70인 역의 권위에 필적할 수 없습니다. 그뿐 아니라 나는 히브리어를 잘 아는 많은 번역가들이 히브리어 사본에서 찾아내지 못한 것을 누가 발견할 수 있다고 생각하지 않습니다." 이러한 논평의 편지에 대해서 제롬은 일체 대답을 회피하였다. 어거스틴의 세 번째 편지에서도 제롬이 신실한 기독교인들을 분개하게 만들고 있다고 평했다. 제롬의 번역이 초래한 폐해의 한 예로 요나서에 나오는 식물의 이름을 번역하는데 있어서 헬라어에 기초를 둔 전통적인 역본에서는 그것을 "박(gound)"이라고 표현했는데 제롬은 "담쟁이덩굴(Ivy)"라고 잘못 번역했다고 꼬집었다. 이 편지의 내용으로 볼 때 어거스틴도 70인 역의 권위가 얼마나 큰지 짐작하고 있었던 것 같았다. 제롬은 어거스틴에게 답신을 보내면서 어거스틴이 어른을 비판함으로써 자기의 이름을 드러내는 젊은이에 불과하다고 불평을 드러냈다. 제롬은 때로는 어거스틴의 학식을 칭찬하는 척하면서 자신이 어거스틴과의 논쟁을 계속하지 않는 것이 어거스틴에게 호의를 베푸는 것으로 생각했다. 제롬은 어거스틴에게 보내는 편지에서 어거스틴이 무엇에 대하여 질문을 하고 있는지조차도 알지 못하고 나에게 질문을 던졌다고 거의 비꼬듯이 말했다.

초기 기독교시대에 제롬의 라틴어 번역 성경인 Vulgata는 기독교 역사상의 한 획을 긋는 번역이 아닐 수 없다. 오늘날 가톨릭교회에서는 이 Vulgata를 공식적으로 미사에 사용하고 있다. 이 라틴어 Vulgata 성경 번역 때문에 나중에 그의 공로를 인정하여 성 제롬이라는 명칭을 붙여 준 것이 아닌가 생각된다.

제롬은 서방 교부로 활약하였다.

M. 성 어거스틴(St. Aurelius Augustinus: AD 354 - 430)

기독교 역사를 통해서 사도바울을 제외하고 어거스틴만큼 교회사적 공헌과 신학적 영향을 끼친 사람은 거의 없다고 해도 과언이 아닙니다. 그는 기독교 역사는 물론 서양철학사와 세계사 속에 어느 누구도 되풀이할 수 없을 만한 종적을 남겼다. 그렇다고 해서 어거스틴은 타고난 천재도 아니었고 천부적으로 위인의 기질을 부여받은 것도 아니다. 더욱이 왕족이나 귀족 가문에서 태어난 것도 아니고 마음껏 학업을 할 수 있는 가정이나 재정적 후원도 누리지 못했다. 그가 태어난 곳은 그 당시 로마제국의 식민지였던 북아프리카의 작은 마을인 타가스터(Thagaste)였으며 여기서 평범한 집안에서 태어났다. 아버지 Patricius는 강한 듯 보이는 이교도였으며 어머니 Monica는 약한 듯 보였으나 믿음이 투철한 기독교 교인이었다.

비록 어거스틴이 북아프리카에서 태어났으나 아버지와 어머니가 Italy 언어의 이름을 가진 것으로 짐작해서 흑인으로 태어나지는 않은 것 같다.

어린 시절 어거스틴은 어머니 모니카의 사랑 속에서 기도의 눈물을 먹으며 성장했다. 어머니는 어거스틴을 낳으면서 구약의 한나처럼 아들을 하나님께 바치겠다고 늘 기도해 왔다. 그러나 그는 사고뭉치였다. 17세 때 그는 고향을 떠나 큰 도시인 Carthage에서 10여 년 동안 이름도 모르는 낯선 여자와 동거하며 죄악으로 가득한 생활을 즐겼다. 또한 이단으로 알려진 마니교 신앙에 빠져들어 어머니를 괴롭혔다. 서기 373년부터 서기 382년까지 9년 동안이나 참된 진리를 탐구하기 위해서 마니교에 귀의하였다. 그는 28살에 어머니를 속이고 더 큰 세상에서 출세하겠다며 당시의 가장 큰 도시며 정치, 종교 문화의 총 본산지이며 '영원한 도시'로 불리던 로마로 떠났다. 어거스틴의 신앙으로부터의 도피와 세속으로의 타락은 차후에도 한동안 지속되었다. 어거스틴은 무려 30년이 넘는 기간 동안 방탕과 죄악의 밑바닥에서 살았으며 육체의 향락과 세속적인 사교와 이교 철학에 탐닉했다. 어거스틴을 일깨워 준 것은 어머님의 기도였다. 그는 한때 친구들과 더불어 빈둥거리며 남의 물건을 훔치기도 하고 밤중에 이웃집 배나무를 흔들어 배를 따먹기도 하고 돼지에게 던져주기도 했다.

모니카는 밤마다 아들을 위해 기도하는데 하루는 꿈을 꾸었다. 모니카가 어느 나무로 만든 자(Rule) 위에 섰다. 이때 한 키 큰 청년이 모니카에게 다가와서 수심에 잠겨 있는 그녀에게 미소를 지으며 왜 슬퍼하느냐고 물었다. 그러자 모니카는 아들이 저렇게 타락의 길을 가고 있으니 어찌 슬퍼하지 않을 수가 있겠느냐고 대답했다. 이때 이 청년이 아들을 자세히 살펴보라고 말하였다. 그래서 자세히 보니 아들 어거스틴이 어머니 모니카 곁에 서 있는 것이었다. 이것은 아들이 어머니의 기도로 다시 어머니에게 돌아온다는 뜻이었다. 잠에서 깨어난 모니카는 암브로시우스 감독에게 가서 아들이 바로 돌아오도록 해 달라고 부탁했더니 암브로시우스 감독이 "잘 될 터이니 그만 돌아가시오. 그처럼 눈물의 자식은 결코 망하지 않습니다"라고 말했다. 결국 어거스틴은 밀라노에서 회개하고 신앙으로 돌아오는 계기가 되었다.

마니교(manichaism)는 3세기경에 마니가 창시한 페르샤 계통의 이원론적 종교이다. 마니교는 빛과 어둠의 이원론을 주장하는 조로아스터교와 기독교, 불교 그리고 바빌로니아의 원시신앙 등을 모두 받아들인 혼합종교이다. 마니교의 핵심은 진리에 대한 영적인 지식을 통해 구원에 이른다는 이원론 종교인 영지주의 파의 하나이다. 영지주의에 대해서는 후에 다시 이단 종파를 다룰 때 자세히 설명할 예정이다. 실제로 어거스틴의 회심은 그가 31세 되던 해인 서기 385년 봄부터이다. 그는 Milan의 감독 암브로시우스를 만나 서기 386년 여름 부활주일에 세례를 받고 기독교인이 되었다. 어거스틴이 회심하게 된 동기는 사도바울의 "로마인들에게 보내는 편지" 즉 로마서를 읽게 된 것이다. 그 사건은 그가 밀라노의 한 정원에서 "집어 읽어라"라는 어린아이의 노랫소리를 듣고 로마서 13장 13-14절을 읽고 나서 기독교인이 되기로 결심했기 때문이다.

이후에 그는 북아프리카로 돌아와 아프리카 사람들을 위해 살기로 작정하였다. 어거스틴은 하나님의 종으로 무지하고 불쌍한 사람들을 하나님께 인도하며 살았으며 Hippo의 감독으로 세상을 떠날 때까지 하나님을 더욱 깊이 이해하고자 진리를 탐구하는 일에 정진했다. 그는 진정한 기독교의 삶이 무엇인지 점차적으로 깨닫기 시작했다. 무엇보다 이 모든 것은 어머님의 끊임없는 기도였다. 서기 387년 어머니 모니카는 아들과 고향으로 돌아오던 중 죽음을 맞이했다. 어거스틴은 그의 《고백록》에서 어머니 모니카를 일컬어 "눈물로 기다리는 분"이라고 칭하면서 이렇게 고백한다. "하나님이여 제가 아버지의 아들이 되었다면 그것은 오로지 아버지께서 제게 이런 어머니를 주셨기 때문입니다".

1. 어거스틴의 교회활동

391년 북아프리카의 도시 히포레기우스에서 발레리우루스 주교에 의해 서품을 받은 후 어거스틴은 과거 자기가 몸담았던 마니교를 비판하는 등 많은 설교 활동도 했으며 인간의 도덕적 완성을 주장하는 펠라기우스에 대해서도 단호히 반대했다. 도덕적 완성은 있을 수 없고 오로지 신앙에 의해 인간은 성화될 수 있다고 믿었다. 인간의 공로보다 하나님의 은총을 강조했으며 특히 그의 은총론은 신학적 인식론, 교회론, 영성신학 등의 분야에서 많은 영향을 주었다. 심지어 종교개혁 시기의 개신교 선구자인 루터, 칼빈 및 츠빙글리등도 그의 은총론에 영향을 많이 받았다. 어거스틴은 그의 선구자 발레리우스 주교가 노쇠하자 그의 공동 주교로 선출되어 4년 동안 주교를 보좌하다가 이듬해 그가 죽자 히포교구의 주교가 되어 평생 동안 히포교회와 북아프리카교회를 위해 사역하였다. 서기 427년 반달족(게르만족의 한 민족)이 북아프리카를 쳐들어 왔을 때 그는 도망가지 않고 피난민들을 돕다가 서기 431년 열병으로 76세의 일기로 생을 마감했다.

2. 어거스틴의 대표적 저서

어거스틴의 대표적 저서는 대강 3가지인데 1) 《고백록》 2) 《신의 도성》 3) 《삼위일체론》이다.

1) 《고백록(Confessions)》

이 《고백록》은 자신의 신앙 체험을 담은 고백록으로 서기 400년경에 쓰였다. 이 책은 가장 감화력이 큰 자서전 중의 하나로 읽는 자에게 깊은 종교적 감명을 주는 고전이라고 할 수 있다. 어거스틴은 이《고백록》속에서 주님께서 자기를 어떻게 의심과 죄 가운데서 이끌어 내셔서 진리와 은혜 가운데로 인도하셨는지를 기록하고 있다.

2)《신의 도성(City of God)》

어거스틴의 필생의 대작으로 서기 413년에 완성된 것으로 이 책은 당시의 지적 도전에 답하는 하나의 역사 철학책이다. 이 책은 모두 22권으로 되어 있는데 중요한 핵심은 15권부터 22권까지이다. 이 책이 말하는 두 개의 나라가 있는데 하나는 지상 나라로 이 나라는 하나님을 경멸하면서 자아를 하나님보다 더 사랑하는 나라이다. 또 한 나라는 천상의 나라로 하나님 앞에서 자아를 경멸하고 하나님을 사랑하는 나라이다. 성경에서 세속의 나라와 하나님이 병행되었던 때는 구약시대뿐이라고 일축하고 세상 나라와 하나님의 나라는 근본적으로 다르다고 하였다. 세상의 방법으로 즐거움을 얻는 것은 어리석은 것이며 세상의 나라는 멸망할 것이며 하나님의 나라는 영원하다고 말했다. 어거스틴의 하나님 나라는 초대기독교 사상에 있어서 최초의 역사변증학이라고 할 수 있다. 또한 거듭난 성도들이 속해야 할 것은 세상의 나라가 아니라 하나님 나라임을 밝혀준다. 그러므로 하나님의 백성들은 이 땅에 있지만 속해 있는 것은 아니라고 강조한다.

3) 《삼위일체론(On the Trinity)》

이 교리는 서방 신학사상에 결정적 영향을 주었다. 교부신학자이며 철학자들인 터틀리안, 오리겐 등은 성자와 성령이 성부에 종속된다고 가르쳤다. 그러나 어거스틴은 삼위일체성을 강조한 나머지 삼위 인격 사이에 동등성이 있음을 강조했다. 성부와 성자와 성령은 태초부터 함께 계셨으며 그리고 삼위의 성격은 각각 다르나 연결되어 있다고 본다. 성부는 창조주 하나님이고 성자는 인류 구원의 구세주이시며 성령은 주님이 다시 오실 때까지 우리에게 임재하시어서 우리의 생활을 주관하시는 영이라고 말한다. 그는 또 여러 가지 비유로 삼위일체를 설명하고자 했는데 첫째로 ① 기억(Memory) ② 이해(Understanding) ③ 의지(Will)이다. 이 세 가지는 서로 독립적으로 상응 관계이며 서로 필요한 존재이다. 우리는 항상 하나님께서 아담과 이브를 창조하시고 만물을 다스리도록 하라는 하나님의 언약을 기억하고 있으며 항상 이 언약은 아담과 이브에게만 속한 것이 아니고 우리에게도 해당된다는 것을 이해하며 동시에 우리는 하나님의 이 언약을 꼭 지키도록 항상 굳건한 의지를 가져야 한다는 것이다. 또 다른 하나의 비유는 ① 사랑하는 자(Lover) ② 사랑받는 자(Loved) ③ 사랑(Love)이다. 사랑을 하려면 반드시 사랑을 하는 자와 사랑을 받는 자가 있어야 한다. 사랑을 하는 자와 사랑을 받는 자는 서로 같은 인격체이어야 하고 동시에 사랑이라는 매개체는 사랑을 하는 자와 사랑을 받는 자를 연결시켜 주는 역할을 한다. 그러므로 이 세 가지는 동등하게 중요한 요소로 존재하고 필요불가결한 것이다.

3. 어거스틴의 기독교관

어거스틴은 전에는 철학이 이성적 수단으로 사색의 활용을 통하여 진리를 찾아낼 수 있는 가능성으로 생각했다. 하지만 회심한 이후로는 신학과 철학 사이의 관계를 기독교의 신조와 일치되는 선에서 이해하려 했고 신학을 정립하기 위해 철학의 도구를 단순히 빌리는 것이라고 말한다. 어거스틴은 구원은 하나님의 사역과 그의 은혜와 그리고 그리스도의 성육신을 통하여 우리에게 내려온 결과라고 주장한다.

4. 어거스틴의 교회관

어거스틴은 보편적(Catholic)교회의 절대성을 주장했으며 동시에 유형교회의 중요성도 강조했다. 사도들의 신앙과 성례와 성직을 소유하고 있는 교회만이 전 세계에 퍼져서 그 신도들을 구원하고 정화시킬 수 있는 조건을 갖추고 있다고 믿는다. 그리스도의 몸인 이 교회 밖에는 진리도 없고 구원도 없다. 이 교회로부터 떨어져 나가는 것은 신성모독이라고 어거스틴은 주장한다. 어거스틴은 또한 동시에 무형교회의 중요성도 강조했다. 교회성도들의 fellowship(Koinonia)을 중요시 여겼다. 이 교제를 통해서 하나님과 이웃을 사랑하고 교회를 위해서 기도하는 성도들이 사랑의 공동체를 이룬다고 말한다. 어거스틴은 유형교회와 무형교회의 중요성을 동시에 강조했다. 어거스틴은 예정된 자와 그렇지 않은 자를 구별하였다. 구원을 받을 것으로 예정된 자는 인내의 은사를 받아 주님이 부르실 때까지 기다려야 한다는 것이다.

어거스틴은 죄는 자만에서 온다고 말한다. 아담이 스스로 존재하기를 원해서 하나님을 배반했다고 하며 자만의 시작은 사람이 신에게서 돌아서는 것이라고 말했다. 어거스틴은 아담의 원죄를 믿고 있으며 하나님의 특별한 은총의 행위만이 인간이 구원을 얻을 수 있다고 믿는다.

5. 어거스틴의 은총관

어거스틴은 죄의 문제를 해결해 주는 유일한 방법은 하나님의 은총의 개념이라고 말한다. 하나님이 우리를 선택한 것은 우리가 거룩하게 될지도 모르기 때문이 아니라 우리를 거룩하게 되게 하기 위해서라고 말한다. 하나님이 어떤 인간을 선택하고 어떤 인간을 멸하느냐 하는 것은 전적으로 하나님의 주권 하에 있는 것이지 인간의 공로에 있는 것이 아니라고 말한다.

6. 어거스틴의 하나님 나라의 개념

모든 자연 현상을 통해서 볼 때 하나님 나라는 역사적으로 실현되고 있다는 개념이다. 하나님 나라의 완성은 그리스도의 재림으로부터 시작된다. 그러므로 하나님 나라의 개념은 양면성을 가지는데 ① 아직 완성되지 않은 종말론적 실재이면서 ② 현재 지상에서 역사적으로 그 구성원들 속에서 이루어지고 있는 인간적 실재이다.

7. 어거스틴의 이단 사상 비판

어거스틴이 가장 강하게 비판한 것은 무엇보다 이단 사상인데 그 중에서도 영지주의(Gnosticism)이다. 영지주의는 영적지식(Gnosis)을 통해 구원을 얻는다고 믿는다. 영지주의는 이원론(dualism)인데 영과 육, 빛과 어두움, 선과 악 등이 우주와 역사를 주관한다고 믿는다. 영지주의는 주장하기를 창조 때부터 선은 물론 악도 만들어졌는데 위의 두 가지 요소는 끊임없이 대립과 갈등을 계속하게 된다. 이 대립을 극복하기 위해서 영적지식이 필요하다는 것이다. 영지주의는 또한 우주는 열등신(Demiourgos)에 의해 창조되었으므로 선과 악이 끊임없이 대립하게 되었다고 본다. 어거스틴은 영지주의와는 반대로 선하신 하나님은 선만 창조하시고 악은 창조하지 않으셨다고 강조한다. 악은 선의 부패(Corruption)이요 타락(Depravity)이요 결핍(Privation)이고 상실(Loss)이라고 정의한다. 선한 천사인 Lucifer가 타락해 선을 상실하고 악마가 되어 뱀으로 태어나게 되었다고 보고 있다. 결국 선한 본성이 악하게 된 것이라고 어거스틴은 주장한다. 마니교에서는 영원부터 영원까지 선과 악의 싸움으로 역사가 정해졌고(Determinism) 또한 운명적(Fatalism)이라고 보고 있다.

그러나 어거스틴은 그의 자유의지론에서 인간은 하나님에 의해서 거미줄에 걸린 자유가 없는 운명적인 인형이 아니라 창조 때부터 인간에게 자유의지를 허락한 인격체로 창조했다고 강조한다. 어거스틴은 영성과 학식 그리고 도덕적으로 뛰어난 영국 태생의 펠라기우스 학자와도 논쟁을 벌였다. 펠라기우스의 자유의지론은 어거스틴의 은총의 의를 부정했다. 펠라기우스의 죄에 대한 논리는 상당한 반응을 일으켰다. 그는 첫째로 원죄를 부정했다. 아담과 이브가 범한 죄는 자신들에게 속한 것이고 인류와는 관계가 없으므로 원죄는 성립하지 않는다. 그러므로 원죄는 유전하지 않으므로 어린아이는 죄가 없어서 죽으면 자동적으로 천국에 간다. 또한 원죄가 성립하지 않으므로 유아세례도 필요 없다. 반면에 어거스틴은 원죄를 인정하고 유아세례를 강조했다. 어거스틴은 최초의 유아세례를 제안한 학자로 알려졌다. 인간은 최초의 조상인 아담과 이브의 죄로 인해 죄의 유전을 받게 되어 본성이 자연적으로 부패하고 타락했으며 자유의지도 갇혀 있으므로 하나님의 선택과 예정에 의해서 구원이 확정되고 또한 예정된 자는 하나님이 끝까지 보호하게 되어 있다고 믿는다.

어거스틴은 서방 교부로 활약을 하였다.

8. 분리주의자인 도나투스파를 비판한 어거스틴

어거스틴은 처음부터 도나투스파의 신학을 정면으로 비판했다. 도나투스주의자들은 로마 핍박기에 보편적인 교회(Catholic Church)의 감독들의 일부가 배교하여 자기들의 교회를 세웠는데 이 교회를 분리주의자들의 교회라고 부른다. 이 도나투스파는 주장하기를 이제는 보편교회가 성결을 상실했음으로 이 보편교회가 베푸는 성례전들은 은총을 매개시키지 못하며 따라서 죄의 용서와 구원의 효과가 없다고 말한다. 도나투스파들에게 있어서 교회란 오직 가시적인 교회(visible church)를 말하며 따라서 교회의 거룩성이란 바로 유형교회의 거룩성을 의미한다고 하면서 도나투스주의자들의 교회(Donatist Church)만이 성결하며 따라서 참된 교회라고 주장했다. 이러한 도나투스파의 주장에 대해 어거스틴은 마태 13장의 천국 비유를 들면서 교회를 종말론적으로 이해하였다. 주님이 오셔서 심판하시는 때인 역사의 종말에 가서 참된 교회와 거짓된 교회의 구분이 나타난다고 하였다.

어거스틴은 현재의 가시적 교회는 완전할 수 없다고 말하며 교회가 그리스도의 몸(Corpus Christi)이기는 하지만 이는 세상과 섞인 몸(Corpus Permixtum)이기 때문에 완전하지 못하다고 말한다. 어거스틴은 역사적인 교회는 "참된 그리스도의 몸(Corpus Christi Verum)과 위선적인 그리스도의 몸(Corpus Christi Simulatum)"으로 구분됨을 이해해야 한다고 했다. 그리고 알곡과 가라지는 역사의 마지막 때에 주님에 의해 구분된다고 주장한다. 교회가 성결하다는 것은 교회가 주님의 몸이며 그 안에 성령께서 거하시기 때문이지 교회의 모든 구성원이 성결하기 때문에 그런 것은 아니라고 강조한다. 교회는 죄인들의 공동체였으나 믿음으로 말미암아 성도들의 공동체가 된 것이라고 보고 있다.

어거스틴은 또한 보편적인 교회의 감독들 가운데 일부가 배교했다고 해서 보편교회 전체가 타락한 것이 아니라며 분리주의들을 반박했다. 또 분리주의자들이 성결을 말할 때에 개인 성도의 성결을 말하지 않고 분리주의자들 단체의 성결을 주장하고 이 단체만이 선민이라고 하는 것은 아주 잘못된 생각이라고 꾸짖었다. 이 분리주의자들은 성결의 이름으로 보편적인 교회에 폭력을 사용했다. 어거스틴은 또한 가시적인 교회가 완전치 않음으로 교회를 하나님의 도성이라고 할 수 없다고 하면서 그렇다고 하면서 국가나 세상을 세상 도성 혹은 사탄의 도성으로 보지도 않았다. 교회는 하나님 도성의 예표는 될 수 있다. 그런데 불행하게도 교회와 세상은 때로는 역사 속에서 뒤섞여 있어서 결국은 최후의 심판 때에 분리될 수 있다. 어거스틴은 교회를 종말론적 입장에서 보려고 하고 있다.

도나투스파들은 보편적인 교회가 거룩성을 상실했기 때문에 교회에서 베푸는 성례전은 죄의 용서를 받을 수 없다. 그리고 보편적인 교회의 교인들이 그들에게 올 때 재세례를 통해서 성도가 될 수 있다고 주장한다. 반대로 보편적인 교회는 도나투스파의 교인들이 그들에게 돌아오면 감독이 참회(Penance)를 통하여 안수함으로 다시 완전한 교인으로 받아질 수 있다고 말한다. 어거스틴에 의하면 세례의 주체는 감독이 아니라 주님이시다. 하나님의 말씀에 근거하여 삼위일체의 이름으로 세례를 베풀면 이는 주님의 이름으로 세례를 베푼 것이다(마 28:19). 재세례는 주님을 모독하는 것이 된다. 감독은 단지 대리인에 불과하다.

그러므로 삼위일체의 이름으로 베푼 세례는 언제 어디서 그리고 누가 행하든지 이는 하나님의 세례이라고 말하는데 어거스틴의 특이한 이론은 세례를 베푸는 감독의 도덕적 상태나 수세자의 믿음의 상태가 세례의 존재 여부에 아무런 영향을 주지 않는다고 하면서 예를 들어 가룟 유다가 삼위일체의 이름으로 세례를 준다 해도 실제로 세례를 베푸는 자는 그리스도이기 때문에 상관이 없다는 주장을 하는데 다소 지나친 주장이 아닌가 생각이 되고 의문이 될 수 있는 면이 없지 않아 있는 것도 부인할 수 없다. 어거스틴은 세례의 타당성과 효과에 대해 많은 관심을 가지고 있었다. 도나투스주의자들의 교회에도 세례가 존재하기는 하지만 그들이 보편적인 교회로 돌아오지 않는 한 그들의 세례는 전혀 효과가 없다고 어거스틴은 단정한다. 어거스틴은 세례에서 그리스도와의 연합과 사랑을 강조하는데 도나투스분리자들을 향해 그리스도의 몸을 쪼개는 분열(Schism)이야말로 사랑이 결핍되어 있기 때문에 사랑이 결핍되어 있는 교회는 그리스도와의 연합이 불가능하다고 말한다. 어거스틴이 재세례를 거부하는 이유 중의 하나는 세례 시 수세자들에게 "지울 수 없는 부호"가 새겨진다는 것이다. 예를 들어 노예들의 이마에 각인을 새겼는데 혹 이 노예들이 도망갔다가 돌아왔다 하더라도 다시 각인을 새길 필요가 없듯이 세례 시 이미 이마에 이미 과거에 새긴 각인이 그대로 있기 때문에 다시 세례를 받을 필요가 없다는 것이다. 어디에서 세례를 받았든지 세례를 받은 수세자는 그 영혼 속에 "그리스도의 각인"이 새겨져 있다. 그러므로 분리주의자들이나 다른 이단들이 보편적인 교회로 돌아올 때 그들에게 재세례를 행해서는 안 된다고 강조했다.

어거스틴은 교회의 강한 훈련이 필요하다고 믿는다. 이 훈련이 강압적이라 해도 신앙생활에 도움이 된다면 상관이 없다는 것이다. 어거스틴은 누가복음 14:23절에 근거하여 무력을 사용해서라도 도나투스의 자들을 강제로 교회에 돌아오게 해야 하는 종교적 강압에 동조하는 모습이다.

어거스틴은 강압을 교육의 한 방편으로 보았다. 장차 치명적인 결과가 초래하기에 앞서 오류들을 고쳐 예방하자는 것이다. 즉 방황하고 있는 "아들들"을 참된 순종의 아들들로 인도하기 위해 어머니로서의 보편적 교회는 세속 권력의 도움을 빌려도 상관없다는 것이다.

어거스틴은 처음에는 강압적인 방법을 쓰는 것에 찬성한 것 같지는 않았다. 그 강압적인 방법이 어떤 처벌이나 고통의 두려움 때문이 아니라 교육에 의해 그들을 인도하는 것이 더 중요하다고 생각했기 때문이다. 그는 잠언 3:12절 말씀에 의지해서 사랑에 의해서보다도 공포에 의하여 효율적으로 잘못을 고칠 수 있다면 그 방법이 더 좋다고 믿었다. 물론 어거스틴의 이 윤리는 사랑으로 해결해 보려는 현대 윤리에 맞지 않을는지 모른다. 그러나 심한 고문이나 중형에는 찬성하지 않았다. 어거스틴은 그의 방법을 "치료적인 처벌"이라고 표현하였다. 도나투스자들은 보편적인 교회가 자신들을 강제로 돌아오게 하기 위해서 폭력을 사용하는 것을 강하게 비판하였다. 도나투스주의자들은 자기들이 보편적인 교회로부터 핍박을 받을 뿐 아니라 그들의 희생의 제물이 되고 있다고 항의했다.

도나투스파 가운데 일부 과격파들은 자발적인 순교를 유도하기 위해 의도적으로 보편적인 교회에 폭력을 행사했다. 이에 대해 어거스틴은 "참된 순교는 순교자들이 당하는 형벌에 달린 것이 아니라 그들의 동기에 달려 있다"고 설명했다.

9. 어거스틴의 시간관

크로노스(Chronos)는 일반적 의미의 시간이다. 가만히 있어도 저절로 단순히 흘러가는 자연적인 시간 즉 달력의 시간 객관적인 시간이다. 모든 사람에게 공평하게 주어진 시간 개념이다. 어거스틴의 시간에 대한 개념은 크로노스가 아니고 카이로스(Kairos)이다. 그의 시간 개념은 현재뿐인 수직적 시간이다. 과거는 현재의 기억이요 미래는 기다림이다. 수평적 시간(Chronos)에는 관심이 없다. 그는 말하기를 시간은 내 마음속에 있다고 말한다. Kairos는 의식적이고 주관적인 시간, 순간의 선택이 인생을 좌우하는 기회의 시간이며 결단의 시간이다. 공평하게 주어진 Chronos에서 특별한 의미를 부여하게 되는 시간이다. 이 Kairos에서는 하루가 일 년보다 길 수 있으며 일 년이 하루보다 짧을 수 있는 시간이다. 응급 환자에게 있어서 1시간은 무위도식하는 사람의 1시간과는 비교할 수 없을 정도로 소중한 시간이다. 바로 이러한 시간이 Kairos인 것이다. 시간은 비록 흘러가는 것이지만 흘러가는 그 시간에 특별한 의미가 있을 때에 이 의미 있는 시간을 Kairos라 한다.

복중에서 10달 동안 있다가 해산의 고통을 경험하면서 아이를 출산한다고 할 때에 그 열 달은 흘러가는 시간으로서의 Chronos이고 출산의 그 순간은 Kairos라 할 수 있다고 했다. 구약에서 가장 장수한 사람으로 기록되어 있는 므두셀라(Methuselah)는 969년을 살았지만 Chronos의 삶을 살았다고 보는 반면에 33세의 짧은 생애동안 위대한 삶을 산 예수 그리스도의 시간은 Kairos적인 사건이 가득하다고 볼 수 있다. 우리는 Chronos의 시간을 관리할 수 없으나 Kairos의 시간은 마음먹기에 따라서 얼마든지 늘릴 수도 줄일 수도 있는 것이다. 일하는 것은 Kairos이고 쉬는 것은 Chronos이다.

Kairos는 능동적인 시간 참여이고 Chronos는 수동적인 시간 참여이다. Chronos는 시간의 길고 짧은 개념이라면 Kairos는 시간 선택의 문제와 관련되어 있다. 시간을 Kairos로 받아들이는 사람은 시간의 노예가 아니라 시간의 주인이 되어 가치와 효과를 창출해낼 수 있다. 오늘은 어제의 연속이 아니라 새로운 하루라는 생각이 중요하다. 시간을 Kairos로 이해하는 사람은 삶의 권태와 단조로움에서 해방될 수 있으며 인생은 무의미한 반복이 아니라 새로운 창조의 연속이어야만 한다.

전 미국대통령 빌 클린턴은 고등학생 시절에 케네디 대통령을 20분도 안 되는 짧은 시간에 만난 것으로 대통령에 대한 꿈을 키우기 시작했다고 한다.

그의 만남은 Kairos였다. 과연 지금까지의 나의 인생에서 Kairos의 시간은 얼마나 되는가? 지금 이 순간에도 기회의 신은 바람처럼 우리 곁을 스쳐 지나가고 있을지 모른다. Chronos적인 시간 속에서 사느냐 아니면 Kairos의 시간 속에서 사느냐는 우리 각자의 생각과 행동에 달려 있다.

10. 어거스틴의 신학 종합 정리

어거스틴의 신학을 종합 정리해 보면 다음과 같다. 하나님의 예정과 불가항력적 은총을 믿으며 아담의 죄가 후손에게 영향을 미침으로 유아에게도 원죄가 있으며 신앙과 이성은 어깨를 나란히 하나 신앙이 우위이라고 주장하고 거룩한 교회를 통한 진리의 전달을 믿으며 진리에 이르는 두 가지 길이 있는데 신앙은 찾고 이성은 발견한다는 것이다.

어거스틴은 그리스도의 양성론(완전 신, 완전 인간)을 강력히 주장했다. 그리고 신을 인격적 체험의 대상으로 믿었고 처음으로 삼위일체를 주장했고 유형교회와 무형교회를 주장했으며 가톨릭교 신자됨이 구원의 필수조건으로 여겼으며 원죄를 강력히 주장했다. 성례 의식과 관례를 중요시 여겼다. 그는 또한 예정론을 믿었으며 내세를 확신했고 신앙과 이성은 동시에 필요하나 신앙이 더 중요하다고 주장했다. 교회는 복음을 전파하는 center이며 성도 생활의 중요한 역할을 하여야 한다고 강조했다. 철학은 복음서를 이해하는 준비과정의 한 부분이다. 진리에 이르는 두 가지 길은 신앙과 철학이다. 철학은 신앙을 추구하는 도구로 사용되어야 한다. 천국은 예수님이 오시므로 역사적으로 시작이 된 것이다. 천국의 완성은 주님의 재림으로 이루어진다.

어거스틴의 유명한 참회기도 중의 하나를 소개하면 다음과 같다.
"나의 하나님, 나 자신을 완전히 당신에게 바치고자 생각했을 때 이를 원한 것은 나 자신이었습니다. 동시에 이를 차마 원할 수 없었던 것도 나 자신이었습니다. 이 두 가지 존재가 다 나였습니다. 내가 완전히 원하지도 못했고 완전히 거부하지도 못했으므로, 나는 스스로와 투쟁했고, 이 때문에 나의 존재는 갈기갈기 찢어졌습니다."

어거스틴은 일생 동안 라틴 교부로 활동하였다.

N. 펠라기우스(Pelagius: AD 370 - 420)

인간의 자유의지와 금욕주의를 강하게 주장한 신학자로서 당시 Hippo의 주교로 있었던 어거스틴에게서 많은 공격을 받았다. 그는 인간이 선을 행하는데 신의 도움이 필요 없다고 강하게 주장했다. 인간은 신의 도움 없이도 죄 없는 생활이 가능하다고 믿었으며 인간의 노력의지로 구원을 얻을 수 있다고 보았다. 아담의 죄는 아담 자신에게만 영향을 준다. 유아는 범죄 전의 아담과 동일하다. 율법도 사람을 천국으로 인도한다. 그는 초대교부시대에 자유주의 사상가로 알려져 신학사상에 많은 혼돈을 주었다.

제7장 초대시대의 신학 논쟁

A. 아리우스와 알렉산더의 신학 논쟁

아리우스와 아다나시우스 사이의 기독론 논쟁이 일어나기 전에 아리우스는 알렉산더와의 또 하나의 기독론 논쟁을 벌이기도 했다. 아리우스는 루키아누스의 제자였는데 루키아누스는 안디옥신학교를 세웠던 인물로 모범적인 처신과 금욕적 행습으로 소문이 났고 로마황제 디오클레티아누스의 박해 때 순교했던 사람이다. 그에게는 훌륭한 제자가 두 사람이 있었는데 한 사람은 니코메디아의 유세비우스 감독이요 또 한 사람은 알렉산드리아의 아리우스 장로였다. 아리우스가 알렉산드리아의 장로이기는 하지만 그의 사상의 기초는 동방지역의 두 학파 중 하나인 안디옥학파에 속해 있었다. 여기에 동방의 두 학파는 플라톤철학의 배경을 가진 알렉산드리아학파이고 또 한 학파는 아리스토텔레스철학을 따르는 안디옥학파이다. 이 당시에는 헬라문화권에 속해 있던 동방의 두 학파와 라틴문화권에 속해 있던 라틴학파 등 세 학파가 있었다. 라틴학파는 동방학파의 관념적이며 사변적인 신학사상에는 별로 관심이 없었고 그

대신 실제적이며 실천적인 분야에 더 관심을 가지고 있었다.

　동방학파 중에 알렉산드리아학파는 신을 이해하는데 있어서 그를 단순히 영적인 존재로 생각하고 있었고 그리고 그리스도에 대한 이해에 있어서도 신성을 강조했으며 그리스도를 하나님의 아들로서 이해하려 했다. 반면에 안디옥학파에서는 신을 역사 가운데 현존하고 활동하시는 하나님으로 이해하였고 그리스도에 대해서는 신성보다 인성을 강조하여 사람의 아들로서의 그리스도에 더 관심을 가지고 있었다. 아리우스는 비록 알렉산드리아에서 봉직하고 있었지만 안디옥사상에 푹 빠져 있었다. 바로 여기에 그의 비운의 장래가 걸려 있었다. 만약 그가 안디옥에서 봉직하고 있었다면 비극은 일어나지 않았을 것이다. 아리우스는 스승인 루키아누스의 사상을 그대로 전수한 사람으로 그의 기독론에 상당한 문제가 있었다. 그리스도가 참 하나님이요 참사람이라는 생각은 대부분의 교회 안에서 용인되어 있었지만 아리우스는 여기에 동의하지 않았다. 그런데 서방에서는 교부학자인 터틀리안의 영향을 받아 성부와 성자 사이의 본질적 일치에 의견 통일이 되어 있어서 별 문제가 없었다. 그러나 동방에서는 이에 대해 전혀 의견이 일치되지 않아서 기독론 논쟁에 휩쓸리게 되었다. AD 302년경부터 아리우스와 알렉산더 사이에 본격적인 신학사상의 싸움이 시작되었다. 그들은 처음에는 둘 다 교부학자인 오리겐의 신학사상을 추종했었는데 오리겐이 성자가 피조물로서 제2의 하나님이라고 하면서 그리스도의 종속론을 주장하자 알렉산더는 반기를 들었다.

아리우스와 알렉산더 사이의 커다란 신학 논쟁이 있었다. 이 논쟁은 동방학파의 중심지인 알렉산드리아에서 일어났는데 이곳은 철학과 기독교가 서로 만나는 곳으로 오리겐의 신학이 지배적이어서 신학계에 상당한 영향을 미치고 있었던 때이며 누구든지 오리겐에게 신학적으로 도전할 생각을 하지 못할 때이다. 한번은 아리우스가 삼신三神이 있는 듯한 감을 주었는데 그곳의 감독이 아리우스를 즉시 정죄하지 않았다고 불평을 하는 사람들이 많았다. 특별히 아리우스의 수하의 한 장로가 아리우스를 책하면서 삼위일체의 참된 성질을 논할 때에 복수론(복수적 삼위일체)을 제거하라고 하였다. 반대로 알렉산더는 아리우스의 애매한 신학 논리를 반박하면서 성자를 성부와 동등한 위로 말하고 이 두 분의 관계를 설명하는데 있어서 동일본질의 뜻인 "호모우시오스"라는 술어를 사용하였다. 이것은 알렉산드리아에서 아주 우세한 가설인 오리겐의 성자의 성부종속론과 반대되는 것이었다. 예상대로 변증론에 익숙하며 변론을 좋아하던 아리우스 장로는 알렉산더 감독이 사벨리우스의 교리를 대변하는 것으로 잘못 오해하여 그와는 정반대의 교리를 내세우며 반박했다. 사벨리우스의 교리란 성부께서 예수 그리스도로 탄생하셔서 성자가 되었으며 고난을 받으시고 죽으셨다가 스스로를 죽은 자 가운데서 살려 일으켰다고 주장한 것이다. 아리우스는 이렇게 반박문을 내놓았다. "만일 성부가 성자를 낳았다면 태어난 그는 존재가 시작되었다는 뜻이다. 그러므로 성자가 주재하지 않았던 때가 있음이 분명하다 따라서 성자의 존재는 비존재로부터 나왔을 것이라는 결론을 나오게 하는 것이다."

아리우스의 이와 같은 공박으로 인하여 알렉산더 감독은 당장에 사벨리우스주의자라는 공격을 받게 되고 대신 아리우스는 커다란 승리를 얻은 것처럼 자만하게 되었다. 사벨리우스주의는 한 하나님이 자신을 서로 다른 세 가지 형태로 계시했다는 식으로 성삼위를 설명했다. 그뿐 아니라 사벨리우스주의는 무대에서 가면 개념을 적용하여 삼위는 모두 가면일 뿐이어서 가면을 벗으면 성부도 성자도 성령도 없는 한 하나님만 있을 뿐이란 비유를 들었다. 아리우스에게 부당하게 공격을 당한 알렉산더 감독이 이러한 이단주의의 추종자로 몰리게 되어서 앞으로 자기의 학설이 정당하다는 기회를 기다리고 있을 수밖에 없었다.

아리우스와 알렉산더 두 사람은 계속해서 서로 다른 신학사상으로 충돌을 면치 못했다. 아리우스는 오리겐의 주장을 그대로 받아들여 그리스도를 하나의 피조물이라고 주장하였다. 반면에 알렉산더 감독은 말씀이신 성자와 성부는 영원히 함께 계신다고 주장하였다. 반면에 아리우스는 성자인 그리스도가 성부와 절대로 영원히 존재하지 않는다고 강력하게 알렉산더에게 대항했다. 아리우스에 의하면 아들은 하나님이 아니고 피조물이라는 것이다. 아리우스는 성부와 성자 사이에 진정한 본질의 차이가 있음을 계속 강조했다. 그에 의하면 성자는 성부와 동질의 존재가 아니라 다른 피조물과 다를 바 없는 "무無"로부터 만들어진 존재였다. 그는 피조물 중에서 가장 먼저 출생했고 또한 성자에게는 시작이 있으나 성부에게는 시작이 없고 성자는 그 본질과 영원성에 있어서 성부와 다르다.

콘스탄틴 대제 때까지도 아리우스의 신학사상이 알렉산더파와 계속해서 부딪치게 되어 어지럽게 되자 콘스탄틴 대제도 도나투스파와의 논쟁으로 혼욕을 치루었던 터에 이제는 더 이상 신학 논쟁을 원치 않아서 알렉산더파와 아리우스파와의 화해를 원하고 있었다. 대제는 우선 알렉산더파와 아리우스파에게 편지를 보내어 자기가 직접 중재자 역할을 하겠다고 통지했다. 대제는 교회 문제의 고문인 호시우스를 통해 두 파가 무익한 신학 논쟁을 버리고 서로 화해하라고 권고했으나 결국 말만 난무하고 실패로 돌아갔다.

대제는 다시 호시우스를 통해 알렉산드리아에서 노회를 소집하게 했고 여기서 대제의 뜻을 받아 가지고 온 호시우스는 알렉산더 편을 들어 주어 아리우스파는 결국 정죄를 당하게 되었다. 그 후 호시우스는 아리우스가 가이사랴의 유세비우스로부터 받은 후원의 내용을 조사하기 위해 시리아의 안디옥으로 떠났다. 여기서 감독단 회의가 열렸는데 호시우스는 감독단에 동조해서 아리우스 측은 더욱 불리해질 수밖에 없었다. AD 324년에 호시우스 사회로 열린 안디옥회의에서 아리우스의 주장은 정죄되었다. 이로 인해 가이사랴의 유세비우스는 출교를 당했다.

B. 아다나시우스와 아리우스의 신학 논쟁

위에서 잠깐 언급한 대로 중세교회사에 들어가기 전에 초대교회사에서 가장 심하게 일어났던 신학 논쟁은 삼위일체에 관한 것이었다. 이 신학 논쟁의 중심인물들은 아다나시우스와 아리우스였다. 이 두 신학자들의 논쟁이 오랫동안 계속되다가 드디어 AD 325년 콘스탄틴 대제가 소집한 "니케아세계종교회의"에서 삼위일체를 부인한 아리우스를 이단으로 정죄함으로 신학 논쟁은 막을 내리게 되었다.

1. 아리우스(Arius, AD 250-336)

아리우스의 부모가 리비아에서 이집트의 알렉산드리아로 이주해 온 지 얼마 안 되어서 아리우스가 태어났다. 그는 안디옥에서 신학을 공부했고 다시 고향으로 돌아와 AD 312년에 아킬라스(Achillas)교구에서 신부로 사제 서품을 받았고 이듬해에 알렉산드리아에서 가장 기독교 세력이 강한 바우칼리스(Baucalis)교구의 사제가 되었다. 그는 당시에 동정이 많고 다정다감한 성격과 엄격한 경건주의 그리고 순수한 정신, 확고한 신념을 가진 신학자로 명성이 높았다. 그리고 아리우스는 키가 크고 군살이 없는 몸매에 준수한 용모와 공손한 말투를 써서 여자 성도들에게 인기가 많았고 남자 성도들은 그의 지적 탁월함에 감명을 받았다. 아다나시우스 전에 당시에 아리우스의 신학사상을 비판해왔던 알렉산드리아의 알렉산더 사제는 초대교회시대 역사학자로 잘 알려진 유세비우스(Eusebius, AD 260 - 340)에게 아리우스 신학사상을 비판하는 글을 자세히 분석해서 보냈는데 그 아리우스의 신학사상의 내용은 다음과 같다.

하나님은 항상 영존하시는 아버지가 아니라 아버지가 아니었던 시기가 있었다. 하나님의 말씀(Logos, 성자)은 영원 전부터 존재한 것이 아니라 무에서 만들어진 것이다. 영원히 존재하는 하나님(스스로 있는 자 또는 영원한 자)은 존재하지 않았던 그분(아들)을 무에서 창조했으므로 그가 존재하지 않았던 시기가 있었으며 아들은 성부와 동질이 아니고 창조물에 불과하다. 그는 아버지와 같지도 않고 또 다른 피조물과 마찬가지로 하나님의 말씀과 지혜로써 만들어졌기 때문에 그 성자가 태초부터 있었던 말씀(Logos)이 아니다. 따라서 성부에 의해서 지어진 말씀은 태초의 말씀인 하나님과 본질적으로 다르다. 또 하나님 아버지는 아들에 의해서 설명되지도 않고 또 성부는 아들에게 보이지도 않았다. 이는 말씀(아들)이 아버지를 정확하고 완벽하게 알지도 못하며 또 그를 제대로 볼 수도 없기 때문이다. 성자는 성부와 비슷하게 보이나 성부 하나님처럼 영혼도 없다. 성자는 단순히 성부에 의해서 창조된 또 다른 말씀(Logos)일 뿐이다.

아리우스의 이런 자유주의 신학사상은 당시의 많은 학자들로부터 위험한 신학이라고 공격을 받았다.

2. 아다나시우스(Athanasios, AD 295 - 373)

아다나시우스는 이집트의 알렉산드리아가 낳은 4세기의 최고의 신학자로 존경을 받는 라틴 교부였다. 그는 불굴의 신앙을 가진 주교로서 "교회의 기둥"이라는 별명을 가질 정도로 삼위일체 신앙으로 교회를 지켰던 사제인 동시에 신학자였다. 그는 AD 295년에 알렉산드리아의 이교도 가정에서 태어났다. 그는 어렸을 때(AD 304 - 311) 순교자들의 불굴의 신앙에 감동을 받고 그리스도교로 개종하였다. 그는 철저히 이교도를 알기 위해서 아리우스의 학설을 철저히 연구할 뿐 아니라 기독교신학 특히 성 어거스틴이 주장했던 삼위일체 신학에 몰두하여 연구하기 시작하였다. AD 318년 알렉산더 주교는 재능, 신학 그리고 신앙을 고루 갖춘 아다나시우스에게 부제품을 주고 동시에 그를 비서로 삼았다. 그가 30세 되던 해에 주교의 비서로서 니케아공의회에 참석하여 발언권은 없었으나 배후에서 알렉산더 주교를 잘 보필하여 명성을 얻게 되었다. 그동안 아다나시우스는 니케아종교회의에 참여한 많은 학자들과 교류하며 자기의 신학을 펼칠 기회를 가지기도 했다. 그러나 그를 시기하는 이단자들은 기회가 있을 때마다 황제에게 호소하여 아다나시우스를 처형하도록 모함을 하여 그는 다섯 번에 걸쳐 유배를 가게 되었다.

AD 325년 콘스탄틴 대제가 소집한 "니케아세계종교회의"에서 그의 삼위일체 신학이 드디어 알렉산더 주교를 통해서 인정을 받게 되었다. 아다나시우스는 AD 373년 5월 2일 78세의 고령으로 죽을 때까지 그의 삼위일체 정통교리를 끝까지 지켰다.

아다나시우스의 신학은 성 어거스틴의 사상을 구체화한 것으로 아리우스가 주장하는 성부로부터 성자와 성령의 유출설을 반박하고 성삼위 일체와 동격을 주장하였다. ① 그리스도는 성부와 동질이며 유출된 것이 아니고 ② 성령은 그리스도가 약속한 대로 그가 죽은 후에 보낸 보혜사로 역시 성부나 성자에게서 나온 영이 아니라 성부 성자와 함께 태초부터 계셨던 영이라고 강조했다. ③ 또 아리우스의 인성만을 강조하는 단성설에 반대하여 그리스도는 완전한 인간이요 완전한 신이라는 양성설을 주장하였다.

아다나시우스는 라틴 교부로 활동을 하였다.

* 아다나시우스에 대한 신학적 평가

아다나시우스의 파란만장한 일생은 오직 그리스도의 진리 옹호를 위한 고난의 연속이었다고 평가되고 있다. AD 328년 새로이 알렉산드리아 감독이 된 후 다시 AD 336년 콘스탄틴 황제에 의해 유배를 가게 되었고 발렌스 황제 치하에서 AD 365년 마지막 망명을 하게 되면서 무려 30여 년 동안 통상 다섯 차례의 유배나 망명을 하게 되었다. 그리스도의 참 제자가 된다는 길이 얼마나 어려운 길인가를 보여주는 산교육의 자료라고 생각할 때 그의 일생은 참으로 값진 것이고 존경을 표할만하다. 아다나시우스는 학자적이면서 신앙이 두터운 목사이며 타협을 모르는 강직한 사람이었다. 그의 모든 행적을 보면 그가 원해서가 아니라 자연적으로 주님의 두 제자인 베드로와 요한 그리고 사도라고 할 수 있는 바울의 삶을 닮은 것 같다. 알렉산드리아교구의 감독으로서 그가 교회 행정가로 보여준 행정 능력은 초대교회 당시 최초의 교회인 예루살렘교회의 수장으로 선구자 역할을 한 베드로의 모습을 방불케 한다. 그리고 교회 정치뿐만 아니라 기독교의 정통교리를 수립해 온 아다나시우스는 초대교회의 정통신학과 신앙을 지키기 위해 이단과 끝까지 투쟁했던 사도바울의 모습과도 흡사하다고 보겠다. 또한 80세의 노감독인 아다나시우스가 마지막 발렌시아 황제의 유배 등 다섯 번의 유배를 가면서 신앙을 지킨 모습은 도미티아누스의 박해를 받아 밧모섬으로 유배를 가서 수난의 삶을 살았던 노사도인 요한을 닮았다.

또 노사도가 수난 속에서 요한계시록을 집필하여 기독교 종말론의 골자를 제시한 것과 마찬가지로 아다나시우스도 역시 노년의 수난 속에서 진정한 기독론인 삼위일체론을 제안한 것은 특기할 만하고 두 분이 다 교회사적 역할을 잘 감당한 분들이라고 볼 수 있다. 또 하나 아다나시우스의 특징은 그가 세속 권력과 타협하지 않았다는 것이다. 그러기 때문에 그는 다섯 번씩이나 유배를 갈 수밖에 없었다. 그러나 그의 반대파인 아리우스는 언제나 로마 정부의 비호만으로 자기의 입지를 강화시켰다. 아다나시우스는 우상적인 기독교 황제인 콘스탄틴 황제에 대하여서도 냉정한 자세를 견지했다는 것은 놀라운 사실이 아닐 수 없다. 반대로 선배학자인 유세비우스는 위대한 학자였지만 그의 세속에 대한 굴종의 태도와 콘스탄틴 대제에 아부하는 모습 때문에 어용학자라는 불명예를 얻게 되었다.

니케아종교회를 마치고 난 다음 아다나시우스에 관해서 다음과 같은 논평이 나왔다. "니케아의 입장에 대한 뛰어난 옹호자는 아다나시우스였다. 그에게 있어서 진정한 과제는 인간들의 구원이었다. 니케아회의에서 보여준 그의 백절불굴의 신앙 형태와 종교적 통찰력은 후세에도 귀감이 되었다. 신학자와 교회지도자로서의 아다나시우스는 후에 어거스틴에게 많은 영향을 끼친 사람이다."

C. 초대신학에 대한 종합적 결론

결론적으로 기독교 초기와 초대신학을 되돌아보면 당시의 교회가 어떤 신학적 배경 하에서 이루어진 것이 아니기 때문에 약 400여 년 동안 신학과 교회의 혼란기를 맞이하게 되었다. 동시에 로마 정부의 기독교 탄압과 유대교의 기독교 탄압으로 많은 순교자가 발생하게 되었다. 동시에 이 기간에는 정경이 결정될 때까지 수많은 기독교 교리가 우후죽순으로 나타나기 때문에 어떤 것이 이단이요 정교리인지 알 수 없을 만큼 신학적 소용돌이가 일어나게 되었다. 당시에는 정교(정치와 교회)가 제대로 분리되지 않은 상태에서 로마 정부가 교회를 마음대로 통치하려 했기 때문에 로마 정부에 대항하다가 혹은 신학 논쟁으로 인하여 많은 신학자나 교부들이 처형되거나 순교를 당하는 경우가 많았다.

또 한편 예수님 승천 이후에 사도시대를 중심으로 기독교가 본격적으로 출현하기 위해 꿈틀거리기 시작했으며 드디어 콘스탄틴 대제로 인해 기독교가 국교로 인정되었다. 그리고 도덕적 부패, 잡종교를 섬기고 각종 철학이 성행할 때 기독교의 출현과 국가적 공인은 일반 민중에게 풍부한 감화력이 있었고 그리스도의 재림을 고대하며 사랑과 순결로 민중의 본보기가 되었다. 사도바울의 헌신으로 세계 선교를 위한 기독교적 신학을 수립하게 되는 반면에 네로 등 로마 황제들의 기독교 핍박이 점점 심해지고 예루살렘의 함락 그리고 사도들의 사라짐과 함께 순교의 역사가 전개되었다.

사도시대 이후에는 특히 초기교부시대에 콘스탄틴 대제의 기독교를 공인(AD 313)한 이후 본격적인 교리적 논쟁이 일어났다.

삼위일체 등 기독론에 대한 논쟁이 아다나시우스와 아리우스 사이에 있었다. 당시에 아다나시우스 못지않게 유행했던 아리우스

학설은 신학에 상당한 혼란을 일으켰다. "그리스도는 성부와 비슷하다. 그리스도는 영혼이 없고 logos가 영혼이다. 그리스도는 무(nothingness)로부터 창조된 피조물이고 또 삼위일체를 부정한다."는 것이었다. 결국에는 아리우스를 이단으로 정죄하고 처형하게 되었다. 결국 그리스도의 단성론을 주장한 아리우스가 이단으로 처형되므로 일단 기독론에 대한 논쟁은 당분간 그쳤다. 그리스도는 완전한 인간이요 완전한 하나님이라고 양성론을 주장한 아다나시우스의 승리로 끝났다.

다음에 아다나시우스와 아리우스의 신학 논쟁을 상세히 논하고자 한다. 이 신학 노선은 후에 어거스틴이 계승한 것으로 종교개혁시대까지 이어진다. 그러나 무엇보다 초대교부시대에 신앙을 중심으로 한 신학을 정립한 학자는 당연히 Augustinus(어거스틴)이다. 그 외에도 성경 이외의 문서로 나타난 교리들이 많이 일어나기도 했으며 그리고 여러 교부들이 나타나서 변증법을 사용하여 기독교의 정통성을 사수했으며 동시에 유대교적인 이단과 그 분파들이 나타나기도 했다. 지금과는 달리 어떤 이단적인 교리가 나타나도 그 당시에는 종교재판소가 없기 때문에 어떻게 처리할 방도가 없었다. 오늘날의 신학 기준으로 보면 그 당시의 신학 논쟁이 된 교리들은 거의 다 이단에 가까운 것이라고 할 수 있다. 그나마도 어거스틴의 신학이 현재 우리의 교리에 가장 가깝다고 할 수 있다. 또 초대신학에서 볼 수 있는 또 한 가지 특징은 수도원을 중심으로 한 다양의 신학과 신앙 교리가 논의되었는데 주로 헬라 교부와 라틴 교부가 중심되어 일어났다는 것이다. 초대신학에서 특기할 만한 것은 금욕주의, 신비주의, 영지주의, 수도원 운동, 스콜라철학 등이 활발하게 전개되었다는 것이다. 이 당시에 control 할 수 없을 정도의 예언과 방언 그리고 종말론은 교회를 상당히 어지럽히는 계기가 되었다.

또 당시에 혼란한 신학 문제들을 로마황제 콘스탄틴 대제가 AD 325년 니케아종교회의를 통해 정리하려 했고 그리고 아다나시우스의 학설을 정교리로 제정하기에 이르렀다. 기독교 교리 논쟁은 니케아종교회의(AD 325)부터 콘스탄티노플회의(AD 879) 등 8차례에 걸쳐서 약 550년 동안 일어났는데 신학자들이 심혈을 기울여 어느 정도의 신학을 정립해 오늘에 이르게 된 것이다.

제8장 고대시대에 나타난 이단 사상

A. 에비온파(Ebionites: 가난한 자)

바울의 교리를 배격하고 마태복음만 사용했고 구약의 율법을 고수했으며 예수의 신성에는 관심이 없고 예수의 인성만을 강조했으며 유대교적인 냄새를 풍기는 이단으로 많은 공격을 받았다.

B. 엘카이파(Elkesaites)

이 종파도 유대교적인 이단으로 예수는 아담이 다시 사람으로 되어온 자로 사회혁명가로서 당시의 사람들을 혼란시킨 사람으로 유대인들이 기다리는 메시아가 아니라고 강한 비판을 하였다. 또한 할례를 행하고 안식일을 지키고 금식을 강하게 권했다.

C. 말시온파(Marcionites)

말시온은 초대교회시대에 가장 문제를 일으킨 이단 중의 이단으로 소문이 났다. 말시온은 유대교뿐만 아니라 기독교에 대하여 반감을 가진 이단으로 널리 알려졌다. 말시온은 흑해로부터 좀 남부해안에 위치한 Snope의 감독의 아들로 태어났다. 그는 일찍부터 기독교에 대해서 잘 알고 있었다. 그러나 그는 유대교와 물질계에 대한 깊은 반감을 가지고 있어서 반 유대교적이고 반 물질적인 기독교를 공격했다. 그는 AD 144년경 로마에 가서 상당한 무리를 이끌게 되었다. 그러나 일반 교회들은 그의 신조들이 정통 기독교 교리의 몇몇 근본적인 요점들에 대치된다는 결론을 내렸다. 그러자 그는 자신의 교회를 세웠는데 이는 그후 수세기 동안 정통교회를 대적하게 되었다. 그에 의하면 하나님이시며 예수님의 아버지(God and Father of Jesus)는 구약성경의 하나님이신 여호와와 동일한 존재가 아니다. 이 여호와가 이 세계를 만들었다. 본래 성부의 목적은 우리 영적 세계만 창조하는 것이었다.

말시온은 눈에 보이는 세계가 악한 것이라고 확신했으므로 그 창조주가 악하거나 무지하다고 결론을 내었다. 그래서 여호와는 무지 혹은 악한 동기로 이 세상을 만들고 그 안에 인류를 배치시켰다. 히브리경전들이 성부 하나님이 아닌 여호와에 의해 영감을 받았음을 의미한다. 말시온이 제시한 여호와는 인류 중 특별한 민족만 선택한 독선적인 신이요 자기에게 불복종하는 자들을 기억하고 반드시 복수하는 모진 신이었다. 쉽게 말해서 여호와는 독선적 정의의 하나님이었다.

기독교인들의 아버지이신 성부 하나님은 여호와와 대조되며 그보다 훨씬 위에 위치하고 계시다. 이 하나님은 복수심 없이 자애自愛로 가득 차 있다. 이 하나님은 우리에게 아무것도 요구하지 않고 구원을 포함한 모든 것을 값없이 주신다. 또 이 지존의 하나님께서 여호와의 피조물들이었던 우리를 불쌍히 여겨 구원하시려고 아들을 보내셨다. 그러나 예수님이 마리아에게서 태어나신 것은 아니다. 왜냐하면 그렇게 되면 그가 여호와의 영역에 귀속되기 때문이다. 그리고 예수님은 실제로 역사 서적 인물이 아니라 잠깐 환상적으로 나타났던 인물이라고 하는 환상설을 주장하였다. 그리스도는 참된 육신을 소유하지 않았고 구약의 신은 공의의 신보다 사랑의 신이어야 한다고 강조했다. 또 이 지존의 하나님은 절대적 사랑의 존재이기 때문에 세상의 종말에도 심판 없이 우리를 용서하실 것이다. 이런 까닭에 말시온은 히브리경전을 부인했다. 그래서 말시온은 기독교의 경전들이 유대인의 관점에 의해 많이 훼손되었으므로 기독교인들에게 새로운 경전이 필요해서 누가복음과 바울서신을 중심한 새로운 경전의 목록을 작성하였다. 사실상 말시온은 영지주의자들보다 더 큰 위험을 교회에 가져왔다. 또 부활도 믿지 않고 더 나아가서 독자적인 감독과 교회를 조직했기 때문이다. 불행하게도 이 말시온은 그 후 수세기 계속되었다.

D. 몬타누스파(텔투리안의 일파)

　AD 156년 프리기아에서 몬타누스에 의하여 시작되었다. 당시 노스틱주의와 사색주의와의 혼합 및 세속화 운동의 반동으로 일어난 일종의 신비주의로써 개혁을 표방한 분파이다. 몬타누수는 예언, 방언을 특히 강조했고 현세교회를 이탈하려는 영적선민주의사상을 주장했다. 몬타누스는 독신생활을 강조하고 재혼도 금지하고 순교를 권장하는 영적극단주의학파를 만들었다. 그는 또한 말세사상을 강조하고 재림에 대한 열망과 천년왕국설을 주장했다. 또 유대교의 경전을 전부 믿었다. 이 몬타누스파는 원시 기독교의 부흥을 목적으로 했으며 신앙보다 지식을 강조하는 것을 반대했다. 엄격한 규율을 실시하고 만인제사주의와 금식과 고행을 강조했을 뿐 아니라 세례 후의 범죄를 엄중히 경고했다. 몬타누스파가 끼친 영향은 대강 대음과 같다. 합리주의를 배격하고 신앙중심주의를 부르짖어 오늘날 신비주의 운동에 기초를 놓았다. 종말을 예언하고 신자가 세상에 물들지 않도록 노력했으며 이 운동의 확대를 우려하여 소아시아의 감독들이 여러 번 모여 행동 통일을 위한 교회의 최초 모임을 이루게 되었다. 이 몬타누스 운동은 역대 신비주의의 표제가 되었으며 현대 신비운동을 진단하는 자료가 되었다. 방언, 예언 등을 중히 여기므로 정경 결정을 촉구하고 성경 권위에 대한 자극제가 되었다. 금욕주의와 비타협주의는 후일에 분파주의를 조성하게 되고 수도원 운동의 모체가 되었다. 또한 독단주의는 결국 몰락한다는 교훈을 주었다.

E. 노비티안파

신앙을 배반한자는 교회에서 받아들일 수 없다고 주장한다. 우상숭배, 살인, 음란은 중죄로 여겼으며 극단적인 보수주의를 부르짖었고 타협을 모르는 종파로 결국 7세기에 사라졌다.

F. 도나투스파

위에서 언급한대로 Donatus는 칼타고의 감독으로서 세속적 교직자를 배격하고 정부와 교회는 상호 분리되어야 한다고 주장했다. 감독 중심의 교회 정치를 강조하면서 모든 교직자는 감독의 지휘 하에 있으면서 세속과 타협해서는 안 된다고 하는 감독 중심의 일종의 이단 종파였다.

G. 도케티안파

그리스도의 가현설을 강하게 주장했으며 그리스도는 신으로 나타나지 않았고 또한 신이 십자가에서 죽은 것이 아니라 인간이 대신 죽은 것이라고 주장하여 sensation을 일으킨 적이 있으나 오래지 않아 사라졌다.

H. 마니교

위에서 잠깐 언급한 대로 마니교는 마니에 의해 3세기에 창설되었는데 선하고 영적인 빛의 세계와 악하고 물질적인 세계간의 투쟁에 대하여 설명하는 정교한 우주론이다. 이 우주론에 의하면 인간의 역사에서는 선과 악 또는 영성과 물질성의 투쟁이 계속하여 발생하는데 이 과정을 통해 선 또는 영성이 그 대립물인 악 또는 물질성을 극복하게 되며 이에 따라 빛(영 또는 영혼)이 물질의 세계로부터 점차적으로 철수할 수 있게 되고 마침내 그 자신이 발출되어 나왔던 본래의 원천인 빛의 세계로 되돌아가게 된다.

다시 말해서 인류의 돌아갈 길은 물질의 세계로부터의 "해탈"뿐이라는 것이다. 아마 이 마니교는 메소포타미아의 영지주의에 영향을 받은 것으로 알려져 있다. 영지주의와 더불어 그 당시 영향력을 끼쳤던 이단 종파인 마니교는 기원후 3세기에서 7세기 동안 융성했는데 그 절정기에는 가장 널리 퍼진 세계종교들 중의 하나였다. 마니교는 동쪽으로는 중국까지 서쪽으로는 로마제국까지 전파되어 이들 지역에 마니교 교회와 경전까지 있었다.

마니교는 이전의 예언자들 즉 아담, 불타, 예수의 신봉자들에 의해 타락되고 잘못 해석된 가르침을 원래의 완전한 모습 그대로 환원시키는 종교라고 말했다. 따라서 마니교는 해탈의 방법으로 금욕생활을 해야 한다고 강조했다. 이 마니교에 한때 어거스틴이 상당히 심취했던 이단 종파의 하나이다.

I. 영지주의(Gnosticism)

영지주의에서는 신이 창조한 세계에서 죄가 있는 것은 우주는 창조물이 아니고 데마르고스 신의 유출 과정이라고 본다. 불완전한 신 즉 최하위의 신인 데마르고스가 완전한 신의 영을 이용해 물질을 창조했다고 보고 이러므로 데마르고스 신이 만든 물질세계는 악하다고 했다. 인간의 구원은 물질세계를 해탈하고 신에게 귀의하는 것이다. 그것은 비밀한 지식에 의해서 이루어진다. 이 노스틱파는 이원론을 주장하며 물질은 악하고 영혼은 귀하다. 영지주의는 아마도 처음 3세기 동안 초기교회를 위협했던 가장 위험한 이단 종교 중의 하나였음에 틀림이 없을 것으로 생각된다. 영지주의는 플라톤과 같은 철학자들의 영향을 받아 두 가지 그릇된 전제를 기반으로 삼고 있다.

첫째 정신과 물질에 관한 이원론이다. 영지주의자들은 마니교처럼 물질은 본래 악하고 영은 선하다고 말한다. 이러한 전제의 결과로 영지주의자들은 몸으로 행한 일들은 아무리 지독한 죄라도 아무런 의미가 없다고 말한다. 왜냐하면 실제적인 삶은 영적인 영역에서만 존재하기 때문이라는 것이다. 둘째로 영지주의는 "안다"는 의미를 지닌 헬라어 Gnosis에서 유래한 것으로 영지주의자들은 특정 소수에게만 알려져 있는 "더 높은 진리" 곧 향상된 지식을 소유하고 있다고 주장한다. 그런데 그 지식은 성경에서 온 것이 아니라 높은 차원의 신비한 존재로부터 얻은 것이라고 한다. 영지주의자들은 자신들이 하나님에 대한 더 높고 깊은 지식을 소유하고 있기 때문에 다른 사람들보다 높은 특권 계층에 속해 있다고 본다. 구원에 관해서 영지주의는 어둠의 환상으로부터 우리를 자유롭게 해 주는 신성한 지식을 습득함으로 구원을 얻을 수 있다고 말한다.

영지주의자들은 영지주의 복음서로 알려진 초기의 다양한 이단적인 문서들의 모음집을 사용하고 있다. 소위 "성경의 잃어버린 책들"이라고 주장하는 위조문서들의 모음집이다. 예수 그리스도가 누구인지 대해서도 기독교와 아주 해석이 다르다. 영지주의자들은 예수의 육체는 실제가 아니라 단지 육체적으로 "보였을 뿐"이라고 믿는다. 그분의 영은 세례 때에 그리스도에게 내려왔다가 예수께서 십자가상에서 처형되기 직전에 떠났다고 믿는다. 이러한 견해는 예수님의 참된 인성을 파괴할 뿐 아니라 속죄까지도 파괴한다. 영지주의는 진리에 대한 접근에 있어서 신비주의적이고 주관적이고 내면적 접근에 그 바탕을 두고 있는데 기독교의 공개된 접근 방식과는 너무나 대조적이다. 이러한 비밀적이고 신비주의적인 접근이 기독교인들을 많이 현혹케 했으며 그리하여 어거스틴을 비롯해서 초대교회 교부들이 영지주의를 이단으로 인정하고 영지주의가 포교되는 것을 막으려고 많은 노력을 기울였다.

제9장 신앙 신조의 필요성

A. 이단 종파에 대항할 신경(신조)의 형성 및 발달

교회 제도가 발달하기 시작하면서 당시 상황으로 교회를 정식으로 통제할 규례서나 예배 모임의 형식도 없었으므로 어떤 형식으로든 간에 신앙고백서나 신조(신경)의 필요성이 절실하게 느껴졌다. 이렇게 어떤 신앙의 표준이 없기 때문에 초대교회는 각종 이단들이 사도들의 가르침을 왜곡하게 되어서 신조를 만들어 이단들의 공격에서 교회를 보호하고 참된 신앙을 가르칠 필요가 있게 됨을 인식하였다. 초대교회 때는 신앙고백서 대용으로 간명한 고백(고전 15:3; 롬 1:3; 딤후 2:8; 벧전 3:18)만으로 세례를 주거나 성만찬에 참여할 수 있었다. 교회에 따라서 처음에는 "예수는 주시라(Jesus is Lord)"라는 간단한 고백 후 세례 의식을 거행하기도 했다. 그러다가 점점 성만찬, 기도 그리고 세례식 문답 예문 등에 관한 예식서의 필요성을 느끼게 되었으며 동시에 신앙고백서로의 신경도 필요하게 되었다.

이레니우스는 "신앙의 규범"으로 올바른 신경을 가지고 이단을 대항해야 한다고 보았다. 이 신경은 성경에 나타난 구원의 핵심 교리가 주축이 되어야 하며 초대교회의 가르침을 요약한 신앙생활의 지침이 되어야 했다. 이 신경은 이단에 대처하기 위해, 필요시 문답의 양식으로 시작되었고 문답식은 차츰 성명 또는 고백식의 신조가 되었다. 신조(Creed)란 라틴어로 Credo에서 유래했는데 그 뜻은 "나는 믿는다(I believe)"란 의미를 갖고 있다. 이 신경은 점차로 영지주의의 동정녀 탄생 부인과 가현설을 반박하기 위한 신앙고백서가 되었고 둘째로 이 신경은 그리스도의 탄생의 역사성을 강조하기 위해서 마리아로부터의 출생을 언급했고, 빌라도에 의해 죽으시고 또한 부활을 강조하기 위해서 필요했던 것이다.

로마의 히폴리투스(170-235)는 처음으로 신경의 모습을 담은 다음의 세 가지 문제의 세례 요리문답을 만들어 이 요리문답을 잘 외운 정답자에게만 세례를 주었다. 그 내용은 다음과 같다.

1) 전능하신 하나님을 믿습니까? 예, 제가 믿습니다.
2) 하나님의 아들로 동정녀 마리아에게서 나서 본디오 빌라도에게 못 박혀 죽으셨다가 3일 만에 죽은 자 가운데서 일어나사 하늘에 오르시어 아버지 우편에 앉으셨으며 산 자와 죽은 자를 심판하러 오실 것을 믿습니까? 예, 제가 믿습니다.
3) 성령과 거룩한 교회와 육신 부활을 믿습니까? 예, 제가 믿습니다.

B. 신경의 종류로는 다음과 같다.

1. 파피루스 문서(2세기 후반)

이 파피루스 문서에는 ① 전능한 하나님 ② 그리스도 ③ 성령 ④ 육체적 부활 ⑤ 거룩한 보편교회 등의 내용이 들어 있다.

2. 로마신경(215년경)

이 로마신경에는 수세자에게 하나님, 그리스도, 성령에 관한 질문을 문답식으로 하도록 되어 있다. 그 내용을 보면 ① 창조주 하나님 ② 그리스도의 탄생, 죽음, 부활, 승천, 심판 ③ 성령 ④ 거룩한 교회 ⑤ 성도의 부활이 강조되어 있다.

3. Marcelluce고백(340년경)

Marcelluce가 Justinus에게 보낸 편지에 수록되어 있는데 역시 서술식으로 되어 있다. 그 내용을 보면 ① 전능의 하나님 ② 그리스도의 동정녀 탄생, 죽음, 부활, 승천, 심판주 ③ 성령 ④ 거룩한 교회 ⑤ 죄 사함 ⑥ 육체부활 ⑦ 영생 등으로 이것은 현재 사도신경과 비슷하다.

4. Hippo(400년경)

Hippo의 신경도 다른 신경들과 비슷하게 ① 창조주하나님 ② 그리스도 성령으로 동정녀 출생, 죽으시고 3일 만에 부활, 승천, 심판주로 재림하시고 ③ 성령 ④ 사죄 ⑤ 육체부활 ⑥ 거룩한 교회 통해 영생 등이 포함되어 있다.

5. F.Rufinus고백(404년경)

다른 신경들과 별 차이가 없다. ① 전능하시고 초월하신 하나님 ② 그리스도의 성령으로 동정녀 출생, 빌라도에게 고난, 사흘 만에 부활, 승천, 심판주로의 재림 ③ 성령 ④ 거룩한 교회 ⑤ 사죄 ⑥ 육체부활 등이 들어 있다.

6. 사도신경(使徒信經; Symbolum Apostoloicum)

사도신경은 사도신조라고도 불리우는데 기독교에서 사용되는 신앙고백서의 하나로 동방교회를 제외하고 대부분 교회에서 사용하고 있다. 그동안 여러 종류의 신경이 있었으나 4세기에 들어와서 사도신경이란 이름이 불리며 5세기에 들어와서 현재의 형태로 갖추어지게 되었다. 로마 가톨릭교회에서는 각종 예식이나 미사 때마다 사도신경을 통해 신앙 고백을 하며 성공회에서는 그리스도인으로서의 신앙을 되새기는 의미에서 세례식이나 미사 그리고 저녁기도 때에도 사도신경을 사용했다. 개신교에서는 침례교나 그리스도교회를 제외하고는 예배가 시작될 때 사도신경으로 신앙을 고백하며 세례와 기도 생활에서도 사도신경은 중요한 위치를 차지한다.

사도신경을 신앙 신조의 표준으로 삼는 이유는 12사도가 예루살렘에서 신앙의 표준으로 작성하여 베드로가 로마에 가지고 갔다는 전설에 의한 것이었다. 이 사도신경은 수세 시에 신앙 고백으로 사용되었고 또 아리우스 등 이단이 일어남에 대항하기 위해 사용되었는데 이 사도신경은 정통교리를 표시한 신조였다. 신경의 최고 문헌은 이레니우스와 텔투리안의 책 중에 나타나 있다. 그러나 그 전문을 알 수 없고 오직 AD 400년경에 쓴 Rufinus 책에 전문이 기재되었을 뿐이다. 사도신경은 위에서 열거한 3-4세기의 여러 신경을 중심으로 해서 나중에 Roma 신경에 점점 삽입되어 현재 신경으로 발전하였다고 본다.

콘스탄티노플(비잔티움)에서 AD 381년에 개최된 세계대회 때에 사도신경이 완전한 신조로 대부분 인정이 되었으며 현재 사도신경은 710-724년에 기록된 모든 "공인 문서"에 수록되어 있었고 마지막으로 사도신경 확정시기는 8세기로 신학자들은 보고 있다. 사도신경의 구조를 보면 다른 신경들과 비슷하나 좀 더 내용이 구체적이며 조직적으로 구성되어 있다.

제1항에는 성부 즉 전능한 창조주, 아버지이신 하나님이 수록되어 있고 제2-7항에는 성자, 그리스도, 성령으로 잉태, 죽으심, 부활, 승천 그리고 재림이 수록되었고 제8항에는 성령, 제9항에는 교회, 제10항에는 죄, 제11항과 제12항에는 영생에 관한 고백이 들어 있다. 사도신경은 논리가 정연한 흠 없는 신앙 고백이요 신앙의 핵심으로 여겨지면서 점차로 모든 예배 형식의 한 부분을 차지하게 되었다. 그 외에 니케아 신경도 제1차 니케아종교회의에서 결정이 되었는데 자세한 사항은 니케아종교회에서 다루도록 하겠다. 사도신경은 교회마다 해석이 조금씩 다르다. 여기서 사도신경의 라틴어 원문과 가톨릭교회, 성공회 그리고 개신교의 신앙 고백을 비교해 보기로 한다. 사도신경은 교회마다 해석이 조금씩 다르다.

* 각 교회가 사용하는 사도신경 원문

1) 라틴어원문

Credo in Deum Patrem omnipotentem,
Creatorem caeli et terae.
El in Jesum Christum,
Filium eius unicum Dominum nostrum,
qui conceptus est de Spiritu Sancto,
natus ex maria Virgine,

pasus sub Pontion Pilato,

crucifixus, mortus, et sepultus,

descendit ad inferos, teria die resurrexit a mortuis,

ascendit ad caelos,

sedet ad dexteram Del Patris omnipotentis,

inde ventuus est iudicare vivos et mortus.

Credo in Spiritum,

sanctam Ecclesiam catholicam,

sanctorum communionem,

remissionem pecarorum,

carnis resurrectionem et vitam aeternam.

Amen.

2) 천주교 사도신경

전능하신 천주 성부
천지의 창조주를 저는 믿나이다.
그 외아들
우리 주 예수 그리스도님
성령으로 인하여
동정녀 마리아께 잉태되어 나시고
본디오 빌라도 통치 아래서 고난을 받으시고

십자가에 못 박혀 돌아가시고 묻히셨으며

저승에 가시어 사흘날에 죽은 이들 가운데서 부활하시고

하늘에 올라

전능하신 천주 성부 오른편에 앉으시며

그리로 부터 산 이와 죽은 이를 심판하러 오시리라 믿나이다.

성령을 믿으며

거룩하고 보편된 교회와

모든 성인의 통공을 믿으며

죄의 용서와

육신의 부활을 믿으며 영원한 삶을 믿나이다.

3) 성공회 사도신경

나는 믿나이다.

전능하신 하느님 아버지

하늘과 땅의 창조주를 믿나이다.

하느님의 외아들

우리 주 주 예수 그리스도

성령으로

동정녀 마리아께 잉태되어 나시고

본티오 빌라도 치하에서 고난을 받으시고

십자가에 못 박혀 죽으시고 묻히셨으며

죽음의 세계에 내려가시어

사흘 만에 죽은 자들 가운데서 부활하시고

하늘에 올라

전능하신 하느님 오른편에

앉아 계시며

산 이와 죽은 이를 심판하러

다시 오시리라 믿나이다.

성령을 믿으며

거룩한 공교회와

모든 성도의 상통을 믿으며

죄의 용서와

몸의 부활을 믿으며

영원한 생명을 믿나이다.

아멘

4) 개신교의 사도신경

전능하사 천지를 만드신 하나님 아버지를

내가 믿사오며,

그 외아들

우리 주 예수 그리스도를 믿사오니,

이는 성령으로 잉태하사

동정녀 마리아께 나시고,

본디오 빌라도에게 고난을 받으사,

십자가에 못 박혀 죽으시고,

장사한지 사흘 만에 죽은 자 가운데서 다시 살아나시며,

하늘에 오르사,

전능하신 하나님 우편에 앉아 계시다가,

저리로서 산 자와 죽은 자를 심판하려 오시리라.

성령을 믿사오며,

거룩한 공회와,

성도가 서로 교통하는 것과,

죄를 사하여 주시는 것과,

몸이 다시 사는 것과 영원히 사는 것을 믿사옵나이다.

아멘.

제10장 성경의 정경화 과정

정경(Canon)이란 말은 '하나님의 계시로 이룩된 종교인의 신앙과 생활에 규범을 제공한다는 의미'이다. 히브리어 Kan(갈대)도 자로 사용되었다는 의미인데 "규범, 표준"을 의미하는 것이다. 이 단어는 1세기에 일반화된 용어였다. 정경을 결정하는데 있어서 어려웠던 점은 각종 문서들이 정경에 속하게 될 책들의 목록을 주지 않은 점이다. 정경을 결정하는 과정에 있어서 구약은 유대교의 랍비들과 학자들에 의해서 수행되었고 나중에는 초대기독교학자들에 의해서 구약과 신약을 다루게 되었다. 구약성경의 정경은 신약성경과는 달리 거의 논란이 없었다. 구약의 유대인 학자들은 하나님의 사자들을 알아보았고 그들의 글들을 하나님의 감동을 받아 쓴 것으로 받아들였다. 구약성경의 정경에 대한 논쟁이 조금 있었던 것은 분명하지만 AD 250년쯤에 이르러서는 히브리성경의 정경 과정에 유일하게 남았던 문제는 오늘날에도 계속 논쟁의 대상으로 되어 있는 외경外經이었다. 거의 대부분의 히브리 학자들은 외경을 좋은 역사적, 종교적 문서로 여기지만 히브리성경과 같은 수준의 글로 여기지는 않았다. 그러나 유일하게 가톨릭교회에서는 신구약성경 외에 외경을 정경에 포함시키고 있다.

신약의 경우 기독교 교회의 첫 세기에 확인과 수집 과정이 시작되었다. 매우 초기부터 신약성경의 일부는 인정되고 있었다. 바울은 누가의 글들을 구약성경만큼 권위 있는 글로 간주했다(딤전 5:19; 참조, 신 25:4; 눅 10:7). 그리고 베드로는 바울의 글들을 성경으로 인정하였다(벧후 3:15 –16). 신약성경의 일부는 교회들 간에 유포되어 있었다(골 4:16; 살전 5:27). 2세기 이후에 교회 안에는 본격적으로 정경화 문제가 대두되기 시작하였다. 일반적으로 로마교회는 구약은 처음부터 성경으로 보는데 큰 문제는 없었다. 영지주의자들과 말시온을 제외하고는 히브리경전(구약)을 기독교 정경에 포함시키는데 의견이 거의 일치되었기 때문이다. 왜냐하면 구약성경은 기독교 도래를 준비하신 하나님의 경륜에 대한 증거로서 중요했으며 예수 그리스도 안에서 계시된 하나님의 성품을 이해하는데 필수적이었기 때문이다. 이 구약은 하늘로부터 갑자기 나타난 것이 아니라 이스라엘 백성의 소망의 실현이 구체화된 문서이었기 때문이다. 그러나 신약에 대해서는 4복음과 바울서신들만 귀히 여기는 경향이 있었다.

속사도시대에는 복음서, 사도행전, 그리고 몇몇의 서신서를 사용하였다. 정경이 없는 상태에서 몬타누스의 신비주의 운동은 교리적으로 그리고 신학적으로 많은 문제를 일으켰다. 특히 소아시아지역의 몬타누스 두 여인 브리스카(Prisca)와 맥시밀리아(Maxilia)가 성령의 직접 영감을 주장하고 혼절의 상태(in a state of ecstatic frenzy)에서 예언을 하였다고 하여 이것은 초대교회를 혼란하게 만드는 원인되어 이를 대항하기 위해서 정경화 작업이 더욱 필요해졌다.

말시온주의의 이단 운동도 일어나서 초대교회들을 어지럽게 하였다. 이들은 구약을 배격하였고 처음으로 자신들의 성경 목록을 만들었다. 즉 누가복음과 바울서신만을 정경으로 인정했다. 특히 이단들에 대항하기 위해서 이레니우스(180) 교부학자를 위시해서 다른 교부들도 구약의 정경성과 4복음서를 표준으로 정하고 구약과 신약이라는 단어를 사용하기 시작했다. 알렉산드리아의 클레멘트 교부학자는 야고보서, 베드로후서, 요한삼서를 제외한 신약의 전체를 사용했으며(AD 95), 사도요한의 제자 폴리캅은 신약성경의 15권의 책을 인정하였다(AD 108). 안디옥의 교부학자 이그나시우스는 약 7권의 책을 인정하였고(AD 115) 역시 초대 교부학자 이레니우스도 신약성경 21권의 책을 인정하였다. 3세기에 오리겐, 로마의 히폴리투스(Hippolytus) 등은 바울서신 4개를 빼고 신약성경을 23권으로 사용했다.

AD 363년에 열린 라오디게아종교회의에서는 오직 구약성경(한 권의 외경과 함께)과 26권의(요한계시록 제외)의 신약성경만이 교회에서 읽혀져야 하는 정경이라고 언급했다.

A. 정경의 종류

1. 무라토리안 정경

가장 초기의 신약성경 목록으로 이탈리아의 학자 루도비코 무라토리(Lodovico A. Muratori, 1672—1750)가 밀라노의 암브로시우스 도서관에서 1740년에 발견한 것으로 무라토리의 단편(the Muratorian Canon, a Latin text)이라고 불리우기도 한다. AD 180년경 것으로 추정되며 히브리서, 야고보서, 요한삼서를 제외한 24권을 정경으로 언급하고 있었다.

2. 유세비우스정경

유세비우스는 정경에 대하여 3가지 범주가 있음을 말했다.
1) 성경으로 간주되는 책 – 27권 중 20권만이 정경에 해당된다.
2) 몇몇 교회에서 여전히 의심하는 책인 히브리서, 야고보서, 베드로후서, 요한2·3서, 유다서, 계시록은 정경에 포함되지 말아야 한다.
3) 위서(가짜): 바울행전, 목회자, 베드로계시록, 바나바서신, 사도들의 제도는 제외 되어야 한다.

B. 정경의 권위에 대한 기준

주후 200년 즈음에 현재 우리가 갖고 있는 신약성경의 대부분이 초대교회에서 정경(Cannon)으로 인정하려고 노력을 기울였다. 이 당시에도 어떤 책이 정경이며 어떤 것이 정경이 아닌지 결정하는 가장 중요한 기준은 사도성이었다. 즉 그 책이 사도나 또는 사도와 가까운 사람에 의하여 기록되어야 한다는 것이다.

베드로와 연결되었던 마가의 복음서와 바울과 연결된 누가의 복음서가 바로 이런 이유에서 포함되었다. 가장 많이 논쟁을 일으켰던 신약성경의 책들은 야고보서, 베드로후서, 요한3서, 유다서, 계시록 등인데 이에 관한 결정이 지연된 것도 그 책이 과연 사도들의 저작이냐 하는 불확실성 때문이었다. 다른 한편 바나바서신, 헤르마스의 목자, 솔로몬의 지혜서와 같은 유의 책들은 서로 연관성의 결여로 인해 거부되었다. 정경으로 교회는 신앙과 그것의 선포를 위한 굳건한 기반을 가지게 되었다. 정경은 사도적이기 때문에 권위를 가지게 되며 그리고 장기간에 걸쳐 전체 교회에 말씀하시는 성령께서 그것의 영적인 진정성과 적합성을 부여하였다. 사도들이 사라진 후 새로운 권위의 필요에서 교회는 모든 사람들이 볼 수 있는 분명한 표준을 구했다.

최초의 신약성경을 내놓은 사람은 알렉산드리아 아다나시우스가 신약의 27권, 구약의 39권을 그의 서신에서(367) 사용했으며 대부분의 교회에서 이를 받아들였다. 정경의 결정 시기는 AD 382년 로마 전체회의에서 정경 목록을 작성하고 AD 397년 칼타고회의에서 신약 27권과 정경 목차를 작성하였는데 그 결정 기준은 몇 가지로 나뉘어졌다. ① 저자가 사도인가? 아니면 사도들과 밀접한 관계를 가지고 있는가? ② 영성(Spiritual)이 있는가? ③ 영감(inspiration)이 있는가? 또한 그 영감이 사도의 것과 동일한가? ④ 책이 그리스도의 몸 된 교회에 의해 전반적으로 받아들여지겠는가? ⑤ 책이 교리의 일관성과 정통적 교훈을 담고 있는가? 를 기준으로 조사했다. 정경 집성에 400년 가까운 세월이 요구되었다. 이것은 최종적으로 승인된 책들이 전 교회에서 받아들여져야 했기 때문이었다. 이 공식적인 선언들은 교회가 이 책들을 하나님의 말씀으로 모두 성령의 도움 하에서 이루어진 것이라고 믿어야 하기 때문이었다.

제11장 콘스탄틴 대제

A. 콘스탄틴 대제의 등극

역사가 Frank Roberts는 콘스탄틴 대제와 교회의 발전에 다음과 같이 평가했다. "AD 305년과 325년 사이에 일어난 변화는 교회사 전체를 통하여 가장 중요하고 대대적인 변화들 가운데 하나였다. 교회가 미움을 받고 불법적인 종교단체로서 거의 파멸하고 말 것과 같은 위기에 처했던 상태로부터 제국의 특혜를 받는 종교 조직으로 승리하게 된 것이다."

콘스탄틴 대제는 AD 275년경 이탈리아 니이사스에서 출생하였다. AD 300년경의 디오클레티안 황제 때(284-305), 로마제국은 황제(Augustus) 계승 문제를 가지고 다투는 이른바 군웅할거의 시대를 맞이하였다. 또한 이때, 갈렐리우스의 충동 아래 엄청난 기독교 박해가 주로 동방지역에서 행해졌다. 디오클레티안이 죽고 제국은 4명의 군왕에 의해 통치되었다. 서쪽은 콘스탄틴과 막센티우스가 동쪽은 리키니우스와 막시미누스 다이어에 의해 다스려졌다. 막시미누스 다이어 하에서 기독교인에 대한 박해는 더욱더 심하였다.

이때 콘스탄틴은 308년 Gaul과 영국, 309년 Spain, 312년 북 Italy와 북아프리카를 점령하여 실질적 서방 통치자가 되었다. 이러한 세력을(스페인, 프랑스, 영국 등에서) 가지고 있던 콘스탄틴 황제는 알프스 산맥을 넘어 로마에 있는 막센티우스를 공격하였다.

로마에 대한 집중 공격이 이제 막 시작되기 직전에 콘스탄틴 대제 아들의 교사면서 기독교인이자 역사가인 락탄티우스(Lactantius)는 공격하기 전날 황제는 다음과 같은 계시를 꿈속에서 받았다고 전하고 있다.

"Constantine was directed in a dream to mark the heavenly sign of God on the shields of his soldiers and thus to join battle. He did as he was ordered and with the cross—shaped letter X, with its top bent over, he marked Christ on the shields."

황제가 기독교를 믿게 된 동기는 막센티우스와 로마 근교 Milvaian 다리에서 전쟁 시, 태양 위에서 빛의 십자가를 보았는데, 그 위에는 "In this sign conquer(In hoc signo Vinces). 이것으로 이기라" 글자가 있었다고 한다. 그날 밤 잠자는 가운데 예수 그리스도가 그에게 나타나 낮에 본 것과 꼭 같은 십자가를 보이면서, "이것과 같은 것을 만들어 군기 장으로 삼을 것을 명하라" 하여서 그대로 병사들의 방패에 부착하였다고 한다. XP는 헬라어로 그리스도를 상징한다.

그리하여 그는 정적 막센티우스를 패배시켰고 막센티우스는 밀비안 다리 위에서 싸우다가 강물 속으로 떨어져 죽었다. 이렇게 하여 콘스탄틴은 서방지역의 군주가 되었다. 그가 승리한 후 그는 밀란에서 라키니우스를 만나 동맹을 맺고, 기독교에 대한 탄압을 중지하고 재산, 묘지 등을 교회에 환원하는 소위 "밀란 칙령(Edict of Milan)"을 발표하였다. 그리고 콘스탄틴 대제는 기독교를 제국 내의 합법적인 종교로 인정하였다(313년 밀라노 칙령). 이것은 로마제국 내에서 탄압에 대한 공식적 종식에 대한 명령이자 박해가 끝남을 의미하는 것이었다.

그러나 막시미누스 다이아는 계속 기독교인들을 박해했고 이어서 막시미누스는 리키니우스를 패배시켰다. 그래서 제국은 리키니우스가 동방지역(이탈리아와 이집트)과 콘스탄틴은 서방지역(서부유럽과 북아프리카)을 분할 통치하게 되었다. 그리고 두 황제는 인척관계가 되었다. (콘스탄틴 여동생 콘스탄스를 리키니우스에게 결혼시킴) 그러나 이 둘 사이에 유일한 지배자가 되기 위한 암투가 시작되었다. AD 314-322년 이 두 제왕 사이에 전쟁이 일어났고 결국 콘스탄틴의 승리로 싸움은 끝나게 되었다. 이 전쟁을 승리로 이끌 때에 당시의 비화를 소개해 보면 콘스탄틴 대제가 이끄는 군대의 군기에는 마술적 효력이 있다고 하여 전투가 시작되었을 때 리키니우스 휘하의 병사들은 겁을 먹고는 하였다고 한다. 결국 제국의 통치자가 된 콘스탄틴은 337년 사망하게 되었다.

콘스탄틴 황제는 절대 권력자요 야심 있는 군주였다. 그는 데시우스나 디오클레티안처럼 로마의 옛 영광을 복원시키고자 꿈꾸었다. 이 두 황제의 차이점은 데시우스나 디오클레안 황제는 이교 신앙의 복구를 통해서, 콘스탄틴 황제는 기독교 토대 위에 이를 성취하고자 했다. 결국 이를 반대하는 옛 관습 속에 있는 원로원들과 충돌하게 되었다. 그러나 비잔티움 위에 "New Rome, 새로운 로마"를 건설하였다. 그는 AD 332년에 콘스탄티노플로 수도를 천도하였다.

콘스탄티노플은 현재 터키의 수도이며 처음에는 비잔티움이었으나 콘스탄틴 대제가 이곳을 수도로 정하면서 기독교 역사가 달라지게 되었다. 결국 로마 중심의 서로마제국과 콘스탄티노플 중심의 동로마제국으로 분리가 되었다. 그러나 모든 세계종교회의(2, 5, 6, 8)는 콘스탄티노플에서 열렸다. 동로마제국이 멸망한 후 이 수도는 터키의 영토가 되었다 동시에 서로마에게는 자유를 주어 서로마 종교계를 다스리는 교황을 두게 되고 동로마는 희랍정교회 및 러시아정교회 등 5대 주교로 나누어 동방정교회로 분리되고 교황보다는 5

개 대주교들이 순서대로 세계총대주교의 역할을 맡게 되었다. 지금까지도 동방정교는 교황의 타이틀을 쓰지 않는다. 현재 3억 명의 신도를 가지고 있다고 한다.

최근에 동방정교회를 대표하는 세계총대주교 바르톨로메오스가 한국을 방문하여 한국의 통일과 평화를 위해 기도했다고 전한다.

"콘스탄틴의 도시"를 의미하는 콘스탄티노플은 다른 도시로부터 각종 동상들, 기둥들, 건축물들이 운반되었고 이곳에 이주하는 자는 납세와 국방의 의무가 면제되었다. 인구는 급증하였고 콘스탄티노플은 전략적 요충지가 되었으며 약 천 년간 이 도시를 중심으로 제국의 정치적 문화적 종교적 유산을 지켜 나가게 되었다. 도시 이름이 비잔티움에 있었으므로 이 동로마제국을 또한 비잔틴제국(Byzantium Empire)라고도 한다.

B. 태양과 십자가와의 종교적 혼합

그 당시 신의 상징으로 Labarum을 사용했는데 이것은 옛 제우스신을 상징하는 2개 도끼 겹친 것과 비슷하다고 알려져 있다. 곧 십자가의 상징과 비슷했다. 그 당시 역시 태양신을 숭배했는데 AD 311년 전투 당시 콘스탄틴 대제는 "정오 때 태양에 십자가를 보았다"고 하여 태양신과 기독교는 공존이 가능한 것으로 인정하고 또한 그리스도를 가리켜 '의의 태양'이란 표현을 사용했다. 그 후 4세기경에 그리스도가 병거 타고 천국 통치하는 태양신으로 그려진 조각이 발견되기도 했는데 본래 X-mas는 태양신의 생일로 알려졌고 또한 일요일은 태양의 날로 지키기도 했다.

또한 놀라운 사실은 콘스탄틴 대제는 기독교로 개종했다고 하나 죽을 때까지 태양신 대제사장직을 갖고 있었다는 사실이다.

C. 콘스탄틴 대제는 진정 크리스챤이었는가?

대제의 가정 상황을 보면 그의 어머니 Helena는 열심 있는 신자였고 성자의 반열로 추앙되는 경건한 기독교인으로 알려져 있다. 대제는 그의 이복형제 Dalmatius와 누이 Constantina도 기독교인이었다고 알려짐으로 자연히 대제도 기독교인으로 인정될 가능성이 많다고 본다. 그는 337년 65세에 유세비우스에게서 세례를 받고 오순절 날 죽었으며 스스로를 기독교 수호자로 자칭했으며 동시에 대제는 당시에 정치적 목적이 짙었으나 교리 논쟁을 해결하기 위해 니케아회의를 소집하였고 국법을 개정하여 교회의 법을 국가가 공인하도록 하였다.

D. 콘스탄틴 대제 회심

혹자는 그가 언제 회심했는가에 질문한다. 그러나 더욱 중요한 것은 대제의 회심은 사실이든 아니든 간에 기독교의 새로운 시대를 시작한 것은 사실이다. 그의 개종을 통해 가져온 첫 번째 결과는 박해의 종식을 가져다 준 것이다. 이제 기독교가 공인된 종교로서 인정을 받았다. 그동안 기독교인들은 박해의 공포 속에 살았고 또 어떤 이들은 순교의 꿈을 꾸고 있었다. 콘스탄틴의 개종 이후 이러한 공포와 소망은 사라지게 되었다. 두 번째로 교회 생활의 형태의 다양성을 들 수 있다. 박해의 종식에 따른 반응들은 여러 가지 형태로 나타나게 되었는데 아래와 같다.

E. 콘스탄틴 대제의 기독교 공인 이후의 교회 상황

콘스탄틴 대제가 기독교를 공인한 이후 기독교에 대한 관용 정책을 강력하게 밀고 나갔다. 다시 말해서 믿어지지 않을 정도로 친기독교정책을 폈는데 물론 제국의 통일 문제 때문에 기독교의 힘을 다소 이용했다고 볼 수도 있다. 제일 먼저 대제는 그전에 이교도 사제들이 누렸던 특권을 기독교 성직자들에게 넘겨주었고 또한 교회는 이교의 사원과 똑같은 권리를 가지게 되었으며 교회 감독들에게는 높은 명예를 얻게 하고 제국의 원로 의원들처럼 마차를 타고 여

행도 할 수 있게 하였다.

　더욱 놀라운 것은 교회당 건축을 새로 하는데 있어서 이교도들의 돈으로 하도록 명령하였는데 많은 교회당이 건축되었다. 대제는 또한 교회에 막대한 재정적 지원을 아끼지 않았다. 물론 대제에 의해서 밀라노 칙령이 내려질 때 "교회는 제국 정부로부터 특별한 보호를 받아야 할 권리가 있다"고 하고 이를 시행한 것이었다. 그뿐 아니라 자기의 약속대로 성경 사본을 다시 필사하도록 하였다. 그리고 베드로와 바울의 순교지로 알려진 로마에 그들을 기념하는 교회당을 지었고 예수님의 탄생지인 베들레헴과 그의 묘소가 있던 곳에도 교회당을 짓게 했다.
　그리고 각 지방 재정의 일정 액수를 교회에 할당하도록 했으며 또한 기독교 성직자들에게 여러 가지의 혜택을 주었는데 그중에서도 성직자들이 소유한 토지가 면세를 받는 혜택이 가장 중요했다.

　AD 316년에는 노예를 십자가에 달아 죽이는 형벌을 폐지하였고 또한 인간은 하나님의 형상대로 지음을 받았으므로 죄수들의 얼굴(이마)에 낙인을 찍는 것을 금했다.
　AD 319년에는 성직자들에게는 개인적으로 모든 공적인 의무를 면제케 했다. AD 321년에는 교직자들에게 유산 상속을 허용했고 교회도 승인된 법인으로서 특별한 대우를 받았다. 또 같은 해에 대제는 모든 시민들에게 일요일을 공휴일로 정하여 쉬도록 법으로 공포하였다. 또 일요일에는 노예를 해방시키는 경건한 목적 외에는 재판을 하지 않도록 했고 그리스도인들도 행정관리에 임용되도록 하였다.

그러나 이러한 많은 업적을 기독교를 위해서 실행했으나 부정적인 면도 있었음을 지적하지 않을 수 없었다. 아직도 세례도 받지 않은 황제가 기독교인의 모임인 국제적인 니케아종교회의를 소집할 수 있는가 하는 것이고 또 하나는 이 회의에 사회를 할 수 있는 권한이 있는가 하는 것이다.

그는 스스로 말하기를 나는 "외부의 감독"이며 실제의 감독들은 "내부의 감독"이라고 하면서 자신의 직무가 하나님께로부터 주어진 것이라고 하였다. 그가 국제적인 종교회의에서 의장 역할을 맡게 된 것은 사실상 있을 수 없는 일이며 실제로 대제는 감독 중의 감독이 된 셈인데 대제가 영국의 헨리 8세와 비교되는 것도 무리는 아닌 것 같다.

니케아국제종교회의에서 보듯이 콘스탄틴 대제가 기독교를 공인한 이후 사실상 황제가 거의 교회를 control하는 모양이 되면서 교회가 국가와 더불어 한 통속이 되고 기독교가 정치권력과 연합(야합)하는 사례가 되다 보니 교회사면에서 볼 때 황제의 부정적 역할은 결코 가볍게 보고 넘어갈 것이 아니었다.

반대로 콘스탄틴 대제의 개입이 없었다면 니케아종교회의가 결코 열릴 수 없었다고 생각한다면 그 공적은 당연히 황제께 돌아갈 수밖에 없었다. 그러나 또 한편 그의 성공적인 종교회의 개최로 인해 대제는 점점 자만심이 강해지고 교만하게 되는 부정적인 요소도 없지 않았다.

 황제와 회원들 사이에 오가는 아첨하는 감정은 양측에 모두 해로운 것이었으며 특히 황제에게는 더 말할 것 없다. 왜냐하면 회의를 통하여 결정되는 모든 문제는 찬반의 토론 끝에 만들어진 것이기 때문에 실제로 회의에서 패한 Group은 황제를 원망할 수밖에 없기 때문이다. 또한 결정된 문제도 후에 황제가 싫으면 번복되는 사례가 많아져서 또 다시 불만을 살 요지가 다분하기 때문이다. 더욱이 대제의 아들인 콘스탄티우스 때에는 더 심했으며 그는 어떤 교회 지도자로부터 다음과 같은 불평의 편지를 받기도 했다. "그러나 하나님께서 당신에게는 제국을 주셨고 우리에게는 교회를 주셨다는 사실을 기억하십시오. 만일 우리가 통치권을 빼앗아 간다면 당신에게 대적하는 것이 되겠지만 또한 당신이 쓸데없이 교회 일에 간섭한다면 그것은 역시 당신이 잘못하는 것임을 기억해 주시기 바랍니다." 그런가 하면 반대로 황제 쪽으로부터 불평의 글들이 올라오기도 했다. "스스로를 목수(예수)의 종들이라고 부르며 국가에 의해 사형에 처해진 범죄자를 영웅으로 삼았던 인물들, 곧 어부들과 노예들이 갑자기 로마제국의 영화와 권력에 둘러싸이게 될 때 어떤 현상이 발생하겠는가? 이들이 과연 그들 자신의 신앙을 굳건히 지킬 수 있을까? 그렇지 않다면 야수들과 고문에도 굴하지 않던 인물들이 사회적 특권과 풍족한 생활 의혹에 넘어가고 말 것인가?" 바로 이러한 질문들이 황제 쪽으로부터 기독교 사회에 보내온 것이었다.

콘스탄틴 대제가 제국의 수도를 콘스탄티노플로 옮김으로써 간접적으로 교회를 돕는 결과를 가져다주었다. 이처럼 동방으로 진출함으로써 그는 제국의 중심부를 차지하게 되었는데 이 도시는 규모가 좀 작기는 하였지만 전 제국을 통치하기에는 더욱 좋은 위치에 있었다. 물론 그의 천도 동기가 정치적이며 군사적인데 있었던 것은 사실이다. 결과적으로 볼 때 종교에 미치는 영향도 적지 않았다. 이처럼 그의 천도가 지니는 의의는 실로 엄청난 것이었다.

옛 로마는 제국의 수도가 아니었으며 때문에 그곳에는 황제도 없었다. 황제가 더 이상 로마에 거주하지 않아 로마의 감독이 점차로 이 도시에서 가장 뛰어난 인물로 남게 되었으며 실제로 라틴어 사용권인 전 서방세계에서 최고의 중요한 인물로 남게 되었다. 어떤 의미에서 감독은 사실상 황제의 계승자가 되었다. 어떤 이들은 콘스탄틴 대제가 당시의 로마 감독에게 제국의 서부지역을 부여했다고 주장하기도 했다.

분명한 사실은 교회가 이제 제국의 간섭 하에 성장하기 시작했다는 것이다. 대제가 교회에 보여준 호의가 있었던 것은 부인할 수 없는 사실이다. 그 호의를 통하여 교직제도가 갖추어짐으로 서부로마 교회는 스스로를 "가톨릭교회"라고 부르게 되었다. 그러나 그 외의 모든 다른 이단분파들은 황제의 호의를 얻지 못했다. 대제는 동방에 영주해 있으면서 정치적으로나 신학적으로 교회의 통일을 시도해 보았으나 사실상 불가능했으며 특히 대제는 후에 아리우스와 아다나시우스와의 신학 논쟁에 휩싸이게 되었고 그가 죽은 후에도 신학 논쟁은 당분간 계속되었다.

대제의 생전에 과대한 노력임에도 불구하고 교회발전에는 큰 도움이 되지 못했다. 즉 국가와 교회의 연합은 그들 양측 모두에게 바람직한 결과를 가져다주지 못한다는 교훈을 대제는 얻게 되었다. 다시 말해서 정교유착이 쉽지 않다는 교훈을 대제는 후세대에 남긴 것이다.

긍정적인 면으로 볼 때 교회 규칙이 제국에 의해 법률화 되었으며 주일이 제정되었고 또한 8일째 휴식하던 것을 7일에 쉬게 하였다. 무엇보다 특이할 만한 것은 성직자 혜택을 마련한 것이다. 소유의 면세와 함께 세속적 의무에서 제외시키고 감독들의 공의회를 개최하여 그들의 여행비와 숙박비를 지불하였고 교회와 성소를 건축하기 위한 비용을 마련해 주었고 더 나아가 그는 정부 직책에 그리스도인들을 우선적으로 임명하였으며, 세속적 문제들에 대해 감독들의 조언을 구하였고, 로마 감독에게는 자신이 거했던 궁성(로마 소재)을 거주지로 주었다. 귀족은 성직자 되는 것을 허락지 않았다. 감독은 법정에서 법관으로 봉사할 수도 있었다. 두 번째로 예술과 건축에도 공헌을 했다. AD 327 - 335년 사이에 Basilica 성전을 건축하게 했다. 세 번째로 성경사본을 보호하기 위해 바티칸 사본과 시내 사본 제작을 위해서 성경을 필사하여 배분하는 일을 국고에서 지원했다. 넷째로 Helena와 왕실 부인들을 위해 예루살렘 성지를 장식하도록 하였다.

부정적인 영향을 볼 때 대중의 비신앙화가 극도에 이르렀다. 황제와 정부요인이 기독교인으로 바뀌자 국민 다수가 명목상 기독교인으로 전향했다. 또한 이교 사고방식 및 생활원리가 교회에 만연되어 교회가 이교화가 되는 경향이 생겼다. 또한 정부의 간섭으로 교회 지도자들이 자기 이익을 위해 황제 힘을 이용하였고 정의는 굽혀지고 세속 권력을 교회 안으로 끌어들여 왔다. 황제의 니케아회의 소집은 신학보다 정치 통일에 역점을 두게 되었고 그는 세례를 받기도 전에 교회회의를 소집하고 사회를 보았다. 교회가 국가 일에 지나치게 개입하여 중세교회에 큰 악영향 미쳤다.

또 한편 교회의 세속화로 인해 물량주의 팽창으로 교권이 타락하게 되었다. 교회의 세속화와 제도주의에 반발하여 금욕적 고행이 성행하였고 교인의 대량 이탈로 교회가 큰 타격을 입었다. 교회의 부패로 성물 숭배가 유행하였다. 지역 수도의 감독 허락 없이 감독들이 사제의 다른 교구 이동 금지 결정을 함부로 내리는 등 혼잡해지자 드디어 교황중심제로 발전의 기틀이 만들어지기 시작했다. 또한 교회 행정이 국가 지방행정 조직과 비슷해짐으로써 타락해졌다.

F. 콘스탄틴 대제에 대한 업적과 신학자들의 평가

일반적으로 평가할 때 그가 기독교인이었든지 아니었든지 간에 대부분 그의 업적을 긍정적으로 평가하는 점이 많다. 콘스탄틴 대제는 AD 325년에 교회 정치에 관한 규정(제20조를 제정)을 하였고 기독론 교리를 결정하였으며 부활 주일을 제정하고 자신이 기독교 보호자임을 자칭했으며 궁중에서 기독교 강연을 행하고 이단을 박멸하고 교회 통일을 도모하기 위해 니케아종교회의를 소집했다. 교회에 대한 법률제도를 제정하였고 과거의 법을 많이 수정하였다.

십자가형과 검투 축첩제도를 폐지했고 교회의 법을 국가가 공인하도록 하였고 교회 교직을 법률로 인정하고 교회 건물에 대하여는 불가침을 적용했으며 사죄권을 교직에 부여하였다. 기독교의 성수 주일을 지키기 위하여 주일 휴업을 하도록 하였다. 또한 교직자는 세금과 병역의 의무 면제를 시행하였으며 기독교 박해 시 몰수한 재산을 반환하도록 명하였으며 신앙의 자유를 허락하되 불결한 타종교를 금지하도록 하였다.

그러나 기독교 신학자들은 콘스탄틴 황제가 교회를 위해 행한 노력들의 중요성과 가치에 대하여 서로 다르게 평가하기 시작했다.

다수의 신학자들은 긍정적인 평가를 하였는데 콘스탄틴의 노력 덕분에 기독교 복음을 세계적으로 전파하려던 목표를 달성할 수 있었고 따라서 그는 신앙을 위해 더없이 위대한 일을 했다고 본다. 이러한 다수의 입장은 콘스탄틴 황제의 보호가 없었다면 기독교가 그렇게 성공하지 못했을 것이라는 입장이다.

 그가 황제로서 공의회들을 소집하고 재정적으로 뒷받침하지 않았더라면 성경과 교리가 체계적으로 확정되지 않았을 것이라는 점은 분명하다. 그러나 소수의 부정적인 평가도 있었는데 콘스탄틴 황제 때부터 교회의 문제에 국가가 개입하는 불행이 시작되었으며, 특히 교회가 재정적인 후원을 국가에 의존하는 경향이 생기게 되었다고 지적한다.
 그리스도의 왕국이 이 세상의 왕국들과 '결단코' 일치할 수 없는 것인데, 콘스탄틴 이래로 교회가 아무리 세상적 의미에서 '성공적'이었다 하더라도 교회는 점차 그 '영혼'을 상실하게 되어 결국 천 년 가량 지난 다음에는 교회가 실제로 전혀 교회 아닌 교회가 되어 버렸다는 지적이다.

 어찌하던 간에 로마제국이 더욱 기독교 제국이 될수록, 교회 역시 더욱 로마제국을 닮아 갔다. 실제로 기독교의 제도화는 이미 주후 100년경부터 시작된 것으로서 312년 이후 콘스탄틴 황제에 의해서 더욱 가속화한 것으로 보아야 할 것이다. 콘스탄틴 황제의 가속화로 인하여 제국 혹은 교회가 더 나아졌는지 아니면 더 나빠졌는지의 문제는 양측의 입장에 따라 논쟁이 앞으로 계속될 것이라 여겨진다.

G. 콘스탄틴 대제의 아들 콘스탄티우스

콘스탄티우스는 아버지의 모든 것을 물려받았을 뿐 아니라 때로는 아버지보다도 더 잔인한 황제라고 할 수 있다. 콘스탄틴 대제가 아다나시우스를 싫어하듯 아들도 마찬가지였다. 콘스탄티우스는 아버지처럼 교회의 역할까지 담당했고 때로는 그 이상의 권력을 행사한 적도 있다.

콘스탄티우스는 "짐의 뜻이 역시 교회법"이라고 선언할 정도로 세상은 물론 교회권력에까지도 욕심을 낸 황제였다. 역사상 1789년 프랑스 혁명 전에 루이 15세는 1766년 "지상권은 오로지 짐에게만 존재한다"고 말했고 그 뒤 루이 16세도 "짐이 곧 법이다"라고 한 적이 있는데 콘스탄티우스는 이때에 벌써 이런 선언을 하여 권력을 착취했다. 콘스탄티우스는 서방의 감독들로 하여금 자신의 뜻에 굴복하게 함으로써 교회일치를 이룩해 보려고 노력하였다. 이런 황제의 뜻에 보조를 맞춰 감독들이 새로운 교권주의자 집단을 형성하기에 이르렀다.

콘스탄티우스는 동시에 아다나시우스를 싫어하는 아리우스파를 끌어들이게 되면서 아리우스파의 세력은 자연히 강화되었다. 또 친 아리우스 정책을 수행하기 시작한 황제는 그의 위협과 핍박 때문에 새로이 아리우스주의를 받아들이는 감독들의 숫자가 점차 늘어나게 되었다. 이처럼 모든 세력이 아리우스파의 편을 들게 되었으니 이제 남은 문제는 누구든지 동의할 수 있는 친아리우스파 신조를 제정하는 일이었으며 또한 이 일에 방해가 되는 반대파 인물 아다나시우스를 제거하는 일이었다.

그러나 아다나시우스를 제거하는 일은 생각과 같이 그렇게 쉬운 일이 아니었다. 그는 서방교회의 든든한 세력을 구축해 놓고 있기 때문이다. 그러므로 아다나시우스의 정죄 문제를 동서방 전체 교회 회의에다가 부칠 경우 그 결과는 보나마나 뻔한 것이었다. 그래서 황제는 서방 감독들로 하여금 스스로 아다나시우스를 정죄하도록 하였다. 결국 주관이 없는 서방 감독들을 윽박질러 아다시우스를 정죄하는데 성공하였다. 오로지 황제의 위협을 이겨내는 길은 감독 자신들이 서명을 거부하고 유배의 여정을 떠나는 것밖에 다른 길이 없었다.

H. 금욕주의와 수도원 생활(세속화 반동 운동)

수도원 창설은 초대교부시대 때부터 계속되어 왔다. 그러나 중세 시대에 은둔주의자들에게서 다시 수도원 운동이 일어나게 되었는데 그 이유는 콘스탄틴 대제 이후 기독교의 세속화 현상에 대한 반작용으로 나타난 것이다.

예수님의 말씀대로 좁은 문으로 들어가야 되는데 기독교가 공인이 되면서 너 나 할 것 없이 넓은 문으로 들어가는 현상이 나타났다. 사람들이 십자가를 지고 가는 기독교인의 생활과 세례의 의미를 알지 못한 채 외부로 드러난 특권과 권위를 찾는 것 같은 인상을 주었다. 감독들은 서로 우위를 차지하기 위해서 경쟁을 하고 있었다. 이러한 상황에서 어떻게 참 신자가 될 수 있는가? 교회가 세상 권력에 야합하고 사치와 허식이 교회 안에 가득하게 되어 많은 기독교인들이 이런 유혹에 빠져 헤어나지 못할 지경에 이르렀다. 많은 교회 지도자들이 호화로운 저택에서 살고 있으며 세상과 국가와 타협을 일삼게 되었다. 이제 신자들은 어떻게 사회가 제공하는 명예의 유혹에 빠진 동료들을 사탄의 마수에서 건져낼 수 있겠는가 하는 것이 큰 issue가 되었다.

많은 사람들은 수도원 생활을 찾았다. 즉 모든 재산을 버리고 인간 사회에서 벗어나 유혹에 넘어가기 쉬운 육체의 정욕을 절제하는 생활이었다. 그리하여 큰 도시들의 교회들이 수천 명의 세례 준비자들에 의해 에워싸여 있을 때 또 다른 수천 명은 고독 속에서 복을 찾으려 진정한 탈출을 이루었다. 특히 교회 안에서 결혼하지 않은 처녀나 과부들은 시간과 정욕을 교회에 바쳤다. 교회 안에서 주님을 보다 자유롭게 섬길 수 있다는 바울의 말씀에 많이 영향을 받고 교회에 충성하고 그중에 대부분이 정규적으로 수도원을 찾아 금욕, 경건 생활을 하기 시작했다. 그들은 금욕 생활을 통하여 물질 없이 만족을 얻기 위해 노력했다 그러나 단점은 결혼 기피, 금욕으로 구원을 얻는다는 미신을 조장하게 된 것이다. 또 다른 이유는 천국에서는 더 이상 결혼이 없다는 생각이 널리 퍼져서 현재 결혼을 하지 않은 그들이 천국 생활의 본보기로 여겨졌다는 것이다.

반대로 어떤 이들은 반대적 개념으로 생각해서 콘스탄틴의 개종을 못마땅하게 여겼다. 황제가 주관하는 제국교회는 기존 교회와 성질이 다른 것으로 해석하고 제국교회는 죄악에 물들어 있고 또 배교적 존재로 여기고 그들은 금욕주의 운동, 수도원 운동으로 가담하여 사막으로 은거하여 이곳에서 명상과 금욕의 생활을 하였다.

순교대신에 철저한 금욕주의 또는 수도원 생활을 통한 영적 훈련 등을 강조했다. 이러한 사람들이 이집트와 시리아의 사막으로 많이 몰려가서 금욕주의와 수도원 운동은 아주 절정에 달했다. 아다나시우스가 세상에 수도원을 소개하였으며 암브로시우스와 제롬 그리고 어거스틴 등이 수도원을 많이 발전시켰다. 수도원은 특히 중세시대에 중요한 생활양식이었으며 그들이 수도원에 들어오게 된 근본적 동기는 거룩한 생활을 위하여 악한 생활로부터 도피하는 것이었다. 수도원의 고행자들은 인간의 희로애락을 제하고 오직 하나님의 교리를 연구하는 사람들이었다.

I. 은둔주의

은둔주의는 Antonius에 의해 시작되었다고 말한다. 아다나시우스에 의하면 그는 나일강 왼편 해변에 있는 작은 마을에서 이집트의 부잣집 아들로 태어났으나 조실부모 하였다고 기록하고 있다. 그는 교회에서 성경에 나오는 젊은 부자 청년에 관한 story를 들었는데 "네 모든 소유물을 팔아 가난한 자에게 주라. 그리하면 하늘에서 보화가 네게 있으리라"라는 말씀에 감동을 받아 유산으로 가난한 사람들을 구제하고 금욕 생활로 들어갔다.

그리고 "내일 일을 걱정하지 말라"는 마태복음 6:34절의 말씀을 읽고 남은 재산도 여동생에게 주고 사막으로 은둔 생활에 들어갔다. 그의 은둔 생활은 처음부터 순조롭지 않았다. 자기가 처분한 재산과 옛날의 쾌락을 그리워하기도 했다. 이렇게 그가 유혹을 받을 때마다 엄격하게 스스로를 채찍질했다. 어떤 때는 한 번에 며칠씩 금식했다. 그는 때로는 버려진 무덤에서 생활했으며 어떤 이가 며칠에 한 번씩 가져다주는 빵으로 연명했다. 그는 오랫동안의 금욕 생활로 육체적으로는 연약해졌으나 정신적으로는 더욱 담대해졌다. 또 한편 그가 어떻게 수도 생활을 했는지가 여러 곳으로 알려지면서 그는 하루아침에 성인으로 명성을 얻게 되었다. 그에게 가르침을 받으러 오는 사람도 있고 그가 수도 생활에서 악마와 싸워서 이겨서 악마를 물리치는 능력이 있다고 보고 찾아오는 사람들과 또 병을 고친다는 소문이 퍼져서 유명인이 되었다.

그는 임종에서 자기가 매장될 장소를 비밀로 하고 자기의 전 재산인 겉옷 한 벌을 알렉산드리아 감독인 아다나시우스에게 전하라고 유언을 했다고 한다. 이 은둔주의는 당시에 많은 사람들의 관심을 모았고 당분간 지속되어 왔다. 은둔주의 제도는 이집트에서 시작하여 전 동방에 급속히 퍼졌다. 때로는 매우 이상한 형태로 되었는데 시리아의 시몬이라는 사람은 생애의 마지막 30년을 기둥 꼭대기에서 고행하며 살았다. 수도원 운동이나 은둔주의와는 별도로 황제에 대한 충성을 인정하면서도 자기들의 궁극적 충성은 오직 하나님께만 속한 것임을 주장하는 사람들이 있었다. 이런 견해의 대부분은 교부들이었다. 이때의 교부들은 일반적으로 니케아시대 교부 혹은 후기니케아시대 교부였다. 이들은 정치에 상관없이 교회의 전통적 신조와 교리를 지키려고 노력했다.

J. 삼위일체에 관한 격심한 논쟁을 일으킨 아리안주의(Arianism)

콘스탄틴 황제가 죽은 후 후계자들 간의 사투가 일어났다. 삼남 콘스탄티우스 (Constantius)가 353 - 361까지 통일제국을 통치하면서 다시 아리안주의를 주창했다. 그는 정통신학자 아다나시우스와 Hilary of Poitiers를 추방하였다. 아리안주의(Arianism)는 위에서 언급한 대로 삼위일체를 부정하고 성자가 성부에게서 유출되어서 성부에게 성자가 종속되어 있다는 이단설을 계속해서 주장해 온 학파이다. 삼남 콘스탄티우스가 죽은 후 그의 사촌 배교자 줄리안(Julian the Apostate)이 통치하게 되었다. 그는 짧은 기간 동안(361-363) 이교를 회복시키고, 기독교를 억제시키려 하였다. 그러나 그가 죽은 후 대부분의 황제들은 기독교 관용 정책을 채택하고 이단자와 이교를 다시 박해하였다. 특히 테오도시우스(Theodosius the Great. 379-395) 1세의 재위 기간이 가장 심하였다. 이 황제는 동서방의 마지막 황제로 아리안주의를 배격하였고 381년에 콘스탄티노플회의를 소집하였다. 이 회의에서 니케아회의에서 채택된 니케아 신조를 재확인하였고 이 대제가 죽은 후, 로마제국은 둘로 갈라져 동방과 서방에 각기 황제가 있었다. 서방은 훈족과 야만족의 침범에 고통을 당하였고 동방은 발전하여 비잔틴 제국을 형성하였다.

제12장 기독론에 대한 8대 논쟁

A. 니케아종교회의(AD 325: 콘스탄틴 대제)

사도바울 이후로 초대 기독교시대부터 신학적 논쟁이 활발했다. 바울시대의 가장 큰 문제는 유대인과 이방인 개종자들의 문제였으나 그 다음으로 큰 문제는 영지주의와 마니교 문제였다. 이러한 신학적 논쟁과 또한 이단들을 대처할 수 있는 유일한 방법은 확실한 신학적 논거와 생활의 성결과 더 나아가서 세속 당국에 호소하든지 세속 당국과 연합하는 일이었다. 그런데 제국 당국은 이러한 신학적 논쟁에 관심이 없었다. 그러나 콘스탄틴 대제의 회심 이후 사정은 많이 달라졌다. 이러한 논쟁에 대제 자신이 직접 개입했다는 것이다. 대제는 제국의 결속을 위해서 교회의 통일된 모습이 중요했던 것이다. 국가는 권력을 사용하여 기독교인들에게 신학적 문제에 동의하기를 강요하기 시작했다. 만약에 국가가 개입하지 않았더라면 이러한 지루한 신학 논쟁은 계속되었을 것이다. 콘스탄틴 대제 이후에도 많은 통치자들은 계속되는 신학 논쟁을 못마땅하게 생각하였다. 이러한 논쟁 속에서 교회의 지도자들은 교회를 설득하기보다는 황제를 설득하려 했다. 결국 신학적 논쟁들이 정치적 음모에 휩싸이게 되었다.

　콘스탄틴 대제 때에 신학적 논쟁 중에서 제일 먼저 해결할 일은 아리우스주의 신학문제이다. 이 문제는 대제 이전에도 있었지만 대제 때에 최대 issue로 등장했다. 당시에 알렉산드리아교구의 감독이었던 알렉산더는 성부와 함께 Logos가 영원히 존재한다고 주장한데 반하여 아리우스는 하나님의 말씀인 Logos가 하나님과 함께 영원하게 존재하지 않는다는 것이었다. 엄밀하게 말해서 Logos(말씀)는 하나님이 아니라 모든 피조물 중 으뜸 되는 존재라는 것이다. 아리우스는 말씀이 성육신하기 전에 존재하지 않았다는 것이다. 더 나아가서 말씀이 하나님에 의해서 창조되었다는 것이다. 알렉산더는 말씀은 신적인 것이므로 창조될 수 없고 성부와 영원히 존재한다는 것이다. 다시 풀이하면 하나님과 피조물 사이에 줄을 긋는다면 아리우스는 말씀이 피조물 안에 포함되도록 하는 것이고 알렉산더는 성부와 영원한 말씀이 한 판에 위치하고 이와 구별되어 다른 모든 피조물의 세계가 존재하도록 명확하게 구분하는 선을 긋는다는 것이다.
　아리우스는 알렉산더가 기독교의 유일신론을 부정한다고 주장했다. 왜냐하면 알렉산더에 의하면 신성을 가지는 존재가 둘이므로 결국 두 신이 존재한다는 것이다. 알렉산더는 다음과 같이 답변하였다. 아리우스의 이론이 말씀의 신성을 부인하므로 예수님의 신성이 부인된다고 말했다. 교회는 처음부터 예수 그리스도를 예배하였는데 아리우스에 의하면 교회는 그런 예배를 중지하든지 아니면 피조물을 예배하고 있었다고 선언해야 한다. 이것은 교회에서 받아들일 수 없는 것이므로 아리우스의 이론은 틀린 것으로 판명되었다고 알렉산더는 강력히 주장했다.

알렉산더의 이론을 특별히 옹호한 아다나시우스의 이론에 의하면 그리스도 안에서 하나님이 인류 역사에 들어오시어 우리가 하나님께 돌아갈 수 있는 길을 열어 주셨기 때문에 그리스도가 우리의 구원을 이루셨다.

아리우스의 추종자들은 그러한 견해가 구세주로서의 그리스도의 역할을 의함하게 만든다고 비판했다. 왜냐하면 예수께서 하나님에게 순종하심으로써 구원의 길을 여셨는데 만일 예수님이 피조물이 아닌 신이라면 그러한 순종은 무의미한 것이기 때문이라고 반박하였다. 알렉산더가 감독의 권위와 책임을 가지고 아리우스의 가르침을 이단으로 정죄하고 그를 알렉산드리아교회의 모든 직분에서 축출함으로써 기독 논쟁은 공개적 성격으로 변하였다. 반대로 아리우스는 이러한 정죄에 승복하지 않고 알렉산드리아 시민들과 안디옥에서 그와 함께 수학했던 동방제국의 중요한 감독들에게 호소했다. 곧 알렉산드리아에서는 아리우스의 신학적 논제를 찬양하는 일반들의 시위가 있었다. 아리우스의 호소를 받은 감독들은 해임된 장로가 옳으며 알렉산더가 거짓 교리를 가르친다는 내용의 편지를 각지에 보내게 되어 이 신학 논쟁이 잘못하면 동방교회 전체를 분열시키는 위협이 될 수도 있었다. 교회가 결국 신학 논쟁으로 분열의 위기에 처하게 되자 콘스탄틴 대제는 이러한 신학 논쟁을 종식시켜서 교회의 통일을 이루어 국가가 교회의 뒷받침을 받아 국가가 화평해서 더욱 자기의 강력한 권력을 행사하려는 생각도 있었다.

AD 325년 5월 드디어 콘스탄틴 대제는 니케아종교회의를 소집했다. 사실상 이 회의를 소집하면서도 좀 불안하게 생각했던 것은 그동안 아리우스를 후원했던 차에 이 회의 결과로 아리우스와의 관계가 무너질까 하는 염려였다. 콘스탄틴 자신은 자기가 통일한 제국이 종교 분쟁 때문에 혹시 깨지지나 않을까 하는 것이었다. 그는 이 회의가 순조롭게 되어서 장차 제국 목적에 필요한 기독론을 공식화함으로써 하나의 통일된 교회를 이룩하는 것이 그 회의에 부여된 임무였다. 세계 최초의 에큐메니칼회의로 알려진 이 니케아국제종교회의는 소아시아의 니케아에서 열렸는데 니케아는 비두니아 지방의 제2 도시인데 황제가 거하는 니코메디아로부터 약 32km, 그리고 콘스탄티노플로부터는 약 45마일 떨어진 지점에 위치하고 있었다. 지금은 터키의 작은 황폐한 마을로 남아 있다. 이 회의에 가능한 한 많이 참여하도록 황제는 소요 경비 일체를 황실 부담으로 하였는데 참석한 감독들 가운데는 헬라어를 사용하는 동방지역의 지도자들이 압도적인 우세를 보였다. 서방교회 지도자들도 6명 정도 있었다.

당시 로마제국 내에는 1,800여명의 감독들이 있었는데 헬라지역에 1천여 명 라틴지역에 8백여 명이었는데 그중에서 300여 명이 참석했다고 할 때 그 회의에 참석한 인원은 전체 주교들 중에 6분의 1이 되는 셈이다. 감독들 외에도 장로들과 부제들 및 기타 방청객들까지 포함한다면 그 참석자 총수는 자그마치 1천5백 내지 2천 명 선으로 추산된다고 하니 가히 국제적인 거대 회의가 약 1700여 년 전에 열렸다고 하니 놀랄만한 기독교 역사적 사건임에 틀림없다.

그런데 놀라운 사실은 참석자들 가운데는 박해 동안에 두 눈이 다 뽑혀진 사람들도 있었고 두 손이 잘린 사람들 그리고 투옥당하고 유배되었던 사람들도 있었는데 이 모든 사람들이 아이러니컬하게도 황제의 후한 향응 속에 회의장에 초대되었던 것이다. 그들은 얼마 전까지 받아온 박해의 기억이 너무나도 생생하였으므로 반대로 황실의 환영과 보호를 받고 있다는 사실을 꿈같이 여겼으며 격세지감마저 느끼지 않을 수 없었을 것이다.

이 회의의 첫날에는 궁정(황실 숙소) 내의 커다란 홀에서 집회가 열렸다. 황제의 엄숙한 입장이 있자 참석자들은 일제히 모두 기립 박수하였으며 그에게 영예의 축사가 있었을 때 황제는 라틴어로 간단히 답사를 하였는데 곧 헬라어로 통역이 되었다. 황제는 이 연설문에서 하나님께서 로마제국의 모든 적들을 물리쳐 승리하게 하고 제국이 통일되게 해 주셨음을 감사하고 교회도 단합해야겠다는 뜻을 열정적으로 표시했다. 그곳에 모인 감독들에게 교회의 통일과 평화를 유지해 줄 것을 강력히 당부했다. 그런 의지를 보여주기 위해서 전에 감독들이 황제에게 항의하듯 자신에게 보낸 많은 서신들을 공중 앞에 전부 불살라 버렸다. 회의가 끝난 후 당일 모든 참석자들을 자신이 베푼 만찬에 초대하였다. 그런데 황제의 호위병들은 참석자들에게 위협을 준다기보다 대표자들인 그리스도인들을 환영의 예의라고 했다고 전해지고 있다. 그런데 두 눈이 뽑힌 대표자가 들어오는 모습을 보자 황제는 그 수난의 두 눈에 자신의 입을 맞추었으며 이로 인해 연회석의 분위기는 자못 숙연해지기도 했다. 이날 황제가 개회 선언을 한 뒤 실제적 처리는 감독들이 하였다.

그런데 이 첫 니케아종교회의에서 다룬 첫 번째 논쟁은 기독론에 대한 논쟁이었다. 이 논쟁은 아리우스와 아다나시우스의 기독론 논쟁으로 감독들 간에 열띤 격론이 있었으며 특히 아리우스 이단설 때문에 교회의 분열을 우려하여 아리우스를 이단으로 처벌하는 것은 물론 기타 이단자들을 추방하는 결정을 내리는 것이 급선무였다. 이 니케아종교회의는 약 두 달 동안 계속이 되었는데 약 20개 정도의 교령이 결정되었다. 동시에 부활절 제정 문제(14일 논쟁, quartodecimus)도 토의가 되었다. 소아시아와 로마간의 부활절 논쟁이 시작되었는데 소아시아는 요일에 상관없이 유대인의 유월절인 14일에 철야하고 성만찬으로 부활절을 지키자고 주장했고 로마와 동부 일부는 일요일에 지키자고 주장했다. 일요일이냐 14일이냐에 있어서 전체적인 분위기는 로마교회의 주장을 따르는 것이었다. 결국 부활절은 매년 춘분 후 만월이 지난 첫째 주일을 부활절로 지정하게 되었다.

니케아종교회의의 결과로 니케아 신조(신경)가 제정되었는데 이 신조에 의하면 "그리스도는 하나님과 동질이시며 완전한 신이시며 완전한 인간이다"라는 결정이다. 이 니케아 신경은 후에 로마 가톨릭 교회나 동방정교회에서 인정을 하였으나 로마 가톨릭은 성령이 성부와 성자에게서 유출되었다고 보고 동방정교회에서는 단지 성부에게서 성령이 유출되었다는 것이 다르다. 그러나 현재 개신교에서 사용하는 사도신경은 삼위일체설에 근거해서 일체의 유출설을 인정하지 않는다는 것이다. 이 니케아종교회의의 결과로 우선 기독교가 세계에 전파되기 시작했고 신약성경이 정경으로 자리를 잡기 시작했고 로마를 중심하여 교회 발전의 기틀이 만들어져 가기 시작했다.

또 니케아종교회의에서 장로직 위에 감독 제도를 강화하였다. 또한 교황 제도가 본격적으로 콘스탄틴 대제에 의해서 보완이 된 것으로 보고 있다. 그동안 약 3세기에 걸쳐 발전된 감독제는 키프리안과 제롬에 의해 발달되고 로마 가톨릭 교회의 교황정치로 발전하게 되었다. 이 교황 제도는 한편으로는 교회의 단일지도체제를 만드는 것이고 다른 한편으로는 교회의 단합함을 의미한다. 즉, 분산된 교회가 아니라 유력한 지도자의 체제 아래 운영되었다는 점이다. 이것은 이단 사상을 효과적으로 대체하는데 크게 유익하게 작용하게 되었고 자동적으로 감독의 권위를 높여 주고 감독은 교회 통일의 중심점이 되고 사도적 계승자로 감독의 중요성이 계속 교회 안에서 일어나기 시작했다.

더욱이 교황 제도를 통한 교회의 중앙집권 제도가 마련되면서 로마교회는 교회를 떠나서는 구원이 없다는 원칙을 내세우기도 했다. 교회는 교황 제도 밑에 많은 감독 및 주교 등을 두어 흩어져 있는 교회들을 총괄하게 하였다. 그러므로 교황은 물론 감독의 권위도 자동적으로 강화되었다. 콘스탄틴 대제가 제안했던 교황 정치에 있어서 감독은 어느 때보다 절대적인 권위를 가지며, 한 감독은 모든 다른 감독보다 윗자리에 있으며, 따라서 이 윗자리에 있는 감독 곧 교황은 모든 감독의 우위에 있고 교황은 절대 오류가 없다는 주장이 나돌기 시작했다. 로마교황은 동방교회 대주교들보다 위에 있다고 하는 우월성을 주장했다.

물론 동방교회에서는 인정하지 않았다. 또 로마교회는 콘스탄틴 대제가 수도를 콘스탄티노플로 옮기면서 로마교회의 자율성을 허락함으로써 로마교회는 교황을 중심으로 막강한 교회 세력으로 국가에까지도 위협적인 존재가 되었다. 로마 가톨릭에서는 명목상 사도베드로를 로마교회의 창설자며, 초대 감독이며, 교황이라고 말했다. 벌써 초대교부시대부터 로마교회의 감독 및 주교의 우월성이 논의되기 시작했다. 초대교부들 중에 특히 이레니우스의 글을 보면 로마교회를 모든 교회들이 따를 것이라 하여, 서방교회의 심정을 여실히 드러냈다. 로마교회의 우월성은 행정적이 아니라 사도적 신앙을 보존했다는 점에서였다. 후에 로마교황 레오(Leo 1세: 440-61)는 베드로는 사도 중 으뜸이다. 로마 주교는 베드로의 권위의 계승자이다. 레오는 그의 권위를 마니교와 펠라기안주의를 배격함과 칼케돈회의의 주도적인 역할로 한층 강화하였다. 로마의 교회와 감독의 권위가 강화된 것은 니케아회의시대에 있어서 현저히 나타나게 되었다.

그 원인을 살펴보면 로마제국 수도의 교회는 사방에 호령하는 지위를 자연스럽게 인정받게 되고 재정, 전도, 구제, 인력이 풍부하였기 때문이다. 베드로와 바울의 순교지로서 영광을 로마가 갖게 되었기 때문이기도 하다. 콘스탄틴 대제가 수도를 콘스탄티노플로 옮김으로써 정치적으로 자유로워진 로마 감독의 지위는 자연히 서로마에서 가장 강력한 위치에 오르게 되었다.

레오 같은 유능한 감독은 로마교회 감독을 로마황제와 동등한 위치에 올려놓는데 큰 공로를 한 감독이었다. 레오는 야만족의 침입으로 패잔의 위기를 극복할 때 결정적 역할을 하였고 로마교회의 직위를 높이고, 칼케돈 신조 형성에 지대한 영향을 행사했다. 그는 교권의 근거를 마 16:19에 두었다. 그리고 로마의 감독은 서방교회의 원수(Head)이므로 이를 배반함은 국가를 배반하는 것이라고 선언하였다. 그러나 에베소, 칼케돈회의에서 위와 같은 레오의 주장이 관철되지는 않았다. 그리고 동방교회에서 그를 위와 같이 높이 평가하지 않았다. 결국 칼케돈회의 이후 로마와 콘스탄티노플과의 대립이 커져만 갔고 두 사이의 분리를 초래하게 되었다.

첫 니케아종교회의가 끝난 후 계속되는 기독론에 대한 논쟁은 무려 550여 년(AD 325 - AD 879)의 장기간에 걸쳐 계속되었다. 여기서 신학자들이 신경을 위시한 각종 신조들을 다시 다루게 되었고 또한 교황 제도가 생기므로 로마국 왕권이 약해졌고 교회가 또한 세속화되는 계기가 되었다. 니케아종교회의가 끝난 후 Catholic이란 용어가 본격적으로 사용되기 시작했다. 이 용어의 의미는 본래 공회, 공의회, 공공단체, 또는 세계교회가 하나가 된다는 의미였지만 점차적으로 동방교회에 대하여 서방교회인 로마교회를 대표하는 명칭으로 사용하게 되었다. 원래 Catholic Church의 의미는 이러한 주교들의 집단지도체제이다.

Catholic이란 용어를 언제부터 사용하기 시작했는가는 자세히는 알 수 없지만 아마도 초대교회시대 때 교부신학자 이그나티우스가 처음으로 세계 공교회를 의미하는 Catholic을 사용한 것으로 추정된다. 그가 쓴 서머나 교회에 보낸 서신을 보면 "모든 분열을 피하라. 그것들은 악의 시작임이라. 예수 그리스도께서 아버지를 따르신 것 같이 복종하여 너희 모두는 너희 감독을 따르라……. 교회에 영향을 미치는 어떠한 일도 감독의 허가 없이는 어느 누구에게 의해서도 결정되지 않도록 주의하라……. 감독이 보이는 곳에 그의 모든 신도들이 있게 하라. 그것은 마치 예수 그리스도께서 현존하시는 곳에 전 세계의 공교회가 있음과 같도다." 초기교회에서는 다양한 이단 집단들과 분파들로부터 스스로를 구별하기 위해서 Catholic이란 용어를 쓰기 시작했다. 사실상 이 Catholic이란 칭호는 교회가 토대로 삼고 있던 전통과 교훈의 보편성과 포괄성을 강조하는 것이다. 이는 곧 "전체에 의한" 즉 모든 사도들의 전체적인 증언에 의한 교회를 의미하는 것이다. 그러므로 신교에서는 사도신경에 "Holy Catholic Church"라는 용어를 사용하고 있는데 그 뜻은 "거룩한 공의회", "거룩한 공교회"란 뜻으로 번역되어 있다.

* 교황은 누구인가?

교황(敎皇, Papa, pope)은 로마의 주교이자 가톨릭교회 전체를 대표하는 영적 지도자이며 바티칸시국의 국가원수이다. 그리스도로부터 천국의 열쇠를 받고 최초의 교황으로 임명을 받았다고 알려진 베드로를 위시해서 현재 프란시스코 교황까지 266명의 교황이 탄생했다. 교황의 직위를 가리켜 교황직(Papatia)이라고 하는데 이것은 영적 직책을 의미하는 것이고 교황이 통치하는 세속적 영역은 성좌(Sancta Sedes) 혹은 사도좌라고 불리운다. 교황직은 종교직책으로 세계에서 가장 오래된 것이고 동시에 역사적으로 가장 중요한 직책이기도 하다.

교황에 대한 호칭은 다양하다. 로마의 대주교(Episcopus Romanus), 하나님의 아들 대리자(Vicarius Fili Dei), 으뜸사도의 후계자(Successor Principis Apostoloum), 전체교회의 최고 주교(Caput Universalis Ecclesiae), 보편교회의 최고 대사제(Summus Pontifex Vel Pontifex Maximus), 이탈리아 교회의 수석대주교(Primatus Italiiae), 로마관구의 관구장 대주교(Archiepiscopus et Metropolitanus Provinciae Ecclesiasticae Romanae), 바티칸 시국의 국가원수(Princeps sui Iuris Civitatis Vaticanae), 하나님의 종들의 종(Servus Servorum Dei) 등이다.

교황(Pope)이란 본래 아버지란 뜻이다. 초대교회에서 중세교회로 넘어오는 시대적 전환기에 교황은 존경받는 감독에 대해 붙여진 일반적인 명칭이었다. 중세시대에 교리 논쟁으로 교회가 어려웠을 때도 교황은 중요한 역할을 했었다. 초대교회시대의 공의회를 보면 AD 431년 에베소회의와 AD 451년 칼케돈회의에서 삼위일체의 정통신학이 확정되는 과정에서 로마의 감독이었던 레오 1세(Leo 1, AD 440-461)가 교리 논쟁에 개입해서 그리스도의 단성론을 배제하고 양성론을 정착시킨 것을 알 수 있다. Leo 1세 감독이 사실상 최초의 교황이었다고 초대교회사는 평가한다.

교황제의 실질적인 기초를 닦은 감독은 그레고리 1세(Gregory 1, AD 590-604)였다. 그는 펠라기우스(Pelagius II: AD 579-590)가 전염병으로 죽자 시민들의 절대적 지지를 받고 AD 590년에 교황이 되었다. 초기의 교황들은 이처럼 권력에 대한 욕심이 없었고 정치 혼란기에는 도덕적 책임의 차원에서 시정에 적극적으로 관여하기도 했다.

그러나 그 후 교황의 세속적 권위에 대한 야욕과 그로 인한 세속 황제와의 갈등은 중세 전반에 걸쳐 반복되었다. 10세기 이후로 이러한 갈등은 더욱 노골적으로 심화되었고 중세후기에 이르러서는 교황의 지나친 세속에 대한 과욕으로 교황과 교회의 권위를 스스로 실추시킨 결과를 낳게 되었다.

세속적 군주에 비하여 교황의 권위를 한 차원 더 높게 만든 사람은 교황 인노센트 3세(Innocent III, AD 1198-1216)였는데 그도 중세시대의 강력한 교황 중에 한 사람이었다. 그의 주장을 간단히 살펴보면 교황은 하나님과 그리스도의 대리자요 왕의 왕인 까닭에 심판할 수 있다. 교황은 하나님보다 낮으나 사람보다 우위이다. 베드로에게 주신 교회의 통치권을 교황이 물려받았다고 주장했다. 그는 로마의 귀족 출신으로 파리에서 공부를 하고 볼로냐대학에서 법률을 전공한 교회법 전문가로서 30세에 추기경으로 임명되었고 37세인 1198년에 교황에 선출되었다. 그는 교황으로 선출되면서 하나님의 종으로 모든 사람을 위해 살겠노라고 맹세했으나 실제로는 하나님 다음가는 권세자이며 교황인 자기는 어떤 세상 법에도 복종할 필요가 없다고 선언했다. 인노센트 3세의 교회 정책을 보면 프랑스 왕 필립 2세가 처와 이혼하고 다른 부인을 얻은 것을 인정치 않았고 본처와 재결합을 시켰다. 영국 왕도 굴복케 했으며 주후 1213년 영국 왕을 복권시켰고 매년 2번씩 로마교황에게 공납을 바치도록 결정하였다. 그는 또한 십자군을 일으키어 이슬람교도를 무참히 학살하였고 교회의 교직을 엄중히 다루기 위해 종교재판제도를 창설했다. 또한 처음으로 신도들을 위해 고해성사제도를 실시했다.

인노센트 3세의 장점은 그가 귀족 출신이며 파리, 로마에서 공부한 최고의 지성인이었다는 것이다. 그는 교권을 신장시키기 위해서 정치에 깊이 관여했다. 그의 최고의 관심은 무엇보다도 교황령을 신성로마제국으로부터 독립적인 주체로 유지시켜서 제국 하의 모든 교회를 자신의 관할에 예속시키고 그 결과 교회의 권위와 위상을 구가하는 것이었다. 그는 또한 이단성이 있는 단체는 엄벌하고 그렇지 않은 경우에는 포용 정책을 써서 자기 통치 하에 두게 하였다. 그는 교황청과 교회 생활을 개혁하고 그리고 자기 자신을 그리스도의 대리자(Vicarius Christ)라고 호칭하고 세속 통치자를 다스릴 수 있는 권한까지도 소유했다.

인노센트 3세는 교황이 세속 문제에 관여해야 하는 것을 당연하게 생각했다. 교황이 그리스도의 지상 대리자라는 것이 그 이유였다. 교황은 하나님과 인간 사이의 지상 대리자이고 세상의 일을 그리스도의 뜻에 맞도록 가르쳐야 할 의무를 가진 자이다. 그에 의하면 교황만이 본질적인 황제이고 세속적인 황제는 교황의 명령을 따라 세상 권력을 실행하는 기관에 불과하다는 것이다. 교황은 죄를 사할 수 있는 권세를 가지고 있으나 황제는 단순한 속인에 불과하다. 교황과 황제를 그는 해와 달에 비유했다. 그가 주최한 AD 1215년 제4차 라테란회의(IV Laterankonzl)는 당시 최고의 권위를 행사하던 교황과 교회를 내외에 천명하고 나아갈 방향을 정하는 회의였다. 약 400여 명의 주교와 80여 명의 수도원장 등과 기타 관계자들이 참여했다. 여기서 화체설이 가톨릭교회의 공식 교리로 채택되었다. 이 결정이 중요한 것은 가톨릭교회를 공식 성찬에 참여 없이는 천국에 들어갈 수 없다는 것을 제도화했기 때문이다. 가톨릭 교인은 1년에 1회 고해를 의무화했다. 그리고 대주교는 1년에 1회씩 주교회의를 열어 배교자를 색출하는 것을 의무화했다.

그레고리 7세 즉위부터 보니패이스 사망까지를 교황권이 가장 강한 시대로 보고 있다. 힐데브란트(Hildebrand: 그레고리 7세, AD 1015-1085)는 중세기의 교황 중에서 강력한 leadership을 발휘한 교황 중의 한 사람으로 기억되고 있다. 그는 AD 1015년에 이탈리아 소이나에서 출생하였고 청년대에 성 마리아수도원에서 수도원 생활하였다. 그레고리 6세가 축출을 당할 때 독일로 동반하였다가 그가 죽은 후 남부 프랑스의 클뤼니수도원으로 들어가서 각지를 순회하면서 교황권 확립에 힘썼다. 레오 9세가 교황이 되자 부집사직에 임명되어 교황권을 실제적으로 행사하였고 주후 1073년 58세 때 교황이 되어 AD 1085년에 사망하였다.

그의 업적으로는 교직 매매를 금지하였고 교직자의 결혼 금지를 강요했고 그리고 그가 모든 교직을 직접 임명하였고 또한 교회 재산권을 교황 아래에 두었다. 지상에는 2대 권한이 있으니 황제와 그리고 교황이다. 그러나 교황이 우위에 속하여 한다고 주장하여 로마 황제들과 마찰을 빚는 때가 많았다.

특별히 독일 황제 헨리 4세와 충돌하였다. 독일 황제는 교황권을 극히 반대하였는데 그 이유는 독일의 재산의 절반 이상이 감독과 교회의 소유이므로 재산 감독권이 교황에게로 돌아가게 되면 황제의 실권이 약화되니까 이탈리아에 있는 교황반대파와 결탁하여 교황을 출교시키려 했으나 실패하였고 제후들이 황제를 반대하게 되자 형세가 불리하게 된 황제는 사죄할 결심을 하였다. 교황이 주후 1077년에 1월에 카놋사에 갔을 때 헨리 4세는 알프스 산을 넘어 카놋사에 와서 눈 위에서 밤낮 3일을 사죄하였고 그래서 황제 파문을 철회하게 되었다. 출교 해제를 받자 제후들을 보복하고 그래서 교황은 그 황제를 다시 출교시켰으니 이제는 반대로 국민들은 황제를 동정하게 되었다. 이 기세를 힘입어 AD 1080년에 군대를 이끌고 로마로 쳐들어왔다. 교황은 그때 이탈리아 실레르노로 피신하여 그곳에서 AD 1085년 5월에 70세의 나이로 객사하게 되었다.

13세기 초까지만 해도 절정에 달했던 교황권이 중세 후기에 들어가면서 쇠퇴하게 된 데에는 여러 가지 요인이 있었다. 우선 외부적인 요인으로 그동안 교회의 권력에 눌려 있던 군주들의 재기를 들

수 있다. 군주들은 교황의 권위보다는 자국과 자국민의 권익을 염려했고 이것을 침해하며 간섭하려는 교황권과의 충돌은 불가피했던 것이다. 그들은 자국의 이익을 위해서라면 교황청을 파괴하고 교황도 제도권 아래에 예속시킬 수 있다고 생각했다. 둘째는 제도권 교회의 가르침보다는 개인의 신앙 고백을 중시하는 평신도들의 도전과 신학자들이다. 중세의 삶의 모든 면에서 철저히 교회에 예속되어 있던 평신도들의 자의식의 발전에 르네상스 운동이 큰 역할을 하였다. 13세기까지의 획일화 되고 왜곡되었던 교회 전통에 대한 강한 도전이었다. 셋째는 국가 간의 전쟁과 각종 질병 등을 들 수 있다. 국가 간의 전쟁이 비록 세속적인 전쟁이라고 할지라도 교회의 영역 및 권위자와 무관한 전쟁은 없었고 그와 더불어 발생하는 전염병으로 인하여 교회의 권위는 급속히 하락되었다. 이와 함께 교황청의 분열이라는 내부적 요인도 교황권의 붕괴를 촉진시킨 요인이었다.

중세 전체는 교황권과 황제권의 불완전한 공존이었다. 장기간에 걸쳐 어느 한편의 완벽한 승리는 없었다. 해와 달의 시소게임이 중세의 특징이었다.

* 교황은 어떻게 선출되는가?

새 교황은 전임 교황의 선종이 공식적으로 발표된 후 15—20일이내에 선출되어야 한다. 교황의 선출은 세상에서 행하는 선거와는 전혀 다른 방식으로 진행된다. 라틴어로 "열쇠를 잠근다"라는 뜻을 가진 콘클라베(Conclave)라 불리는 교황 선거는 세계적으로 유명한 시스티나성당에서 이뤄지며 80세 이하의 전 세계의 모든 추기경들이 투표에 참가하게 된다. 외부와의 소통이 일제히 단절된 채 추기경들은 매일 두 번씩 비공개 투표를 하게 되며 그 투표 결과는 전통적으로 짚이나 종이를 태워 알리게 되어 있다. 짚은 검은 연기를 내고 종이는 하얀 연기를 내는데 연기는 시스티나성당 내부의 굴뚝을 통해 성당 정면 오른편에 있는 박공 옆의 한 지점으로 뿜어 나온다. 성당 밖의 성 베드로 광장에서 기다리는 사람들은 연기의 색깔로 새 교황의 선출 여부를 알게 된다. 검은 연기는 교황이 선출되지 않았다는 신호이고 하얀 연기는 선출이 되었다는 신호이다. 그런데 세상의 선거와는 다른 것은 교황 후보자가 누구인지도 모르는 상태에서 선거를 해야 하고 교황 후보자는 투표의 2/3를 받아야 선출된다.

새 교황을 언제까지 뽑아야 한다는 규정은 없다. 바티칸 역사상 가장 오래 걸렸던 교황 선거는 교황 클레멘스 4세의 후임을 뽑는 콘클라베로 AD 1268년에 열려 2년 9개월에서 이틀이 더 걸린 AD 1271년에야 끝났다.

새 교황이 선출되면 그는 "수용한다(Accepto)"는 답변으로 공식 확인하고 수석 추기경이 군중에게 하베무스 파팜(Habemus Papam) 즉

"우리의 교황"이라고 말하며 새 교황의 이름을 발표한다. 그러면 새 교황이 제단사들이 준비한 임시 제의를 입고 군중 앞에 나타나 "로마시와 전 세계에게" 인사를 한다고 전한다. 그런데 드문 경우이지만 만일 선출된 교황이 주교품을 받지 않은 사람일 경우 추기경단의 수석 추기경은 선출된 교황 당선자에게 주교품을 서품하며 당선자는 주교품을 받은 때부터 로마주교가 되는 동시에 교황이 된다.

교황이 되기 위해서는 어떤 국적을 가져도 상관없다. 역대 교황 가운데 210명은 이탈리아 출신이고 이중 99명은 로마 출신이었다. 나머지 56명 중에서 프랑스 출신 16명과 그리스 출신 12명, 독일 출신 8명, 시리아 출신 6명, 팔레스타인과 스페인 아프리카 출신의 3명씩과 잉글랜드, 포르투갈, 네덜란드, 폴란드, 아르헨티나가 각 1명이다. 교황으로 선출된 당선자는 자신의 본명을 버리고 평소 존경하던 성인이나 전임 교황의 이름을 골라서 자신의 교황 명으로 삼는다. 역대 교황 가운데 가장 많이 사용된 교황의 명칭은 요한이었는데 지금까지 23명이었고 그런데 요한의 이름을 가졌던 교황들이 시해당하거나 유배되는 일들이 많아서 요한 23세 이전에는 거의 7세기 동안 요한이라는 이름을 택하지 않았다고 한다.

요한 다음으로 인기가 있었던 교황 이름은 "그레고리오", "베네딕토"로 총 16명이었으며 클레멘스는 14명, 레오 및 이노첸시오는 13명, 비오는 12명 등이다. 베드로는 초대교황에게만 쓰도록 정해져 있어서 그 후 쓰여지지 않았다고 한다. 교황이 되면 그의 생활 패턴

이 전부 달라진다. 지금까지의 생활에서 그리스도의 대리자로 자리 바꿈을 하는 것이다. 자신의 이전 국적을 버려야 하고 일상생활에서 때로는 아주 사소한 부분까지 전부 규제를 받는다. 일주일에 한 번씩 고해사제에게 자신의 죄를 고백해야 한다. 교황의 고해성사를 담당하는 사제는 예수회 사제이어야 한다.

고해사제는 일주일에 한 번씩 정해진 시간에 바티칸을 방문하여 교황이 고백하는 죄를 듣고 사해 준다. 교황은 로마가톨릭 전체를 통솔하는 절대적인 권한을 갖는다. 교회 안의 모든 법령은 교황의 승인을 받아야 한다. 교황은 일을 처리함에 있어 선례를 따를 수도 있고 무시할 수도 있다. 전통을 폐지하고 교회법을 개정하거나 개정할 수 있으며 교서를 발표할 수 있고 협의를 거치지 않고도 교회 안 규정을 바꿀 수 있다. 어떤 문제들에 관해서는 추기경단의 자문과 충고를 받도록 되어 있지만 모든 일에 있어서 교황 자신이 독자적으로 결정하고 조치를 취할 수 있는 권한도 동시에 갖는다. 인간이 하는 재판을 받지 않기에 법정에 소환되지 않을 권한을 갖는다.

* 교황이 죽으면 어떻게 장례를 치루는가?

먼저 교황의 시종관이 교황의 사망을 공식적으로 확인하고 난 다음 교황을 상징하는 어부의 반지(교황의 공식 인장)를 교황의 손가락에서 빼내어서 모든 사람이 보는 앞에서 반지를 두 개의 선을 그어 훼손시킨다. 이는 교황의 통제 기간이 종식되었음을 의미하며 기타 문서위조를 방지하기 위해서다. 그 다음에 교황의 시신을 시스티나 성당으로 옮기는데 추기경들과 바티칸의 주요 인사들이 긴 행렬을 이루어 시신을 호위한다. 시신이 성당에 모셔지면 하얀색 실크와 특별하게 짠 팔리움으로 된 수의를 입힌다. 시신의 손에는 장갑이 끼워지고 그 손들을 교황의 주교관이 가슴 위에 놓는다. 교황의 시신은 시스티나성당의 거대한 최후의 심판대 아래 꼬박 하룻밤 안치되고 그 다음 다시 성베드로대성전 안 클레멘타인 경당으로 옮겨진다.

교황의 시신은 그곳에서 3일간 수십만 조객들의 조문을 받는다. 이 전통은 과거 로마제국의 장례 풍습에서 유래한 것이다. 장례미사는 대성전 돌 아래에 있는 중앙 세대에서 거행된다. 장례미사가 끝나면 시신은 윤이 나게 잘 닦인 삼중나무관 속에 안식된다. 그 후에 교황의 업적을 기리는 송덕문이 라틴어로 읽히며 그 송덕문은 경동으로 된 원통에 담겨 교황의 발치에 놓인다. 그리고 금화와 은화 동화 등 동전들을 가득 담은 붉은 벨벳 자루를 시신 옆에 놓아두는데 그 개수는 교황의 재임 연수에 따라 달라진다. 마지막으로 이전에 훼손시켰던 어부의 반지를 넣고 시신의 얼굴을 비단 천으로 덮으면 바로 관을 봉한다. 봉해진 교황의 관은 대성전 세대의 왼쪽에 있는 "죽음의 문"을 통해 아래로 천천히 운구되어서 역대 교황이 묻히는 대성전 지하 묘소 안에 미리 준비한 대리석관 안으로 옮겨지고 나서 거대한 석판으로 덮여 안치된다.

이 장례식은 교황의 임직식과 더불어 가톨릭교회의 2대 행사 중의 하나로 행해진다. (교황에 대한 모든 자료는 교황청 연감을 참조하였다) 초기의 교황들은 기독교 신앙을 전하고 다양한 교리 논쟁을 해결하는데 주력하였다. 중세시대에 들어가면서 교황은 점차로 세속 문제에 손을 대기 시작했고 때로는 기독교 군주들 간의 각종 분쟁에 중재자로 활동하기도 했다. 최근에 들어서는 교회 일치 운동과 종교 간의 대회 및 인권수호운동과 낙태와 동성애 문제에도 간접적으로 관여하고 있다.

*교황을 상징하는 여러 가지 관례들

1) 삼중관(Triregunum)

교황의 머리에 쓰는 관으로 일반 주교와는 구별되는 것으로 전통적으로 교황의 즉위 미사 때 사용되어 왔다. 삼중관의 의미는 ① 교황의 통치권 ② 교화의 신품권 ③ 교황의 교도권을 말하는데 유럽의 어떤 군주보다도 교황이 더 위대하다는 뜻을 담고 있다. 처음에는 왕관 두 개를 겹친 듯한 이중관 모양이었으나 1362년 교황 우르바노 5세 때부터 삼중관이 되었다. 1978년 교황 요한 바오로 1세는 다이아 보석 등 여러 가지로 세속적인 물건들로 수를 놓은 교황관을 팔아 그 돈으로 가난한 사람들을 구제하기로 했고 그 실제의 교황관은 바티칸 박물관에 기증했다.

이 삼중관의 이마에는 하나님의 아들 대신(Vicarius Fili Dei)이라는 글이 적혀 있는데 이 뜻은 교황이 그리스도의 대리자라는 뜻을 상징하고 있다.

2) 주교 지팡이(Baculus)

교황이 예식 때 쓰는 지팡이로 목장(牧杖)이라고도 한다. 이는 목자가 양을 칠 때 사용하던 지팡이에서 유래한 것이며 목자의 권위를 상징한 것이다. 일반 주교의 지팡이는 윗부분이 원형으로 구부러져 있는 반면에 교황의 지팡이는 윗부분이 십자가 모양이다. 교황은 십자가에 못 박혀 죽은 예수 그리스도의 지상 대리인이라는 뜻이다.

3) 팔리움(Palium)

양털로 만든 띠로, "잃었던 양의 비유"(눅 15:1-7)에서 양을 찾아 어깨에 메고 집으로 돌아오는 목자의 모습을 연상시키며 교황의 명예와 자치권을 상징한다.

4) 어부의 반지(Pescatorio)

교황이 손가락에 끼는 황금 반지인데 이 반지는 예수의 수제자였던 성 베드로가 어부였다는 사실에서 비롯된 것이다. 어부의 반지는 공문서를 봉인할 때 쓰고 교황을 알현하는 사람은 무릎을 꿇은

채 어부의 반지에 입을 맞추는 인사를 한다.

5) 하늘나라의 열쇠

성 베드로가 주저 없이 예수에 대한 바른 신앙을 고백할 때 예수는 베드로에게 하늘나라의 열쇠를 하사해 주셨다(마 16:13-19). 여기서 하늘나라의 열쇠는 지상의 권한을 상징하는 수위권을 상징한다. 그리고 베드로의 후계자인 교황이 그 권한을 계승하고 있다고 본다. 베드로가 열쇠를 잡고 있는 표현은 5세기 초부터 등장했다. 그러나 열쇠만 분리해서 교황의 권위를 나타내는 도구로 사용한 시점은 교황 인노첸시오 3세 이후로 보고 있다.

* **교황의 권위**

현 가톨릭교회에서 교황이 가지고 있는 권위와 지위는 1870년 8월 18일 제1차 바티칸공의회에서 아래와 같이 교의적으로 정한 것이다. 사도베드로가 모든 사도들의 으뜸이요 전체 교회의 기시적인 수장이 아니라고 말하거나 또는 베드로는 우리 주 예수 그리스도로부터 명예 수위권만 받았을 뿐이지 참되고 본연의 수위권을 직접적으로 그리고 중재 없이 받은 것이 아니라고 말하는 자는 파문될 것이다.

그러므로 베드로가 보편교회에 대한 수위권에 있어서 영원히 후계자를 보유한다는 것이 주 예수 그리스도 자신이 하신 설정이 아니라고 말하거나 또는 교황은 이 같은 수위권에 있어서 베드로의 후계자가 아니라고 말하는 자는 파문될 것이다.

  따라서 로마교황은 오직 감독과 지도의 직무만 보유할 뿐 신앙과 도덕에 대한 사안들뿐만 아니라 온 누리에 퍼져 있는 교회의 규율과 통치에 관한 사안들에 있어서도 보편교회 위에 최고의 재치권을 가지지 않는다고 말하는 자나 최고 권한의 일부분만을 가지고 있을 뿐 온전한 권한을 향유하지 못한다고 말하거나 그의 이러한 모든 권한이 모든 교회와 개별 교회에 대해서 행해질 수 없다고 말하는 자는 파문될 것이다. 그렇기 때문에 본인은 기독교 초기부터 수용된 전통을 신실하게 따르면서 우리 구세주이신 하나님의 영광을 위하여 그리고 가톨릭 종교와 그리스도 백성들의 구원을 위하여 거룩한 공의회의 승인 아래 다음과 같은 것이 하나님에 의해 제시된 교의임을 가르치고 규정하는 바이다. 로마교황이 사도좌에서 발언할 때 모든 그리스도인의 목자요 스승으로서 직무를 수행함에 있어서 자신의 사도적 최고 권위를 가지고 할 것이다. 그러므로 로마교황의 결정들은 교회의 동의 때문이 아니라 그 자체로서 개정할 수 없는 것이다.

*교황의 역할

교황의 역할은 방대하고 그 권한도 상당하다

1) 교령을 승인, 재가 또는 정지시킬 수 있다.
2) 대사를 허락할 수 있다.
3) 주교를 임명하고 추기경을 지명할 수 있다.
4) 교구를 설정, 관리, 변경하거나 정지할 수 있다
5) 교구장을 보좌할 수 있도록 보좌주교를 선임할 수 있다.
6) 교황창립학교를 설립하고 인준할 수 있다.
7) 전례서를 출간할 수 있다.
8) 교회 재단의 재산을 관리할 수 있다.
9) 교황청에 속한 선교 활동을 수립하고 관리할 수 있다.
10) 공의회를 소집, 주재하고 폐회할 수 있다.
11) 거룩한 날과 가톨릭 축일 등을 정할 수 있다.
12) 새로운 전례를 도입하고 낡은 전례를 폐지할 수 있다.
13) 교의를 공포할 수 있다.
14) 교회법을 새로 도입하거나 변경, 폐지할 수 있다.
15) 가톨릭 정통 교의를 이교와 이단으로부터 수호한다.
16) 환속을 원하는 수도자들의 서원과 맹세를 풀어 줄 수 있다.
17) 혼인관계의 특별사면을 할 수 있다.
18) 법원의 역할을 한다.

19) 사법절차의 규칙을 세울 수 있다.
20) 문책이나 차별 조항을 만들 수 있다.
21) 청문회를 열 수 있다.
22) 로마교구를 위해 판사들을 구성하거나 종교회의 판사들을 지명할 수 있다.

＊ 교황의 권위에 대한 타 교파들의 입장

  동방정교회는 로마대주교인 교황의 전교회를 향한 재치권을 인정하지 않고 있다. 동방정교회는 초대교회부터 내려오는 5대지역의 대주교의 자리가 모두 동등한 위치를 공유하고 있으며 교황 역시 다섯 대주교 중 한 명일뿐이라고 하여 로마교황의 우위성을 부정한다. 개신교에서는 베드로가 사도들의 대표 역할을 하긴 했으나 로마교회에 직접적인 선교 활동을 한 적도 없으며 로마감독/주교로서 베드로가 직접적인 영향을 끼쳤다는 증거가 충분치 않다는 것이다. 개신교는 물론 서방교회의 전통을 인정하나 로마교회가 초대교회부터 내려온 5대 대교구에서 분리된 로마교구 로 보며 교황 역시 12세기 토마스 아퀴나스의 서방교회의 신학적 정립 이후에 설립된 제도로 인식한다. 교회는 그리스도의 복음과 베드로의 신앙 고백으로 대표되는 성도의 믿음이 교회의 기반이며 전통적 교회 제도는 필요하나 절대적 제도는 복음에 대치된다고 본다.

* 교황敎皇의 무류성(敎皇無謬性 ; Papal infallibillity)

교황의 무류성은 로마 가톨릭교회에서 교황이 전 기독교의 우두머리로서 신앙이나 도덕에 관하여 교황좌에서 장엄하게 결정을 내릴 경우(ex cathedra), 그 결정은 성령의 특별한 은총으로 보증되기 때문에 결단코 오류가 있을 수 없다는 교리이다. 이 교리는 기독교 초기 때부터 전통적으로 내려온 것으로 AD 1870년 제1차 바티칸 공의회에서 교황의 무류성을 결정하였다. 교황의 무류성을 선포한 제1차 바티칸공의회에서도 많은 신학자들이 이 교리를 마리아의 원죄 없는 잉태와 연계해 반대하였다. 그러나 교황권의 강화를 위해 많은 반대에도 불구하고 이 교리를 확정 선포한 것이다. 교황의 무류성에 대하여 결정은 했지만 가톨릭교회의 입장은 절대적인 것 보다 다소 유동적인 면을 보여주기도 한다. 교황 무류성이라고 해서 결코 모든 교황의 발언이 그릇됨이 없다는 것은 아니다. 교황의 신앙과 윤리와 관련된 문제에 관해서 오랜 세월에 걸쳐 물려받은 전통을 충실히 고수하며 교황좌에서 엄숙하게 확정적 행위로 선언할 때에만 무류성이 성립한다는 것이다.

또한 교황좌에서의 선언일지라도 교회의 전통적인 가르침(성경이나 성전)과는 모순되지 말아야 한다. 여기서 교회의 전통적인 가르침은 "보편적 교도권"이라고 부른다. 즉 아무리 신앙과 윤리에 대한 교황의 발언이라도 교회가 여태까지 지켜온 가르침에 어긋나거나 사적인 장소에서 개인적인 의견을 피력한 것 등은 교황좌로부터의 장엄 선언이 아니므로 무류성에 해당치 않는다는 것이다. 가톨릭교회는 교황의 무류성을 뒷받침하기 위해서 가톨릭교회는 다음과 같은 조건들을 제시하고 있다.

1) 교황이 한 사람의 신학자로서가 아닌, 세계교회의 최고 목자이자 영적인 스승으로서 선언한다.
2) 신앙이나 도덕의 문제에만 국한하며 그에 따라 지켜야 할 교리를 차례대로 절차를 밟아 진행한다.
3) 그 발언이 교회의 가르침에 모순이 되어서는 안 된다.
4) 이 가르침은 무류적이다 또는 반드시 믿어야 한다는 것이 분명하게 드러나야 한다.
5) 미리 충실한 조사, 연구, 협의, 기도를 자주 거쳐서 충분히 모두가 이해하여 변경의 여지가 없도록 완성해야 한다.
6) 성령이 부여한 사도적 권위를 가지고 공식적으로 선언한다. 이때 선언문은 "본인은 이에 관해 다음과 결정을 내려 선언한다"는 표현으로 시작된다.
7) 교황의 선언이 전 세계 모든 교회를 대상으로 하는 것이어야 한다. 중세시대와 르네상스시대에 들어와서 교회는 네 가지 무류성을 갖는다고 인정되었다. 첫 번째는 전체 교회의 무류성, 둘째는 주교단 전체의 무류성, 세 번째는 공의회의 무류성, 네 번째는 교황의 무류성이다.

개신교에서는 교황 무류성을 비성경적이고 비이성적인 주장이라고 비판했다. 역대 교황들이 인간으로서 많은 실수와 과오를 저질렀기 때문이다. 교황도 인간이기 때문에 중세시대 일부 교황의 경우 살인과 성적 매매, 간음, 신성모독, 근친상간 등 온갖 악한 일을 저지르는 등 오류를 저질렀다는 것이다.

특히 하나님의 성경에 대해서는 무오류성을 인정하지 않으면서 인간인 교황에게는 무오류를 주장하는 가톨릭에 대하여 비판적인 입장이다. 교황이 주교들의 도움을 받아 교회의 윤리에 대해 결정을 한 것은 실은 하나님의 말씀에 의한 무오한 결정이 아니라 전문가들의 결정일 뿐이다.

믿어야 할 것과 그렇지 않는 것이 성경에서 나오는 것이 아니다. 교황의 결정에서 나온다는 것은 인간의 생각을 절대화한 것이므로 성경 계시의 해석과 설명이라기보다는 전문가들의 결정일 뿐이다. 따라서 개신교에서는 교황의 무오성을 절대로 인정하지 않고 있다. 칼빈도 교황의 무류성 주장에 강하게 비판하며 교황은 반드시 무오할 수 없다고 주장했다. 교황이 무오한 것이 아니라 성경이 무오하며 교회의 결정이 말씀의 진리에서 벗어나는 일은 있을 수 있다는 것이다. 교황이 무오하다는 견해는 절대적으로 비성경적이라고 주장했다. 미국의 퓰리처상을 받은 미국의 역사학자이자 신학자로 잘 알려지고 가톨릭 신자인 게리 윌스는 《교황의 죄》라는 책에서 유대인 소년 납치 사건에 개입한 교황 비오 9세, 나치의 유대인 학살을 모른 체한 비오 12

세 등의 사례를 들면서 교황 무류성의 허구를 지적했다.

그리고 스위스 출신의 세계적인 가톨릭 신학자인 한스 큉은 교황 무류성을 비판하다 1979년 교수직을 박탈당했다. 그는 그의 책《가톨릭의 역사》에서 시대의 변화를 외면한 채 교황은 오류가 없다는 교황 무류성의 후광 아래 마치 하나님의 의지를 대변하는 양 부정직한 입장을 취하는 교회에 대한 대중의 태도는 무관심을 넘어 적의를 보이기까지 하고 있다고 지적했다.

교황 베네딕토 16세가 임기 도중 사임한 이후 이 교황 무류성은 혼란에 빠졌다는 지적도 있다. 과연 사임한 교황도 무류성을 주장할 수 있는 가하는 문제 때문이다. 2013년 2월 19일 베네딕토 16세의 갑작스러운 사임으로 교황의 직위를 둘러싸고 논란이 있다고 보도했다.

워싱톤 소재 아메리카 가톨릭대학의 켄 페닝톤 교수는 "신학적 견지에서 볼 때 한 때는 오류가 있을 수 없다고 간주되던 사람이 어떻게 더는 그렇지 않을 수가 있는가?"라고 의문을 표했다. 학자들은 절대 권위의 교황이 별세가 아닌 사임으로 후임자에게 자리를 물려줌에 따라 필연적으로 교리의 권위가 좀 더 모호해졌다고 지적했다.

옥스포드대학교의 디아메이드 맥컬록 교수는 "베네딕토 교황은 사임으로 무류성의 일부 균열을 가져왔다. 교리도 상대화 될 수밖에 없다"고 말했다.

그러나 가톨릭교회는 사람이 무오류한 것이 아니라 교황좌에서 엄숙히 선포하는 행위만이 무오류할 뿐이라며 퇴임한 교황의 무류성 행사는 불가한 것으로 일축하고 있다.

B. 콘스탄티노플회의(AD 381: 데오도시우스 황제)

AD 381년 5월 데오도시우스 황제는 콘스탄티노플에서 대규모의 세계적 종교회의를 개최하였다. 이 회의의 첫 과제는 콘스탄티노플 감독을 선출하는 일이었는데 회원들의 반대 없이 그레고리우스가 감독에 선출되었다. 그런데 그레고리우스를 선출하는 데는 특별한 이유가 있었다.

새 황제인 데오도시우스가 그레고리우스와 함께 성소피아성당을 찾아가자고 요청했다. 이날은 특히 흐린 날씨로 하늘 전체가 구름에 덮여 있었는데도 단지 한 구멍으로부터 햇빛이 쏟아 내려와서 그레고리우스를 비추어 주었다는 것이다. 당시에 참석했던 군중들은 이런 사건은 하나님이 미리 예비한 것으로 생각하고 "그레고리우스를 감독으로 그레고리우스를 감독으로" 외침으로 황제는 기꺼이 군중들의 요구에 따라 그레고리우스를 감독으로 임명했고 그레고리우스 자신도 이것을 받아들였다. 그레고리우스는 의장 자격으로 콘스탄티노플국제종교회의를 주관하였다. 또 하나의 주제는 그리스도의 신성은 빼고 인성만으로 제한하려는 학설을 반박하고 그리스도는 하나님과 동질인 것을 강조하기 위한 것이었다.

C. 에베소회의(AD 431: 데오도시우스 2세)

이 회의는 데오도시우스 2세 때 소집되었는데 논쟁의 주제는 그리스도는 신이 아니고 Logos가 임했다는 네스토리우스설을 반박하기 위한 것이었으며 결국 이 회의에서 네스토리우스는 출교를 당했다.

D. 칼케돈회의(AD 451: 마르키아누스 황제)

이 칼케돈회의는 미르키아누스 황제에 의하여 소집되었다. 회의가 소집된 이유는 "그리스도의 일성론 문제"였다. 이 회의 결과 중요한 결정을 내렸는데 그것은 칼케돈 신조를 제정한 것인데 그 내용을 살펴보면 예수는 완전한 신이요 완전한 인간이다. 예수의 신성은 성부와 같고 예수의 인성은 우리와 같으나 죄는 없으시다. 예수는 우리의 구원을 위해 동정녀에게서 탄생하셨다는 것이다. 이러한 칼케돈 신조가 결정됨으로 당분간 일성론은 잠잠해지게 되었다.

E. 콘스탄티노플회의(AD 583: 유스티아누스 황제)

이 회의는 유스티아누스 황제가 급하게 소집을 했는데 칼케돈회의가 열린 지 130여 년만에 개최된 것으로 역시 그리스도의 일성론이 다시 대두되어 이에 대한 반박이 그 주제였다.

F. 콘스탄티노플회의(AD 680: 콘스탄틴 4세)

콘스탄틴 4세에 의해서 소집이 된 이 회의는 지난 콘스탄티노플회의 이후 약 100년 만으로 이때도 그리스도의 일성론과 양성론에 대한 논쟁이 주제였다.

G. 니케아회의(AD 787: 콘스탄틴 6세)

이 회의는 콘스탄틴 6세 때 소집이 되었고 지난번 회의들과는 달리 성서 숭배와 성화 숭배를 결정한 것이었다. 이 결정은 장차 로마교회의 가장 중요한 교령의 하나가 되었다.

H. 콘스탄티노플회의(AD 869 & 879: 바실리우스 황제)

이 회의는 바실리우스 황제 때 마지막으로 두 번에 걸쳐 소집이 되었는데 특히 AD 869년에는 성령의 출처에 대한 논쟁으로 AD 879년에는 교황의 권위를 강화하기 위해 소집된 것이다.

제13장 중세시대(中世時代, Medium Aevum; Medieval Times)

중세사(AD 590 - 1517): 그레고리 1세 - 종교개혁 전까지
중세시대는 다음과 같이 구분된다.

1) 과도기시대(590 - 800): 기독교 발전기
2) 로마교회 성장시대(800 - 1073): 동서교회 분리기
3) 로마교회 전성시대(1073 - 1303): 기독교 실 생활기
4) 로마교회 쇠퇴기(1303 - 1517): 종교개혁 전 초기
5) 합리주의 경험주의시대(1580 - 17세기 말까지)

중세시대는 고대와 근대 사이에 끼어 있는 중간 시대를 말한다. 이 시대는 문화적으로는 헬라/로마 문화와 르네상스 문화 사이의 끼어 있었던 시대이다.

이 시대는 종교적으로 기독교를 알지 몰했던 게르만 민족들이 서유럽지역으로 이주해서 기독교를 받아들이고 그리고 받아들인 기독교를 바탕으로 해서 새로운 기독교 문화 그리고 신성로마제국이라는 독특한 기독교 문화를 만들어내는 긴 과정의 시대를 가리킨

다. 그리고 이 시대의 문화는 고대 문화와 전혀 다른 것이 아니고 어느 정도 고대 문화의 뿌리 속에서 새로운 문화가 형성되는 기간이다. 예술적으로는 로마교회를 중심으로 레오나르도 다빈치, 미켈란젤로 등의 세계적인 화가와 조각가들이 맹렬히 활동을 하던 시대이며 중세기 말인 14－16세기에 들어서면서 르네상스 즉 신문화 운동으로 단테와 셰익스피어 등 천재적인 문학가들이 활동한 시대이기도 하다.

경제면으로 볼 때에는 노예경제를 주축으로 하던 고대 경제가 반자유농민의 노동력을 기반으로 하는 체제로 바뀐 것이다. 정치적으로도 많은 변화가 있었는데 로마 제국은 AD 395년 데오도시우스 1세가 죽은 후 그의 두 아들에 의해 동로마와 서로마로 분리되면서 서로 다른 길을 가다가 결국 서로마는 AD 476년에 게르만 민족에 의해 멸망당하고 동로마제국은 약 1000년 동안 지내다가 AD 1453년에 터키의해 멸망당하고 말았다. 막강했던 로마제국이 멸망을 자초하게 되었는데 그 이유를 분석해 보면 다음의 몇 가지로 요약 될 수 있다. 도덕적 타락, 경제적 쇠퇴, 내란과 야만족의 침입 등이 간접적 원인으로 나타난다. 그러나 주요 원인은 ① 로마인들이 2세기 이후부터 인구가 감소되었고 ② 호화와 사치 등 방탕한 생활로 군인들을 모으는데 실패했고 ③ 1세기 이후 정복전쟁이 마무리 되고 나서 생산을 담당하는 생산자 계층인 노예가 부족해서 노동력의 부족을 대처할 방법이 없었고 ④ 로마제국의 정치구조 자체가 잘못되었다. 즉 로마황제가 죽었을 때 권력의 순조로운 승계를 위한 제도적 장치가 없었기 때문에 군인들에 의한 쿠데타가 자주 일어난 것이다. ⑤ 황제가 된 인물들은 어떤 정치적인 계획이나 방책을 세워 통치하는 것이 아니라 자신들의 이기적인 목적을 위해 황제가 된 인물들이었기 때문에 로마제국은 날로 갈수록 쇠퇴할 수밖에 없었다. ⑥ 로마 군인들은 군복무하기를 즐기지 않았고 ⑦ 종교적으로는 기독교가 명실상부한 최고의 가치 개념으로 떠오르면서 사회 전체를 지배하는 이데올로기로 자리를 잡았다. 교황권이 동로마제국으로부터 독립하여 게르만 민족들을 포교함으로써 결국 교황이 서유럽권의 정신적인 지주 역할을 하게 된다.

여기에 힘입어 한때 교황이 직접 서유럽의 황제를 임명하는 사건까지 발생했고 서방교회의 수장인 로마총대주교(교황)와 동방교회의 수장인 콘스탄틴 총대주교의 대립이 본격화 되었다. 이로 인하여 동서교회의 대분열이 일어나 서유럽은 교황 중심의 가톨릭과 동유럽은 정교회로 분리되게 되었다. 날이 갈수록 로마의 교황의 권력이 강해짐에 따라 교황의 세속에 대한 지배도 점차로 커지기 시작했다. 이렇게 중세의 시작을 교회의 세속 지배의 관점에서 본다면 마지막은 교황의 세속 지배가 끝나는 종교개혁을 중세의 종말로 보아야 할 것이다.

중세는 많은 부정적 요소를 갖고 있었던 암흑시대였던 것은 분명하다. 그러나 중세를 역사의 골짜기나 암흑시대로만 볼 것이 아니라 새로운 유럽의 담당자가 된 게르만 민족이 기독교화 되고 유럽에 새로운 기독교 공동체 사회가 형성되었던 의욕적인 시대였다고도 볼 수 있다.

중세교회를 연구할 때 중세기독교의 모순과 부패만을 끄집어내어 비판의 시각으로만 볼 필요는 없다. 오히려 중세교회사에서 보는 부패했던 기독교가 종교개혁을 통해서 신앙의 활기를 되찾고 하나님 중심의 신학으로 바뀌는 새로운 시대가 도래하게 되었다고 긍정적으로 생각해 보는 것도 당연할 것이다.

A. 중세시대의 기독교

이 중세시대부터 기독교회의 역사는 동방에서 서방으로 바뀌어지는 현상이 일어나게 되었다. 동방이 여로 모로 침체되어 있는 동안, 서방은 위인 배출, 문화 예술의 발전, 신학의 정립, 수도원 중심의 종교적 부흥, 종교 생활의 아름다움으로 번영을 가지고 왔다고 할 수 있다. 이 시대에 서구라파와 영국 동북구 등 각국에 선교사가 파송되는 반면에 교황청의 이시도르 위문서(황제가 교황에 복종하도록 하는 가짜 문서)가 등장함으로 교황권이 강화되었고 교회 자체는 부패일로를 걷게 되었다. 국가와 교회간의 많은 싸움이 있었고 십자군 전쟁으로 피해도 속출했다.

신비주의 사상의 출현도 많아 교회가 어려움을 겪었다. 또 교황권을 강화하는 교회법이 제정되어 로마교회와 교황의 행패가 극에 도달하자 드디어 종교개혁자들이 나와서 부패된 구교에서 신교를 발족시키기 위해 종교개혁 운동을 일으키게 되었다.

B. 동방교회와 서방교회

교회가 예루살렘에서 시작하여 로마로 그리고 다시 로마제국 동부인 시리아, 소아시아 그리고 그리스반도, 이집트 및 알마니아 등 로마제국의 동부지역에까지 퍼졌는데 당시에 이 지역에 약 1천만 정도의 기독교인들이 살았다고 초대교회 문서는 밝히고 있는데 이 기독교인들을 가리켜 동방교회라고 불렀다. 반대로 로마제국의 서부 즉 서유럽에도 복음이 확산 전파되어 약 500만의 기독교인들이 교회를 중심으로 신앙생활을 하였는데 이들을 가리켜 초대교회 문서는 서방교회라고 불렀다. 로마를 중심으로 한 서유럽은 당시에 종교, 문화 및 정치의 중심지였기 때문에 로마교회의 교리, 신학 그리고 예식 및 관습들이 서방교회 전체에 확산되어서 외형적으로는 통일된 모습을 보여주어 서방교회가 단일체제를 구축할 수 있는 기회를 가지게 되었다. 동방교회는 상당히 다양한 모습을 보여주었다. 동방정교회 5대 중심지인 이집트의 알렉산드리아, 시리아의 안디옥, 서머나, 니케아, 콘스탄티노플을 중심으로 소아시아의 에베소, 그리스의 아테네 등 정치, 경제, 문화, 학문 및 무역 중심지들이 흩어져 있으므로 자연적으로 기독교도 이러한 대도시를 중심으로 몇 개의 분파로 나누어지게 되었는데 그중에서도 이집트의 알렉산드리아, 시리아의 안디옥은 그 신자 수와 신학적 권위로 쌍벽을 이루었다. 그런가 하면 기독교의 박해가 끝나고 로마 황제인 콘스탄틴 대제가 새로운 야망으로 서방교회의 간섭을 받지 않으려고 수도 로마를 서방교황에게 전적으로 맡기고 자기는 수도를 동방의 비잔티움(후에 콘스탄티노플)으로 옮겼다(AD 330). 그리하여 비잔티움은 콘스탄틴 대제의 후광을 입고 영향력이 커져서 결국은 알렉산드리아, 안디옥, 콘스탄티노플 및 예루살렘 등에 총주교좌를 설립하고 이 총대주교좌를 통해서 기독교인들을 통치하도록 하였다.

5세기에 들어와서 콘스탄티노플의 총대주교인 네스토리우스는 그의 주장으로 그리스도는 희랍철학이 말하는 Logos의 변형이라고 하여 이단으로 정죄를 받았다. 그는 막강한 콘스탄티노플의 총대주교였으나 당시에 유행했던 단성설인 그리스도는 단지 신격만을 가지고 있다는 주장에 밀리고 결국 에베소공의회(AD 431)에서 단죄되어 추방을 당했다. 그 이후 네스토리우스의 제자들은 피신하여 이라크 페르시아로 가서 교회를 세웠고 또는 인도 중국에까지 가서 포교하였고 일부는 서방교회에 흡수되기도 했다. 그리고 이 네스토리우스의 후손들이 오늘에 이란, 이라크, 시리아, 인도, 미국에까지 포교하여 현재 약 10만 정도의 교인들을 가지고 있다고 전한다.

네스토리우스가 추방된 지 20년 만에 AD 451년에 칼케돈공의회에서 에우티게스가 그리스도의 인성을 신성에 흡수시켜야 한다는 주장을 하다가 결국은 쫓겨나기도 했다.

이렇게 서방교회와 동방교회가 서로의 정치 및 의식의 문제로 다투다가 드디어 AD 1054년에 완전히 갈라지게 되었다.

동방교회와 서방교회의 분리의 주원인은 서방교회를 통치하는 로마교황에게 동방의 모든 총대주교들이 무조건 항복하고 둘째로는 로마교황은 그리스도를 대신하는 하나님의 유일한 종으로 인정하고 그리고 일단 교황으로 선출되면 죄를 짓지 않는다는 것을 믿으라는 것이다. 동방교회 총대주교들은 이를 반대하여 자기들의 영역은 로마교황의 지배를 받지 않고 독자적인 자치구역으로 통제되도록 총대주교 공의회에서 결정하도록 원칙을 세웠다.

C. 동방교회의 특징

콘스탄티누스 로마 황제가 주후 330년 수도를 콘스탄티노플로 옮겼다. 주후 381년 콘스탄티노플 공의회는 당시 지중해 연안을 중심으로 존재하던 기독교계를 로마대관구, 콘스탄티노플대관구, 알렉산드리아대관구, 안디옥대관구, 예루살렘대관구 등 5개의 대관구로 나누어 지도자들이 모여 교회공의회를 개최하였다. 그 후 주후 590년 그레고리 1세가 교황직에 오른 이후 로마대관구는 일취월장하여 다른 4개 교구를 훨씬 능가하는 관구가 되어 정치 · 문화 · 신학적으로 갈등을 겪어오다가 급기야 1054년 동서방교회로 갈라지고 로마와 콘스탄티노플 간의 분열이 일어나던 당시 동방교회는 "신로마"로 불리며 콘스탄티노플을 그 중심지로 삼게 되었다. 그 후 동방교회는 그리스정교회와 러시아정교회로 나뉘어 오늘에 이르게 되었다.

D. 동방정교회의 신학

동방정교회는 신구약 66권만을 신앙 활동의 규칙으로 삼는 신교의 신학과는 아주 다르다. 이러한 동방정교회는 전승에 전적으로 기초한 신학이다. 전승이란 ① 성경(Bible)과 ② 신조(Creeds) ③ 에큐메니칼공의회의 결정 사항들(Decrees) ④ 교부들의 저작물(the writings of Fathers) ⑤ 교회 규범(Canons) ⑥ 예식서(the service books) 그리고 ⑦ 성화(Icons) 등 7가지가 중요시되는 데 그 중에서도 성경, 공의회의 결정 사항 그리고 신조들이 그 중심을 이루고 있다. 동방교회는 그들의 의식(rituals)과 전례 절차 및 법제와 관습에 따라 대강 다섯 개

부류로 갈라져 있다. 가장 큰 비잔틴 종파는 정교회(Orthodox)로 알려져 있는데 이 정교회는 다시 그리스정교회와 러시아정교회로 분리되고 있으며 현재 그리스를 포함한 이스탄불(구 콘스탄티노플)을 중심으로 하는 그리스정교회가 약 1억 명의 교인을 가지고 있고 그리고 러시아를 중심으로 한 러시아정교회가 약 1억 5천만의 교인 수를 가지고 있다. 2018년 그리스정교회가 우크라이나 정교회의 독립을 인정하자 그리스정교회와 러시아정교회는 1천 년 만에 완전히 관계를 끊어 버렸다. 사실상 인종과 문화의 차이 때문에 의식이 다소 다르지만 신학적으로는 서방교회와 동방교회는 별 차이가 없다고 본다.

그동안 서방교회와 동방교회는 일치를 여러 번 시도하였으나 실패하였는데 가장 중요한 이유 중의 하나는 로마교황의 무오설이고 그리고 로마교황만이 그리스도의 유일한 대리자라는 것이다. 최근에 그리스정교회는 서방교회와의 일치를 위해서 그리스 총대주교가 로마교황을 몇 번 만난 적이 있으나 공산 진영에 속해 있는 러시아정교회는 정치적인 관계로 서방교회와 로마교황의 영향을 받지 않으려고 하였으며 또 동방정교회는 1950년에 들어와 콘스탄티노플 총대주교가 전체 동방정교회의 중심이라고 선언했지만 러시아를 비롯한 공산 진영의 러시아정교회가 반대함으로 성과를 거두지 못했다. 서방교회의 로마교황을 의식해서인지 동방교회는 교황이라는 명칭을 사용하지 않고 그 대신 총대주교라는 명칭을 사용하고 있다. 동방교회의 제도는 총대주교 밑에 대주교, 주교, 신부로 나누어진다. 서방교회에서는 하나님의 계시는 성경과 성전을 통해서만 나타난다고 주장하면서 유형적 교회의 중요성을 특히 강조하고 있다.

　서방교회에서는 외경을 정경으로 삼고 있지만 러시아정교회에서는 외경을 부인한다. 서방교회에서는 성령이 성부와 성자에게서 유출되었다고 하지만 반대로 동방교회에서는 성령이 오로지 성부에게서만 나왔다고 하는데 이 두 가지 설은 신교의 삼위일체설에 배반되는 신학이다. 성모마리아에 대하여 서방교회는 숭배의 대상으로 삼지만 동방교회는 성모는 모태에서 성화되지 못하여 숭배의 대상은 되지 못한다고 믿는다. 서방교회가 예수 그리스도의 탄생을 시점으로 한다면 동방교회는 부활절을 중심으로 한다. 동방교회에서는 성탄축하는 1월 6일로 정하고 있으나 서방교회에서는 12월 25일을 성탄절로 지키고 있다. 동방교회에서는 수도생활을 중요시하고 서방교회에서는 사제의 결혼이 금기로 되어 있으나 동방교회에서는 1923년 이후로 홀아비가 된 부제나 신부는 재혼이 허락된다.

E. 동서교회의 분리의 원인과 결과

　동서교회의 분리의 간접적인 원인을 살펴보면 먼저 주후 395년 동서로마제국의 분리 때문이다. 다음으로 로마교회가 찰만 대제에게 황제의 왕관을 수여했기 때문이다. 셋째로 동서의 언어상 차이 때문인데 동은 헬라어, 서는 라틴어를 사용했다. 넷째로 교리적 차이 때문이다. 동은 화상 예배를 반대하고 성부에게서 성자가 나왔다고 주장했다. 서는 화상 예배를 찬성하고 성부 성자에게서 성령이 나왔다고 보고 있다. 그러나 직접적 원인으로는 서방의 교황과 동방의 콘스탄틴 대주교 간의 교권 쟁탈전 때문에 분열을 가져온 것으로 본다.

AD 1054년 7월 16일 드디어 서로 간에 파문장을 발송함으로 완전 분리되었다.

F. 로마교회의 전성시대

오토(Otto) 1세부터 프란츠 2세까지는 로마가 신성로마제국으로 명칭이 바뀌어졌는데 그 이유는 로마가 기독교 로마제국이라는 것을 의미하는 말이었다. 8-9세기경 영토를 확장해서 기독교회에 공헌을 세우고 그의 사후 제국은 사분오열로 난국을 계속 만나게 되었다. 교황 요한 12세는 오토의 공적을 치하하여 그를 "신성로마제국 황제"라는 칭호를 주었다. 이후부터 동로마국왕이 이탈리아의 왕까지 겸하게 되고 국위도 펼치게 되어 이것은 AD 1806년 나폴레옹 정복 때까지 계속되었다.

* 이시도르 문서

제9세기경에 《역대 교황의 교령집》이라는 문서가 출현했다. 서반아의 학자 이시도르가 썼다고 하나 사실인지 확인되지 않고 있다. 이것은 교황의 세력을 증대시키기 위한 위조문서다. 이것에는 "콘스탄틴의 기증서"라는 것도 있다.(즉 콘스탄틴 대제가 라테란 궁전과 이태리의 토지를 교황에게 기증했다는 내용이다) 이 내용 속에는 교직은 신의 특정 계급이고 교황은 논쟁의 최고 책임자라는 내용도 있다. 이것이 종교개혁 전까지 진짜문서로 사용되었으나 AD 1440년에 로렌스 빌라가 위문서임을 발견하였다.

G. 십자군(十字軍; Crusade) 전쟁의 원인과 결과

십자군 전쟁은 중세 로마교회의 공인을 받은 종교 전쟁이다. 본래 십자군이라고 하면 성지를 이슬람 세력으로부터 탈환하기 위해 조직된 군인들이었다. 그 후에는 동해안지역에서 이교도나 이단의 토벌을 주로 하는 의무를 가진 군인들이었다. 그러나 그 당시에는 십자군이라는 용어는 쓰여지지 않았는데 AD 1760년경에 처음으로 명칭이 붙여졌다. 중세시대에 기독교가 종교로서 다른 종교를 박해하여 씻지 못할 오점을 남긴 것 중의 하나는 십자군 전쟁을 통하여 행해진 모슬렘의 대학살 사건이다.

십자군 전쟁이 일어나게 된 직접적이 원인은 이슬람교도인 모슬렘이 예루살렘을 주후 1071년에 무조건 점령하였기 때문이다. 또 흉년으로 예루살렘이 경제적 불황이 계속되자 반작용으로 오히려 기독교인들의 성지 순례자가 더 많아져서 이슬람교도와의 충돌이 잦았다는 것이다. 교황 우르바누스(Urban II)는 Clermont종교회의에서 성지 회복을 위하여 십자군을 조직키로 하고 십자군에 가담하게 되면 일체의 죄가 사면 받게 된다고 교황법을 제정했다.

  십자군 전쟁이 도움이 되었던 것은 이슬람교도의 서방 침입을 저지시키고 이 전쟁으로 기독교도의 사명 의식을 다시 환기시키게 되고 동시에 봉건제도의 붕괴로 상공업이 왕성하기 시작했다. 특기할 만한 것은 이슬람 국가의 지식을 흡수하므로 동방과의 문화 교류가 촉진되고 로마교회의 재산 증가로 교황권이 확장되었다는 것이다. 단점으로는 순교 정신보다 성모를 위하는 전투 정신이 더 존경을 받게 되었다는 것이다. 소년 십자군을 동원해 물의를 일으키고 오합지졸의 1차 십자군 전쟁에서 민심을 잃게 되었으며 경제 파탄으로 국민 생활이 격심해진 것이다.

  십자군 전쟁의 실패의 원인은 교황에게 군사 통솔력이 결여되었고 십자군 전쟁의 필요성에 관한 의견이 일치되지 못했으며 전쟁이 8회에 걸쳐 많은 시간이 소모됨으로 불평이 일어나기 시작했고 대장정에 대한 군사들이 지쳐 있었기 때문이었다.

* 로마 가톨릭교회

가톨릭교회는 3세기까지 전역에 흩어져 있던 수많은 교회 가운데 하나였던 로마교회가 중세기를 향하여 로마 가톨릭교회가 되고 지방의 일개 장로에 불과하던 로마교회의 감독이 세계교회의 머리가 된 것은 로마제국과 신성로마제국의 뒷받침으로 특히 콘스탄틴 대제의 등극과 AD 313년 밀라노칙령으로 신앙의 자유가 허락되면서 가능해졌고 또 더 나아가서 기독교를 국교로 하는데 큰 영향을 받게 되었다고 본다. 그 후 AD 533년에는 로마교회 감독을 "세계교회의 머리"로 공식으로 인정하게 되었다.

로마 가톨릭교회의 역사를 간단히 소개하면 다음과 같다.
1) 2세기경에 장로를 사제라고 부르기 시작하였다.
2) 3세기에 죽은 자를 위한 기도가 시작되었고(바벨론 종교의 풍습) 교회가 십자가의 형상을 만들기 시작했다.
3) AD 320년경에 예배 시 촛불을 사용하기 시작함.
4) AD 375년경에 천사 및 죽은 성인들을 숭배하기 시작함.
5) AD 394년에 미사를 통해서 매일 예배드리는 예식이 생김.
6) AD 451년경에 에베소공의회의 결정으로 마리아를 "하나님의 어머니"라고 부르기 시작했다. 마리아가 원죄없이 잉태하였고 죽을 때 몸과 영혼이 하늘에 승천했다고 믿는다. 마리아는 또 모든 사람의 어머니이자 여왕이고 하늘의 문이며 그녀를 통해

서 용서받는다고 믿는다. 또한 마리아를 통해서 예수님과 하나님께 나아갈 수 있다고 생각한다. 가톨릭교회는 사탄 숭배 국가였던 바벨론 종교의 우상과 풍습을 그대로 받아들여 마리아 숭배를 가톨릭교회의 원칙으로 삼았다. 그러나 가톨릭교 내에서는 자녀를 7이상 가진 마리아가 평생 동정녀로 살았다고 믿는다는 것은 잘못된 것이라고 지적하는 학자들도 있다.

7) AD 500년경에 사제들이 예복을 입기 시작함.
8) AD 593년경에 교황 그레고리 1세가 연옥의 교리를 확립시킴.
9) AD 600년경에 예배 때에 라틴어를 사용하고 마리아에게 기도하는 예식이 생김.
10) AD 610년경에 보니파 3세가 최초로 선출된 교황이 됨.
11) AD 709년에 선출된 교황의 발에 입을 맞추는 습관이 생김.
12) AD 786년에 십자가 및 형상 숭배를 인정함.
13) AD 850년경에 성수를 위해 축복기도를 하기 시작함.
14) AD 994년경에 교황 요한 15세가 죽은 사람들을 성인으로 봉헌하는 예식을 거행함.
15) AD 998년경에 금요일과 사순절에 금식하는 일을 제정함.
16) AD 1012년경에 교황 베네딕트 8세는 공개적으로 뇌물을 주고 교황직을 산 부도덕한 교황으로 로마 가톨릭교회가 어려움을 당함.
17) AD 1160 - 1216년경 사이에 종교재판소를 창설하여 교황의 말을 듣지 않고 성경대로 믿는 그리스도인들을 학살함.
18) AD 1190년경부터 성전 건축 목적으로 면죄부를 팔기 시작함.

19) AD 1464—1484년 사이에 교황 바오로 2세는 비싸고 호화로운 왕관을 쓰고 궁전에 많은 첩을 두었다.
20) AD 1848년에 교황 비오 9세는 제1차 바티칸공의회를 열고 다음과 같이 선언했다. "누구든지 신성한 베드로가 모든 사도들의 왕자로 임명되지 않았다고 말하거나 투쟁적인 교회 전체의 가시적 수반 즉 우리 주 예수 그리스도로부터 직접 그리고 지체 없이 유일한 으뜸 되는 명예를 받지 않았다고 말하는 자나 베드로가 교회 전체 위에 진정한 그리고 고유한 관할권을 가진 수반이 아니라고 말하는 자는 저주를 받을지어다."
21) AD 1950년에 교황 비오 12세가 마리아가 죽지 않고 승천한 것을 선언했다.
22) AD 1951년에 교황 바오로 6세가 마리아를 교회의 어머니라고 부르라고 선언했다.
23) 최근에 발표된 기사에 의하면 가톨릭 신부들과 주교들의 어린아이 성폭행을 은근히 묻어두려 했던 Washington 대주교이며 추기경과 더불어 동시에 이러한 신부들을 보호하려는 현 프란시스코 교황도 사임해야 한다는 선언들이 소수의 가톨릭 추기경들에게서 일어나고 있으며 특히 소수인들을 보호한다는 현 교황이 동성애자들을 보호하는 듯한 태도에 가톨릭 신자들이 실망스러워 하고 있으나 감히 교황의 절대 권력에 도전하지 못해서 안타까워하는 모습이 보이기도 하다.

제14장 중세시대 기독교의 변천 과정

　중세시대를 흔히 암흑시대라고 말한다. 그것은 무엇보다 가톨릭 교회의 부패로 인해 기독교 본래의 모습이 자취를 감추고 또한 가톨릭교회가 중심이 되어 운영되는 봉건주의 때문이다. 즉 가톨릭 사제들이 영주가 되고 영주 밑에 교인들을 중심으로 영주의 노예가 된 농노사회가 암흑시대를 초래했다. 중세 암흑기간 동안의 신학과 철학은 때로는 서로를 필요로 하고 때로는 서로를 등지는 애증관계라고 보는 것이 무난할 것으로 보인다.

　물론 신학과 철학의 상관성에 대해서는 신교와 구교가 서로 다른 태도를 가지고 있으며 해석에 있어서도 다소의 차이가 있다. 중세의 신학은 무엇보다 초기교회의 교부신학자인 어거스틴의 신학에 뿌리를 두고 있는데 어거스틴은 신앙을 중심으로 하는 신학을 전개하면서도 기독교에 철학적 요소를 다소 불어넣은 느낌을 준다. 후에 토마스 아퀴나스는 어거스틴의 신앙의 토대 위에 철학을 중심으로 하는 신학을 형성했다.

　가장 주목해야 할 사실은 중세시대에 토마스 아퀴나스의 신학이 가톨릭교회의 모든 제도를 집대성하는 튼튼하고 건전한 기초를 세우게 되었다는 사실이다. 그러나 무엇보다도 중세 신학의 근원은 어거스틴의 신앙의 토대 위에 다시 그리스철학에 의존하고 있다고 볼 수 있다. 기원전 4세기경에 아테네의 철학자 플라톤(Plato: BC 427-347)은 우리가 우리의 눈으로 보고 만지는 세상이 실제로는 그림자의 세계로서 순수한 영혼이 철학적 명상을 통해서 얻을 수 있는 영적인 형상의 영원한 세계를 복사한 것이라고 주장했다. 또 한편 중세철학은 아리스토텔레스(Aristoteles: BC 384-322)에 의해 깊은 영향을 받았는데 그의 주장은 영혼이 어떻게 역경을 딛고 일어서서 철학적 명상을 통해서 하나님을 볼 수 있는지를 말해 주는 것이다.

A. 스콜라철학

스콜라철학은 초대시대와 중세시대를 대표하는 철학으로 주후 8세기부터 15세기까지 걸쳐서 상당히 발전하였으며 13세기 토마스 아퀴나스시대에 전성기를 누렸고 15세기 말에 쇠퇴하였다. 스콜라철학은 초대교부시대 때에 수도원을 중심으로 발전했으며 나중에 찰만 대제의 궁정학교에서 많이 유행하였다. 스콜라철학의 특징을 열거하면 이성과 신앙, 신학과 철학을 유기적으로 조화시키려고 노력한 점과 기독교를 철학적, 합리적으로 논증하려 했으며 신학을 그 시대의 사조에 맞추어 재조정했다는 것이다.

스콜라철학의 약점으로는 역사적인 논쟁을 경시하고 터무니없는 철학 위에 지나치게 의지한 점과 성경 해석에 있어서 건설적(constructive) 해석 시도를 하지 않은 것과 형식과 논리를 과도하게 적응한 점 그리고 막강한 권위를 상징케 하는 로마교회를 탄생시켰다는 점이다. 스콜라철학의 장점으로는 신학 접근방법이 상당히 진보한 점과 기독교 진리를 철학적, 합리적 논증을 통해 이해하려는 것이다. 스콜라철학은 진리 해설 상 오류방지에 큰 도움이 되었다는 점도 특기할 만하다.

스콜라철학의 대표적 학자들은 초대교부시대의 희랍 및 라틴 교부학자들과 중세시대의 토마스 아퀴나스, 안셀름, 보나 벤트리, 윌리암 옥캄, 스코투스, 알렉산더 등을 들 수 있다. 또 중세시대 후기에 들어오면서 철학적 사상이 형이상학 쪽으로 기울게 되는 현상을 볼 수 있다. 중세 후기의 사상가들은 물질적인 우주, 즉 자연 그 자체에 관심을 기울이지 않고 자연 뒤에 놓여 있다고 그들이 믿는 실체, 즉 창조주에 흥미를 가졌다. 그 대표적인 철학이 소위 스콜라철학이다. 스콜라철학은 실체에 관한 기독교적인 이해를 정의하고 체계화하는 것과 관련된 중세의 사상적 학파로 자리를 잡게 되었다.

스콜라철학이 가장 중요시 하는 것은 하나님과 이 세상과의 관계를 연구하는 것이었다. 그리고 이 철학의 대표적인 신학자로 안셀름과 토마스 아퀴나스를 들 수 있다. 그들은 기독교적인 믿음을 이성적인 사고와 연결시키는 데 똑같이 관심을 두고 있다.

안셀름이나 아퀴나스가 주장하는 형이상학적 철학의 기본적 방법은 사물의 본질과 창조주와의 관계를 끊임없이 추구해 보는 것이다. 형이상학적 사고는 대강 세 가지 종류로 나누어지는데 실제론자들과 명목론자들과 개념론자들로 구성되어 있다. 실제론자들은 보편적인 것이 진리라고 고수하는 반면에 명목론자들은 보편적인 것을 거부하고 모든 사물의 본질은 특수성을 가지고 있으며 신이 그렇게 창조했다고 믿는다. 개념론자들은 사물의 보편성과 특수성을 다 받아들이는 중도적 입장을 취하고 있다.

B. 안셀름(Anselmus: AD 1033 - 1109)

　안셀름은 귀족 가문에서 태어나 AD 1060년 베네딕트수도원으로 들어갔다. AD 1061년 수도사가 되었고 후에 이 수도원의 원장이 되었다. 안셀름은 훌륭한 고전 교육을 받았으며 당대의 우수한 라틴어 학자로 평가를 받았으며 수도원에서 높은 지적 능력과 깊은 신앙으로 많은 존경을 받았다. AD 1077년 《독백론(Monologlum)》을 기록하였는데 이 책은 신의 현존과 속성을 권위에 호소하지 않고 이성에 의존해야 함을 논증하려 했다.
　AD 1078년 베크 대수도원장이 되었는데 베크수도원은 수도사들의 신학 연구의 중심지로 알려졌다.

안셀름은 인간이 죄로 인하여 악마에게 빚을 지고 있다는 고전적 견해를 반박하고 또 구원의 본질을 성찬식과 그리스도와의 개별적이고 개인적으로 화평하는데 있다고 보았다. 또 세례는 성찬의 길을 열어주는 통로가 된다고 하였으며 또 사람은 하나님의 영광을 위해서 태어났다고 하였다. 또 하나님이 인간의 죄를 용서하기 위해서 몸소 성육신하고 희생의 제물이 되었다고 강조했다. 그러나 모든 인간에게 구원의 길을 열어준 것은 아니다. 하나님에 대한 철저한 신앙이 있어야만 하는데 신앙이 없이는 왕이든 귀족이든 심지어 주교라 할지라도 구원의 대상이 될 수 없다고 주장했다.

안셀름은 스콜라철학의 대표적인 신학자이며 실재론자이다. 안셀름은 또한 이성과 신앙은 불가분의 관계를 가지고 있으며 이성은 신앙의 길을 밝혀주는 등불이라고 하였다. 또 그가 남긴 유명한 세 가지 말이 있는데 첫째는 "나는 믿는다. 그런고로 나는 이해한다(Credo ut Intelligam)."이며 둘째는 "내가 생각한다. 그러므로 나는 이해한다(Intelligo ut Credam)."이고 셋째는 "나는 이해하기 위해 믿는다(Credo ut Intelligas)."이다.

이성으로는 신앙에 도달할 수 없지만 믿고 난 다음에는 지성을 추구하게 된다는 것이다. 그는 존재론적 신 증명을 시도하며 하나님은 우리의 이해와 직관과 이성을 초월하여 생각할 수 없을 정도로 가장 위대한 분이며 또한 실제로 존재하는 것보다 더 위대한 존재임을 주장했다. 그리고 "보상만족설"이라는 구원론을 전개했다. 하나님의 공의를 만족시키기 위해 죄 없으신 예수님께서 우리의 모든 죄를 대신해서 십자가의 형벌을 받으므로 즉 예수라는 대표자 안에서 모든 인간은 죽음의 처벌을 받고 죗값을 모두 치루었다는 것이다.

안셀름은 AD 1093년에 Canterbury의 대주교가 되었고 일생을 어거스틴의 신학을 연구하는데 심혈을 기울이는데 어거스틴의 신학과 한 가지 다른 것은 어거스틴이 faith first and reason second를 주장했다면 안셀름은 reason first and faith second로 신앙을 갖기 위해 이성의 역할이 더 중요하다는 것이다. 또 하나 다른 것은 자기의 후계자라고 할 수 있는 토마스 아퀴나스와 의 차이점이다. 안셀름의 사상이 신학적(theo-logical)이라면 토마스 아퀴나스의 사상은 대부분 철학적(Philo-sophical)이라는 것이다.

기독교철학의 선구자인 안셀름은 또한 형이상학의 존재론적 입장을 취하고 있다. 그의 중요한 저서인《왜 하나님은 인간이 되셨는가?》에서 그는 속죄에 대한 논리를 펼치려고 노력했고, 성경을 통해서 우리가 알고 있는 하나님의 인격과 인간의 원죄를 기초로 하여 그는 예수가 이 땅에 오셔서 죽어야 하는 이유의 내적인 필요성을 증명하려고 시도하였다.

안셀름의 존재론적 주장은 하나님의 존재에 대한 논리적 증명을 완성하려고 노력했다는 것이다. 존재론적 논증은 가장 완벽한 사물의 개념을 변형시키는 특성으로서 존재를 취급하자는 것이다. 칼 발트는 안셀름의 존재론에 대해서 명석한 논평을 달면서 안셀름의 요지는 신의 존재를 경험이나 기독교적 계시에 대한 호소 없이 이성으로만 증명하려는 것은 잘못된 것이라고 했다.

우리는 가장 완벽한 존재이신 살아계신 하나님이신 그분이 어떤 분이신지 일단 알고 나면 이성적으로 그분을 부정할 수 없다는 것을 보여주기 위한 것이라고 칼 발트는 말한다.

위에서 언급한 대로 안셀름은 그가 그의 존재론적 주장을 내놓으면서 "나는 이해하기 위해서 믿는다(I believe to understand who God is)"라는 논리에 반하여 칼 발트는 오히려 신앙 속에서 살아계신 하나님을 만났을 때만 기독교 신앙의 진리를 파악할 위치에 이르게 된다고 말하면서 안젤름의 생각의 잘못되었음을 지적한다. 그러나 가톨릭교회 신학을 대표하는 아퀴나스는 안젤름의 신학을 따르고 있다.

C. 토마스 아퀴나스(Thomas Aquinas: AD 1224 - 1274)

토마스 아퀴나스는 초대 교부시대의 어거스틴 다음으로 중세시대를 대표하는 신학자요 스콜라철학자이다. 그는 또한 자연신학의 으뜸가는 선구자이며 현재 Catholic의 교회 구조를 집대성한 신부이기도 하다. Catholic에서 가장 존경하는 신학자 중의 한 사람이며 Catholic 교회에서는 그를 천사장 신학자요 박사로 존경하고 있으며 교황 못지않게 인기가 있는 신부로 그의 이름을 따서 세운 대학 및 신학교가 아주 많다. Catholic교회에서는 그의 이름을 빼놓고는 말할 수 없을 정도로 Catholic교회의 조직을 집대성한 사람이다. 그의 최고 업적인 Summa Theologiae는 오늘의 Catholic교회의 신학과 구조의 틀을 만드는데 기여하였다.

오늘날까지도 그가 기독교계의 논쟁의 대상이 되는 것은 그의 구원관이다. 즉 다른 종교를 통해서도 구원이 가능할 수도 있다는 것이다. 토마스가 오늘날 종교다원주의에 길을 열어놓은 사람이요 또한 구원을 위해서는 하나님의 은총과 동시에 인간의 공로와 업적이 반드시 필요하다고 주장한 신학자이다.

토마스는 이탈리아의 나폴리 근교 로카세카성에서 Aquino지방 영수 중 하나인 란돌포의 9남매 중 일곱 번째 아들로 태어났다. 그는 50세 되던 해에 짧은 생애를 마쳤다. 그의 아버지는 토마스를 성 베네딕토수도회 소속의 몬테카시노수도원으로 보냈다. 여기서 토마스는 수도사 수업을 받았다. 그의 아버지가 그를 이 수도원에 보낸 것은 장차 토마스가 이 수도원의 원장이 되었으면 하는 욕심에서 시작했는데 그는 정치적 모략 때문에 중도에서 수도원을 떠나게 되었다.

그는 그 후 프레데리쿠스 2세의 후원을 받아 나폴리대학교에 입학하게 되었다. 토마스는 당시의 7개 필수과목인 문법, 논리학, 수사학, 대수학, 기하학, 음악 및 천문학을 배우게 되었다. 그는 더 나아가서 아리스토텔레스의 철학을 접하게 되고 또한 프란체스코수도회의 라이벌인 도미니칸수도회에 들어가서 공부를 하게 되었다. 그러나 그의 앞길은 순탄치 않았다. 토마스가 도미니칸수도원으로 들어갔다는 소식을 들은 아버지는 도미니카수도회의 후원으로 파리로 유학을 가던 아들을 납치해 로카세카성에 감금하여 1년 동안 회유와 협박을 통해 도미니칸수도회에서 탈퇴할 것을 강요했다. 그러나 토마스의 소신을 굽힐 수 없음을 깨달은 아버지는 결국 토마스를 다시 도미니칸수도회로 돌려보냈다. 이렇게 귀족의 아들로서 몬테카시노의 수도원장이 될 수 있는 화려한 삶 대신에 소박한 삶을 사는 수도사가 되기를 토마스는 선택했다.

파리대학에서 공부를 마친 토마스는 젊은 나이에도 그의 천재성을 발휘했다. 1252년 당시 최고의 석학으로 알려진 알베르투스는 도미니칸수도회의 총장으로부터 파리에서 강의할 신학자를 추천해 달라는 청탁을 받고 젊은 토마스를 파리대학의 교수로 적극 추천했다. 그러나 총장은 난색을 표했다. 파리대학의 명성에 따라 노련한 학자를 원했는데 27세밖에 안된 젊은 토마스를 받아야 하는가에 대한 의문을 가지게 되었고 만약 받아들이는 경우 정치적인 압박이 들어올 수도 있다는 생각을 총장은 하게 되었다. 그러나 알베르투스는 도미니칸수도회의 선배이자 추기경이었던 생세르의 위그(Hugues de Saint Cher)를 설득하여 총장에게 압력을 가했다.

토마스는 결국 파리대학에서 교수로 강의를 하게 되었다. 그러나 그의 앞길은 가시밭길이었다. 도미니칸수도회의 출신들이 파리대학에 오는 것을 반대하는 많은 교수들이 있었다. 그래서 토마스 교수 취임 강연에 혹시나 폭력사태가 일어날 것 같아서 프랑스 왕의 군대가 강연장까지 파송되었다. 그는 조금도 낙심치 않고 그의 학문적 천재성을 발휘해 대학자로 발돋움을 하기 시작했다. 그 다음 토마스는 1265년부터 1268년까지 로마의 수도원에서 교수로서의 활동은 물론 저작 활동의 고삐를 늦추지 않았다. 그는 여기에서 그의 대작인 《신학대전(Summa Theologiae)》을 집필하기 시작했다. 토마스는 파리대학 역사상 두 차례나 교수직을 역임하는 영광을 안게 되었다. 1268년부터 1272년까지 4년 동안 신학자로, 성직자로 또 수도회를 대표하는 학자로서 학생들을 올바로 가르쳐야 한다는 압박감에 시달리기도 했다

한때 프랑스 왕으로부터 식사 초대를 받은 토마스는 갑자기 깊은 생각에 잠겨 있다가 느닷없이 모든 사람이 놀랄 만큼 세게 식탁을 내려치며 "그래 마니교도들을 논박할 방법을 찾았다"며 큰 소리로 외치고는 비서들에게 자기 말을 받아 적으라고 호들갑을 떨었던 모양이다. 프랑스 왕은 자기에 대한 결례로 큰 벌을 내릴 수 있었으나

토마스의 학구적 열의를 감안해서 조용히 기다렸다는 일화도 있었다. 그는 이시기에 건강도 좋지 않았으나 수많은 저작 활동으로 잠을 제대로 이루지 못했다. 그러나 그는 엄청난 저술 양과 최대의 업적인《신학대전》을 완성하는 기적을 보이기도 했다. AD 1274년 1월 초 여동생을 마지막 방문할 때 그는 거의 말을 못하고 제자들을 통해서 "이제 내가 바라는 것 한 가지는 하나님이 내 저술 활동에 종지부를 찍었듯이 내 인생도 빨리 끝냈으면 하는 것이라네"라고 말했다고 전한다.

1274년 3월 7일 토마스는 100여 명의 수도사와 평신도들이 임종을 지키는 가운데 영면하였다. 토마스가 왜 그렇게 빨리 세상을 떠났는지 아직도 기록에 남아 있지 않고 과로에 쓰러졌을 가능성을 추측하고 있다. AD 1274년 5월 2일 파리대학 총장과 운영진은 토마스의 죽음을 애도하면서 그가 파리에 묻히도록 요구했으나 거절당했다. 그 이유는 수도원이 "위대한 성인"의 시신을 내 줄 수 없다고 말했다.

1. 토마스의 철학사상

토마스는 기독교 교리와 아리스토텔레스의 철학을 종합하여 스콜라철학을 대성한 중세 기독교의 신학자이다. 다만 아리스토텔레스를 수용할 때 "은총은 자연을 파괴하지 않고 오히려 자연을 완성시킨다."는 태도를 갖고 자연과 신앙 및 이성 사이에 조화로운 통일을 이루었다. 그의 기독교적 Humanism은 특기할 만하다. 자연은 신이 창조한 것이다. 인간의 이성은 자연 가운데서 가장 고상한 부분이므로 인간이 자연 전체에 대한 이해를 통해 신의 존재를 추론하는 것이 신을 찬미하는 길이라고 토마스는 주장했다. 토마스는 예리하고 지능이 뛰어난 사람으로 일찍부터 철학의 뒤를 이어 형이상학적인 사고방식에 심취해 있었으며 20대에 벌써 아리스토텔레스의 형이상학을 이용하며 로마가톨릭의 표준 신학을 형성하게 된 천재였다.

그는 기독교 신학의 모든 주제를 아리스토텔레스의 철학을 사용하여 체계화했다. 토마스에게 있어서 자연과 초자연의 종합이 시도되는 데 "자연"에 대한 지식은 이성에 의해서 곧 아리스토텔레스의 철학에 의해서 제공된다는 것이다. 토마스에 의하면, "하나님의 은혜(초자연)는 자연을 파괴하는 것이 아니라 자연을 완성한다"는 명제가 성립된다.

토마스에 의하면 모든 신학적 연구의 목적은 하나님과 사람의 관계와 그리고 사람의 운명에 대한 지식을 주는데 있다고 한다. 이러한 지식은 부분적으로는 이성과 자연신학에서 오나 그것만으로는 완전하지 않다고 보았다. 그것은 유일한 최종적 권위인 성서에 기록된 계시의 도움을 받아야 하고 성서는 또한 공의회와 교부들의 해석에 비추어 이해되어야 한다는 것이 토마스의 주장이다. 계시의 진리는 이성으로는 알 수가 없으나 이성이 계시의 이해에 도움이 되는 것은 부정할 수 없다고 말한다.

그리하여 토마스는 모든 기독교 진리는 철학적으로 완전히 증명할 수 있다는 안셀무스의 사상에 다소 의구심을 갖게 되고 동시에 계시와 이성은 하나님으로부터 온 것이기 때문에 철학과 신학 간에는 모순이 없다고 보았다. 토마스의 역작인 《신학대전》은 주로 토론의 형식으로 되어 있는데 그 내용은 다음과 같다. 인간의 타락된 본성의 상태에서는 인간은 치유하는 은총 없이는 신적 계명들을 성취할 수 없다. 하나님께서 그의 빛을 새롭게 비추어 주시지 않으면 은총을 받기에 적합한 상태는 회복될 수 없다. 인간이 죄로부터 일어설 수 있기 위해서는 은총의 도움이 필수불가결하다고 보았다.

토마스는 은총이 영혼의 빛이며 피조물들에게 초자연적인 성질 등을 주입하여 영원한 선善을 얻도록 만드셨고 그리고 그 성질은 하나님의 은총이라고 말한다. 이 은총은 덕이 아니며 본질적이고 근본적인 하나님의 성품이라고 했다. 은총에는 두 가지가 있는데 하나님이 값없이 주는 완전한 은총과 인간의 불완전한 선행 은총으로 구분된다. 하나님의 은총은 인간으로 하여금 선을 행하게 하는 하나님의 도움이라고 한다. 이 하나님의 은총은 인간 쪽에서 사전의 준비가 필요 없다. 이 은총은 모든 사람에게 동등하게 주어지는 것이 아니고 신앙의 분량대로 차별적으로 주어진다고 한다. 칭의稱義는 죄의 사면이며 죄의 사면에 의해 불의의 상태로부터 의의 상태로 전환되는 그 전환을 "죄인의 칭의"라고 한다. 이러한 죄인에 대한 칭의는 즉시 일어나며 은총에 의해 자유의지가 움직이고 죄가 사해지기 때문이다. 토마스에 의하면 인간의 공로 또한 하나님으로부터 오는 공로라고 본다. 토마스는 믿음과 공로 및 의 등 모든 것이 하나님으로부터 오며 하나님께서 주시는 은총의 힘으로 진행된다고 본다. 토마스는 하나님의 은총이 우리 내면에 들어와서 타락한 인간의 본성을 치유하고 우리 안에 전인격적인 온전한 사람으로 만들어 간다는 것이다.

토마스는 하나님의 은혜와 성령의 도우심이 절대적이지만 성화聖化의 과정에서 하나님께서 주신 인간의 의지도 필요하다고 말한다. 개신교의 이신칭의以信稱義는 법적인 용어로 믿음으로 의롭다고 칭해지는 것이다. 하나님의 은혜 가운데 살아가는 우리이지만 경험적으로 자주 죄의 문제가 우리를 가로막는다. 하나님 앞에서 늘 죄인 됨을 인식하며 겸손하게 매순간 하나님의 은혜를 구하며 살아가야 한다고 토마스는 강하게 주장한다. 토마스는 가톨릭의 대신학자로서 그의 연구 목적은 하나님과 인간의 기원과 그리고 인간의 운명에 대한 지식을 얻으려고 노력한 것이다. 그는 삼위일체나 예정을 대부분 믿으려고 노력했다. 성례에 대하여는 화체설(성만찬 시 빵과 포도주가 순간적으로 그리스도의 몸과 피로 변한다)을 주장하는 가톨릭교회의 견해를 인정했다. 그러나 후에 종교개혁자 존 칼빈은 빵과 포도주는 그리스도의 몸과 피를 상징한다는 상징설을 내세우며 토마스의 화체설을 정면으로 공격했다. 토마스는 또한 그동안 초대교회 때부터 내려오던 연옥설을 인정했으며 교회만이 온전한 구원의 기관이고 교황은 교회의 머리이다. 그러므로 교황에게 복종하여 구원을 받는다고 주장했다.

가톨릭교회의 신학의 근간을 마련해 준 토마스 아퀴나스는 신학의 개요를 정리한 두 개의 방대한 작품을 내놓았다. 하나는 《Summa Contra Gentile》이며 이 책은 선교사들의 교재로 계획하여 썼고 또 하나는 위에서 간단히 소개한 약 60권이 넘는 방대한 《Summa Theologiae》이다. 이 책은 중세적 신학을 체계화하고 현대 로마교회의 기초 사상으로 인정된 최고의 업적으로 묘사되고 있다.

《Summa Theologiae》는 그 크기나 완전함 그리고 체계적인 표현에 있어서 비교될 수 없을 정도라고 가톨릭 신학자들은 평가하고 있다. 특이한 것은 작품 전체가 많은 질문으로 나뉘어져 있고 이 질문들은 항목들로 세분된다. 아퀴나스의 독창성은 그 자신의 새로운 직견에 있다기보다 전시대의 사상을 명석하게 종합하는 그의 능력에 있다고 볼 수 있다. 그의 사상은 성경의 가르침과 교회의 전통과 철학, 그리고 아리스토텔레스의 사상을 혼합한 것이라고 볼 수 있다. 그렇기 때문에 아퀴나스의 사상은 상당히 강력하지만 혼합물의 약점도 또한 지니고 있다고 일부 가톨릭 신학자들은 지적하고 있다. 하나님의 존재에 대한 증명은 존재론적인 입장에서 다소 그릇된 방법이 될지 모르나 그의 유추적인 방법론은 다소 제시적이고 중요한 기초를 놓아 주었다고 볼 수 있다.

아퀴나스는 하나님의 주재에 대하여 다섯 가지 방법을 제시하고 있다. 이 방법 속에는 우주론적 및 목적론적인 주장이 포함되어 있는데 우주론은 우주의 궁극적인 근원을 찾고 목적론에서는 창조의 근원을 찾고 있다. 그는 인간은 신의 존재 자체를 명백히 알지 못하는 확신에서부터 시작한다.

아퀴나스는 분명히 신은 이 세상을 창조하신 분이기 때문에 증명이 가능하다고 믿는다. 하나의 원인이 그 결과에 의해 적어도 부분적으로 밝혀지듯이 우주의 최초의 근원은 이 세상에 창조된 질서 속에서 알 수 있다고 본다.

아리스토텔레스가 주장한 "확고한 운행자"에 대한 전 기독교적인 관념과 로마서 1:20의 말씀에 나타난 것처럼 보이지 아니한 것들이 창조주가 만든 만물에 분명히 보여 알려졌다고 하는 구절에서 실마리를 찾은 아퀴나스는 우리가 이 세상에서 관찰하는 사물의 근원에 대한 토론을 통해 거슬러 올라가면 그 뒤에 제1의 운행자 즉 조물주이기도 한 위대한 설계자이신 분이 있다는 것을 알 수 있다고 믿었다. 모든 사건은 원인을 가져야 한다고 아퀴나스는 믿고 있다. 그 자신을 스스로 있게 하거나 운행하거나 계획하는 하는 것은 아무도 없다고 아퀴나스는 강조한다.

사물의 근원을 알기 위해서 찾아 거슬러 올라가면 만물의 창조주나 제1의 운행자 혹은 위대한 설계자가 확실히 있음을 믿어야 한다고 하면서 그렇지 않다면 만물은 전혀 생겨나지 않았을 것이라고 그는 강조한다. 기독교인들이 하나님을 이 세상의 창조주로 믿는 것이 그 분이 이 우주의 궁극적인 근원이요 설계자임을 의미한다는 사실이다. 이것은 이성적인 어떤 추론이 아니라 하나님을 인식하는 신앙의 한 대목이라고 토마스는 말한다.

어떤 조물주가 없이는 이 우주의 전체 과정이 결코 시작되지 않았을 것이라는 토마스의 요지를 인정한다 할지라도 그러한 결론은 가정적이라는 사실을 피할 수 없게 된다. 또한 이러한 주장은 기독교인들이 인격적인 창조주 하나님이라는 개념과는 아주 멀다. 또 한편 이 우주만물이 자연적인 산물로 간주되고 자연히 순행하는 자연 현상이오 유기체로 생각한다면 피조물을 만든 창조주 하나님이 우주 만물에 직접 개입하여 운행한다는 개념에 어긋날 뿐 아니라 그리고 우주의 궁극적 제1 근원이 하나님과 일치되지 않는다면 이것은 신앙과 관계가 없는 합리적인 이론일 뿐이므로 토마스가 이용하는 아리스토텔레스의 궁극적 실제 즉 우주의 제1 원인이 하나님이 아닐 위험성도 배제할 수 없다.

만약 성경에 나타나신 하나님을 이 세상의 창조자요 운행자로 전제한다면 자연 산물로 곡해되는 우주 만물의 제1 원인의 논리는 신앙과는 관계가 없는 형이상학적 논리에 불과한 것으로 생각될 수밖에 없다. 토마스는 특히 언어적 유추에 많은 관심을 가지고 있다. 토마스는 하나님에 대한 개념을 언어적인 면에서 생각하게 된다면 이해하지 못할 점이 많다고 생각한다. 물론 불가지론적 철학자들은 그들이 성경과 같은 종교적인 글을 읽을 때 그들이 세속적인 언어에서 발견하는 의미를 그 안에서 읽을 수 없기 때문에 종교적인 말은 의미가 없는 것이라고 간주한다. 그러므로 토마스는 유추적인 언어와 실제적인 사물 사이에 진정한 상응성이 있어야 한다고 주장하고 있다. 즉 유추적인 언어를 통해서 실제적인 사물을 투시하고 이해해야 한다고 주장한다. 토마스는 또한 언어적 유추를 통해서 초월적인 신 즉 하나님을 묘사하는 것에는 무리가 있다고 본다.

성경 작가들은 자신들이 선포한 말이 인간에게 큰 경험과 의미를 가져다주었다고 보고 있다. 그 작가들이 말하는 복음은 언어의 표현을 넘어서서 그 안에 영감과 생명이 있다고 말하고 있다고 본다. 그러므로 그들의 복음 기록은 인간이 하나님을 만날 수 있는 도구로 사용되어 왔다. 토마스는 하나의 복음 선언이 문자적인 선언이 아니라 유추적인 언어를 사용해서 삶에 실험을 통해서 증거가 되어야 한다고 보고 있다. 토마스는 또 전제하기를 우리가 하나님에 대하여 말할 때 문자적인 진리를 말하는 것이 아니라 비유적이거나 유추적일 수밖에 없다고 본다. 그것은 하나님이 우리 언어에 속해 있지 않고 또한 우리의 시간과 공간 안에 있는 단순한 하나님이 아니기 때문이며 또한 그 하나님이 이 세상에 뛰어들지만 이 세상 저 너머 계신다고 보기 때문이다. 토마스는 그럼에도 불구하고 기독교적 경험은 하나님께서는 인간이 알 수 있는 방법으로 자신을 나타내신다는 것을 믿는 것이라고 말한다. 또 하나님의 진리는 인간의 말과 유한한 영상으로 굴절되고 표현되어야 하지만 의미가 담긴 용어로도 표현될 수 있어야 한다고 보고 있다. 아퀴나스는 자연의 사실에 직면하여 올바른 결론을 낼 수 있어야 한다고 믿고 있다. 안셀름이 나는 이해하기 위하여 믿는다는 그의 슬로건에서 보듯이 기독교 신앙에 중심적 진리를 이해하는 선행조건으로 믿음의 중요성을 강조했다.

토마스는 기독교를 이해하기 위한 신앙의 기초를 세우기 위해서 철학적 논리를 사용하는 것이고 두 번째의 것은 기독교적 교리에 호소함으로써 그 일을 완성하는 것이다. 안셀름의 입장과는 많은 차이가 있다. 다시 말해서 그것은 이성의 힘이 미칠 수 없게 될 때 신앙이 떠맡는 것과 같은 경우가 아니고 종교적 진리를 이해하는 데 있어서 반드시 믿음과 이성은 나란히 병행해서 가야 한다고 강조하고 있다. 흔히 신교에서 지나치게 강조하는 믿음보다 하나님이 사용하도록 주신 우리의 이성을 최대한도로 사용해 보자는 것이다. 믿음은 인간과 하나님과의 관계를 회복시키는 자기 약속 행위이고 이성은 그 관계를 파악하고 심사숙고할 수 있는 역할을 한다. 이렇게 이 두 가지의 기본적 신학 형태가 이루어져야 한다고 주장했고 이 논리는 중세시대의 신학에 큰 영향을 주었다.

토마스는 한편에서는 하나님과 이 세상과의 관계에 대한 진정한 앎은 기독교적 교의에 호소하지 않고 사물의 본질에 대한 이성적인 숙고를 통해서 얻어진다고 본다. 토마스에게는 한편에 자연신학이 있었고 다른 한편에서는 성경에 기록된 계시를 통해 하나님께서 인간에게 자신을 나타내신 계시적 신학을 병행하려고 애를 썼다. 토마스는 그의 신학이론을 통해서 가톨릭의 7가지 성례전을 완성시켰다.

1) 세례洗禮 : 세례를 받을 때 세례를 받는 자의 몸에 하나님의 은총이 주입되고 원죄가 없어지기 때문에 선을 행하는 기질이 생긴다는 것이다.
2) 견진堅振 : 주교 혹은 사제가 기름을 바르고 안수하면서 성령이 임하기를 기도하는 것으로 세례 때에 받은 은총을 확증하고 강화하는 것이다.
3) 성체聖體 : 미사 때의 떡(그리스도의 몸으로 간주)을 받음으로서 죄 용서를 받는 것으로 떡과 포도주가 바로 예수님의 살과 피로 변한다는 "화체설"을 주장하여 떡은 신도들이 포도주는 사제들이 대표로 마시므로 이를 그리스도가 십자가에서 희생되는 제사로

여기는 것이다.

4) 고해告解 : 세례교인들이 지옥에 가지 않지만 죄를 짓고 용서받지 못하면 연옥에 가게 되며 동시에 죄 용서가 필요하다는 것이다. 고해성사는 죄책감, 고해, 사죄선언, 보속행위라는 4단계의 과정을 통하여 이루어지며 고해를 통해 죄가 사해지며 그 후 공로의 사죄를 수행하고 양심의 자유를 얻을 수 있다는 것이다.

5) 종부終傅 : 죽음에 임박한 병자에게 기름을 바르며 성령께서 필요한 은총을 내려주시기를 기도하는 행위다.

6) 신품神品 : 주교, 사제, 부사를 임명하는 행위이다.

7) 혼배婚配 : 교회에서 행해지는 결혼을 말한다. 결혼식을 통해서 새로운 신자의 임무를 부여받는 것이고 예수와 가톨릭과 연합하는 사랑의 표시이다.

가톨릭교회는 사람이 태어날 때부터 무덤에 갈 때까지 인생의 중요한 단계마다 중요하고 필요한 7까지 성례를 행하고 있다. 가톨릭교회는 하나님의 은총을 성도들에게 전달하는 유일한 매개체로 존재하므로 일반 성도들은 성례를 위해서 주교, 사제와 신부들에게 절대적으로 의존할 수밖에 없다. 이는 사제, 신부 주교들이 하나님의 자리를 차지하여 천국의 출입구를 마음대로 열고 막고 하는 행패를 막을 길이 없었다.

2. 아퀴나스가 가톨릭교회에 끼친 영향

토마스 아퀴나스가 가톨릭교회에 끼친 영향은 상상을 초월한다. 드디어 주후 1870년 제1회 바티칸공의회에서 로마교황청은 철학과 신앙에 대한 그의 2층식 접근방법을 공식적으로 인정했다. AD 1879년 교황 레오 13세는 아퀴나스의 교의의 영원한 가치를 주장하면서 구교의 철학자들이 그 교의에서 영감을 얻을 것을 촉구하는 회칙서를 발행했다. 주후 1963년에 《Summma Theologiae》의 새로운 가치를 찬양하는 군중들에게 교황 요한 4세는 아퀴나스의 교의는 "도미니칸 교단에만 속하는 것이 아니라 전체 교회와 전 세계에 속하는 것이며 그것은 단지 중세적인 것이 아니라 모든 시대를 통하여 타당한 것"이라고 말했다.

로마교회 이외에도 아퀴나스의 2층식 접근방법은 아퀴나스의 글을 한 자도 읽어 보지 못한 사람들 사이에도 상당한 영향을 주었다. 그러나 이 토마스의 2층식 접근방식에도 문제가 없는 것은 아니다. 기독교적 계시론에 입각한 신앙과, 철학적 사상에 기초를 둔 이성을 병행하게 될 때 이것도 저것도 아닌 두 범벅 신학을 낳게 될 가능성도 있다. 토마스가 예수 십자가에 사건에 대한 그의 해설은 신약성경의 복음을 꿰뚫는 통찰력이 있으나 그의 비기독교적 사상들은 인간이 하나님께 선행을 하면 그의 구원을 얻을 수 있다는 식의 모순된 사상을 성경에서 따오도록 만들고 있다. 토마스 아퀴나스의 신학은 철학적 요소가 너무 지배적이고 특정한 철학과 지나치게 밀착되어 있어서 신앙을 위주로 하는 신교의 신학과는 다소 거리를 두고 있다.

무엇보다 신앙과 선행을 구원의 2대 요소로 자리를 잡고 있는 가톨릭신학은 앞으로도 신교와의 마찰이 이어질 가능성을 가지고 있다. 토마스의 신학은 14세기 르네상스시대가 시작되면서 다소 도전을 받기 시작했다. 그리고 가톨릭교회가 점점 세속화 되고 부패함으로 갑자기 일어난 운동이 바로 탁발교단의 태동이고 후에 일어나는 종교개혁 운동이다.

D. 탁발교단의 탄생

박탈교단은 일명 "구걸수도사회"라고 불려지기도 했다. 청빈한 생활을 서약하고 구걸로 생계를 영위하는 수도단을 말한다. 탁발교단이 일어나게 된 원인은 교황과 감독들이 부의 권세로 사원에서 안일하게 생활하고 예배의식만 중요시하고 설교를 경시하기 때문이고 또 다른 이유는 수도사들은 청백한 생활만 힘쓰고 전도와 구명사업을 등한시하기 때문이다.

주후 1098년 탁발교단의 일종으로 갈멜산교단이 있었는데 이 교단은 십자군 잔류병이 모여서 이룩한 교단이었다. 또 하나는 어거스틴교단으로 13세기 이탈리아 은둔자들의 모임으로 조직이 되었다. 기타 부라몬교단이 주후 1121년에 설립되었는데 금욕주의를 강조했다.

가톨릭교회에서 일어난 수도원 운동 중에서 가장 잘 알려진 운동은 무엇보다도 프란시스, 도미닉교단(Francis, Dominmique) 운동이다. 이 운동은 교황이 인정하는 교단이다. 지금도 이 두 교단들의 활동이 아주 대단하다. 이 두 교단의 특징은 민중의 벗이 되려고 노력했고 (도와주고 이해하면서 설교함) 또한 대학 세력을 장악하여 대학교수들의 많은 참석이 큰 영향을 끼치게 되었다. 13세기의 학자들은 대부분 이 교단에서 배출되었고 토마스도 도미니크교단에서 활동을 했다.

또 하나의 운동은 앗시시(Assisi Francis)의 프란시스가 중심이 되어 일어난 수도원 운동으로 신비주의적 운동이다. 프란시스(AD 1182-1226년)는 인류를 위해 병자의 불쌍한 자들을 동정하고 전도하고 또 선행을 베풀어 주는데 일생을 바쳤다. 걸식하면서 많은 사람들에게 감동을 주었고 최초의 수도단 창설자가 되었으며 그 뒤로 여러 개의 수도단이 생겼다. 수도단을 중심으로 신비주의가 다시 고개를 들기 시작했다. 개인의 내적 경험이 그 개인의 영혼과 실재하신 하나님 사이의 연결체가 된다고 주장하였다. 프란시스의 이러한 신비 사상이 교회에 많은 영향을 주었다.

E. 중세기 말의 현상

중세기 말에 들어와서 가톨릭교회는 점점 부패하기 시작하면서 몇 가지 비성경적인 문제들을 채택함으로써 어려움을 겪기 시작했다 예를 들어 ① 면죄부 판매 ② 성인숭배 ③ 연옥의 창설 ④ 화체설 등이다.

1. 면죄부 판매

로마 가톨릭교회는 속죄 행위로서 제물을 바치거나 자기 몸을 혹사시킴으로서 자기의 죗값을 치른다는 것이다. 이 속죄 사상을 기초로 면죄부(Indulgence) 제도를 만들었다. 면죄부란 죄가 사면되었음을 증명하는 문서로 죄를 범한 신자가 제물을 봉헌하면 죄를 면해 준다는 증서이다. 특히 교황청 건축을 위해 면죄부를 사면 어떤 죄도 사함을 받을 수 있다는 것이다. 자기뿐 아니라 가족 친지의 죗값도 치러줄 수 있다는 것이다. 면죄부 판매 이외에도 기타 속죄 행위로 십자군 전쟁에 참여하거나 큰 선행을 해도 면죄부를 발행할 수 있다는 것이다. 이 면죄부 판매는 결국 종교개혁의 가장 큰 원인 중에 하나가 되었다.

2. 성인숭배

이 숭배 사상은 아무리 속죄 행위를 해도 자신의 죄를 씻기에 부족할 경우에는 다른 사람의 영적 계좌에서 빌려오는 행위이다. 로마교황청은 성인들의 공로가 죄인들의 부족함을 메어줄 수 있다고 가르쳤다. 성인들이 평범한 크리스챤들을 위한 중보자가 되어 하나님의 마음을 움직인다는 개념은 아주 매력적이어서 성인들에게 기도하는 행위가 유행되었다. 물론 성인들은 교황청이 인정하는 사람들이어야만 했다. 성인숭배의 절정은 역시 마리아 숭배였다. 나중에는 성자들이나 순교자들의 유물을 숭배하는 성유물(Holy Relics) 숭배도 유행했다. 예를 들어 주님이 못 박히셨던 십자가의 나뭇조각, 가시면류관 조각, 주님의 세마포 자락, 12사도들의 옷자락, 손가락 뼈, 목걸이 등이 고가로 거래되었는데 대부분이 가짜로 알려졌다.

3. 연옥의 창설

중세 가톨릭교회는 엄청난 부를 소유하고 있었다. 이것이 타락의 직접 원인이 된 것이다. 교황과 추기경 사제들은 영혼을 돌보는 일보다 서로 권력과 돈을 챙기기에 혈안이 되었다. 교회의 돈궤를 세우기 위해 막대한 세금을 걷고 성직을 매매하며 정치권력과 야합하는 일들이 많이 일어났다. 가톨릭교회는 천국과 지옥 사이에 대기

실 같은 연옥(Purgatory)을 창설했는데 이미 죽어서 연옥에서 고통당하는 부모나 친척들을 위하여 교황청에서 발행하는 면죄부를 구입하면 그들이 연옥에서 들어 올려져 바로 천국에 갈 수 있다는 것이다. 로마 가톨릭교회는 그리스도께서 이 땅의 모든 만물과 사람을 다스리는 주권을 교황에게 위임했다고 가르쳤다. 이 가톨릭 주장에 반박하고 나선 대표적인 인물이 존 위클리프였다.

4. 화체설(Transubstantiation)

사제가 성찬을 집례하면 빵과 포도주가 그리스도의 살과 피의 실체로 변한다는 것이다. 그런데 이 놀라운 기적은 집례하는 사제들을 통해서만 일어난다는 것이다. 이 성찬의 집례는 사제나 주교, 교황의 절대 권력에 속한다. 중세시대 말기에 들어가면서 가톨릭교회의 부패가 심해지면서는 결국 종교개혁과 문예부흥을 일으키게 만들었다. 종교개혁에 들어가면서 Aquinas의 스콜라철학을 중심으로 하는 신학보다는 신앙 즉 "Sola Fide"시대가 Luther와 Calvin을 중심으로 일어났다. 다시 말해서 Luther와 Calvin은 철학을 중심한 토마스 아퀴나스보다 신앙을 중심으로 하는 어거스틴의 사상을 다시 이어받게 되었다.

제15장 종교개혁(신교: Protestantism)의 탄생

A. 종교개혁의 발단

 종교개혁은 서방교회(로마교회)에 오랫동안 누적된 부패한 문제들이 드디어 폭발하여 나타난 로마교회에 저항하는 개혁 운동이었다. 10세기부터 내려온 교회 내의 창부정치, 교황과 성직자들의 비리와 타락 그리고 게르만 민족에 대한 라틴계 민족의 차별 정책, 국민에 대한 차별적 세금 부과, 이탈리아 통일의 정치적 활용, 그리고 로마 내의 대형 성당 건축을 위한 면죄부 판매 등까지 수다한 적패 등을 청산하고 개혁하기 위한 개혁 운동이었다.

 이 운동은 복음중심주의를 바탕으로 한 양심과 지성에 뿌리를 둔 서방교회 개혁 운동이었다. 서방교회 개혁 반대파인 교황중심주의자들과 대립한 개혁주의자들은 가장 큰 문제로 대두되었던 면죄부를 판매하는 것이 비성경적이라는 것을 선포하기에 이르렀다.

 교회가 구원을 돈 받고 장사를 하는 것이 비성경적인 것을 알면서도 교회의 경제적 이익을 위해 합리화 시키려는 태도에 커다란 반발이 일어났다. 더욱이 성직 매매로 얻은 수익도 교회의 타락에 박차를 가했을 뿐이다. 그리고 12세기 카톨릭공의회에서 통과한 신부의 독신주의를 위한 결혼 금지 조항은 교회의 법적으로만 가능했지 실제로는 약혼을 한다든지 연인을 두는 일이 아주 성행했던 것도 교회 타락의 큰 원인이 되었다. 그뿐 아니라 성적으로 방탕해서 성직자들이 음란한 생활을 계속하여 사회의 많은 불평을 자아냈다. 무엇보다 교황 레오 10세의 지나친 사치 생활을 돕기 위해 교황청이 국민들에게 엄청난 과세를 내도록 한 것이 게르만족에게 큰 부담을 준 것도 종교개혁 운동의 큰 문제로 대두되었다. 교황청을 중심한 로마교회의 부패가 극에 도달하자 그동안 면죄부 등 선행을 통한 구원의 조건을 배제하고 행위가 아닌 신앙에 의한 칭의를 종교개혁자들이 주장하기 시작했다.

종교개혁자들은 교황뿐 아니라 모든 성도가 하나님과의 직접적인 대화를 할 수 있는 자격을 가지고 있으며 교회의 권위는 성경에 근거하는 것이 원칙이며 성경을 해석하는 권위도 교황의 권위에만 있는 것이 아니라고 주장하면서 교황의 부패, 교회의 권위의 부패, 가톨릭교회의 재정적 부패, 도덕적 부패 등을 강력히 비판했다. 또한 교회와 국가 간의 권력 다툼이 시작되었고 또 교회의 부패로 인해 경건주의와 금욕주의도 다시 부활하기 시작했다. 율법적, 형식적 신앙에서 복음주의적 신앙으로 바뀌고 의식적 신앙에서 개인 경험 위주의 신앙으로 변화되기 시작했고 교회의 권위에서 탈피하고 개인의 신앙적 자유화에 관심이 기울어지게 되었다.

　로마교회의 권위만이 할 수 있는 성서의 번역을 누구나 자유로이 할 수 있도록 기초를 세웠고 하나님과의 대화를 위해 교황의 중재가 필요하던 것을 없애도록 권유했으며 신앙에 의해서만 얻어지는 칭의를 강조했다.
　또 만인제사장주의를 부르짖고 교황의 권위에 반대하고 성서의 권위를 인정하게 되었다. 그리고 하나님에 대한 개인적인 신앙 체험을 중요시 여겼다.

　로마 가톨릭교회의 부패가 원인이 되어 일어난 종교개혁은 루터, 칼빈, 쯔윙글리가 중심이 되어 일어났는데 먼저 쯔윙글리가 취리히에서 그리고 루터가 독일에서 칼빈이 제네바에서 시작하게 되었다.

　스위스의 종교개혁 운동은 취리히의 쯔윙글리와 제네바의 칼빈의 주도했다. 이 두 사람은 르네상스의 인본주의를 배경으로 하고 있으나 인본주의만으로는 충분하지 않다는 것을 확신하게 되었다. 칼빈은 한 가지 방법에 있어서 루터와 쯔윙글리와 달랐다. 루터와 쯔윙글리의 글은 주로 어떤 행사를 맞이하여 그때그때의 필요를 충족시키기 위해 단숨에 쓴 것이라고 한다면 칼빈은 먼 장차를 위해 개혁의 목적이 무엇인지 알리는 것이 그의 사명으로 생각했다. 칼빈은 《기독교강요》의 교의를 통해서 장차 개혁되는 기독교가 어떤 것인가를 보여주려고 했다. 종교개혁이 처음에는 교의적인 것에서 정치적인 것으로 바뀌는 반면 영국에서는 그 반대였다.

B. 최초 종교개혁자: Huldrych Zwingli(쯔윙글리: AD 1484 - 1581)

종교개혁자 중에서 선두자는 사실상 쯔윙글리였다. 쯔윙글리는 스위스가 낳은 최초의 종교개혁자로 Calvin과 더불어 스위스에서 종교개혁 운동에 앞장섰다. 루터와 쯔윙글리가 1세대 종교개혁자라면 Calvin은 2세대 종교개혁자다. 쯔윙글리는 부잣집에서 태어나서 좋은 교육을 받았다. 그는 언어에 능숙해서 일찍부터 히브리어와 희랍어로 성경을 읽을 수 있었다. 그는 특히 가톨릭교회가 주장하는 신부(사제)의 독신주의를 반대했다. 그는 가톨릭식의 예배 형태를 Protestant 예배 형식으로 고치고 모든 종교개혁 운동을 성경중심으로 시작했다. 쯔윙글리는 독일의 종교개혁자인 루터와는 많은 점에서 차이가 있었다. 루터가 개인 구원의 확신을 위한 영적 투쟁으로부터 출발해서 복음 안에서 구원의 확신을 가진 다음에 로마가톨릭의 부정과 부패를 발견하는 순서를 밟은데 비하여 쯔윙글리는 처음부터 가톨릭교회의 부정과 부패를 발견하고 공격하였고 후에 말씀을 중심으로 구원관의 확신을 가지게 되었고 종교개혁 운동에 더욱 힘쓰게 되었다. 쯔윙글리는 후에 Calvin의 종교개혁 운동에 많은 도움을 주었다. 그리고 가톨릭교회의 성만찬의 화체설에 반대하여 영성체 신학을 주장했고 Calvin도 쯔윙글리에 동의하여 상징설을 주장했다.

C. 마르틴 루터(Martin Luther: AD 1483 - 1546)

종교개혁자 루터가 종교개혁에 참여하기 전에 그가 어떻게 하나님을 만났으며 또 어떻게 회심하게 되었는가 하는 것은 대단히 중요하다. 루터의 신앙생활을 요약해 볼 때 그에게 중요한 것은 세 가지가 있었는데 첫째는 기도 생활을 통해 하나님을 만나는 체험을 하게 되고 둘째로 말씀을 통해서 은혜의 체험을 하게 되며 셋째로는 경건의 삶을 통해서 하나님의 뜻을 이루고 또 하나님께 영광을 돌렸다는 것이었다. 루터는 31세 때 비텐베르크 어거스틴수도원의 탑 속에서 시편 22편을 읽다가 십자가 부활의 주님을 인격적으로 만나게 되었다. 그 후 그는 기도와 경건의 생활을 통하여 하나님께 순종하는 종이 되려고 노력하였다.

루터는 하나님을 체험하기 전에는 비록 사제의 경건한 생활을 하였다고 하지만 항상 죄의식과 어두움과 불만과 두려움 속에 사로잡혀 불행한 삶을 살게 되었다. 그는 그의 생애 동안 몇 번의 종교 체험을 하게 되었다. 루터가 인격적으로 만난 성부 하나님과 성자 예수님은 지금까지 루터가 이성을 가지고 알고 있었던 진리와 그리고 심판의 하나님과 예수가 아니었다. 그가 인격적으로 깨달은 예수님은 하나님으로부터 버림을 당하시고 십자가의 죽음과 부활을 통해서 우리에게 긍휼과 용서와 사랑을 베푸신 예수님이었고 그리고 루터 자신의 죄를 용서하기 위해서 독생자를 희생시킨 긍휼과 사랑의 하나님이었다는 것이었다.

루터의 첫 번째 인격적 체험은 AD 1505년 7월 무더운 여름 날 슈토테른 하임의 뇌성벼락 가운데 죽음의 공포를 느꼈을 때이다. 루터는 그때 시편 22편을 읽으면서 벌레만도 못한 자기 자신을 긍휼이 여겨 달라고 애원 호소하면서 인격적 만남의 체험을 한 것이다. 두 번째로는 에르푸르트수도원의 수도사가 된 후 2년간 견습 수도 생활을 한 다음 사제가 된 후에 사제의 자격으로 첫 미사를 집행할 때 불과 같은 또 하나의 벼락에 맞는 듯한 죽음의 공포가 그를 에워싸는 느낌이었다. 루터가 경험한 세 번째 체험은 비텐베르크 어거스틴수도원 탑 속 서재에서 느꼈던 소위 "탑 속의 체험"이라는 것이다. 그는 이 탑 속에서 하나님과 예수님을 만나는 체험을 한 것이다.

루터는 시편 22편을 항상 읽는 습관이 있는데 이날 특히 "내 하나님이여, 내 하나님이여 어찌 나를 버리시나이까? 어찌 나를 멀리하여 돕지 아니 하옵시며 내 신음하는 소리를 듣지 아니하시나이까?" 하는 구절을 읽을 때 루터의 가슴을 찢는 듯한 느낌을 가지게 되었다. 루터는 이 구절을 통해 자기 자신의 비참한 모습을 그려보고 있었다. 그러나 그는 이 구절을 계속해서 음미하는 가운데 이 시편이 자신에게 해당되는 것이 아니라 하나님의 아들 예수 그리스도를 묘사한 글이라고 생각했을 때 그는 이렇게 부르짖었다. "어째서 하나님의 아들이 버림을 당해야 한단 말인가? 나는 약하고 불순하고 불경건해서 버림을 당하는 것이 마땅하나 그리스도는 약하지도 불순하지도 않은데"라고 가슴 아파했다.

이 순간 루터는 머리에 벼락 맞은 듯한 감정에 휩싸여 어쩔 줄을 몰랐다. 내가 형벌을 받아야 할 텐데 나대신 죄 없으신 그리스도가 나의 죄를 담당하시고 돌아가시었다. 루터 앞에 나타난 그리스도의 모습은 더 이상 심판주가 아니라 사랑과 용서의 구주의 모습이었다. 하나님의 모습도 달라졌다. 심판의 하나님이 아니라 자비와 사랑의 하나님이었다.

루터는 AD 1516년에도 로마서 1장을 읽으면서 하나님의 공의를 깨닫게 되었다. 그는 로마서를 읽으면서 하나님의 은혜와 우리들의 믿음으로 우리 죄인들을 의롭다고 여기시는 하나님의 자비를 깨닫게 되었다.

루터는 하나님의 말씀을 통해서 십자가의 주님을 인격적으로 만나게 되었다. 루터는 결국 로마가톨릭이 주장하는 인간의 공로가 아니라 하나님의 은혜와 믿음을 통해서만 구원이 가능하다는 것을 깨닫게 되었다. 루터의 신앙은 결국 말씀에 사로잡힌 포로가 되었다. 그에게 있어서 그리스도가 성경의 핵심이 되었다. 루터는 그의 생애를 마칠 때까지 기도와 말씀과 경건의 삶을 살았다. 루터는 우리에게 잊을 수 없는 귀한 말을 남겼다. "나는 하루에 3시간을 기도한다. 너무 일이 많아 바쁠 때는 4시간을 기도한다. 왜냐하면 더 많은 일을 더 잘하기 위해서 그리고 더 많은 하나님의 은총과 도우심을 구할 필요가 있기 때문이다."

1. 루터의 종교개혁

종교개혁자 마르틴 루터는 한 사람의 사제로서 AD 1517년에 감히 로마교회와 종교 권위의 상징인 교황청의 부패성을 지적한 역사적인 인물로 잘 알려져 있다. 그의 용감성과 백절불굴의 신앙은 500여 년이 지난 지금도 Christian들은 물론 타종교인들에게도 모범이 되고 있다. 루터는 독일의 아이스레벤에서 비교적 부유한 가정에서 태어났다. 아버지는 농촌 출신으로 후에는 광산일에 종사하였다. 아버지 존 루터는 아들 마르틴을 5세 때 문법, 수사학 그리고 논리학을 공부하게 만들고 14세 때 AD 1497에는 마그테부르크의 대성당학교에 보내어 수도원의 생활을 시작하게 하였다.

마르틴 루터는 아버지의 권유로 AD 1501년에 에르푸르트 대학교에서 논리학과 철학을 공부했고 20세가 되는 해부터 아리스토텔레스의 윤리학과 철학을 강의하는 지식인으로 발전하기 시작했다. 그리고 아버지의 소원대로 법학부에 들어가서 법학을 공부했으나 그의 관심은 종교학에 있었다. 마르틴 루터는 나중에 아버지의 만류를 뿌리치고 학업을 중단하고 에르푸르트 어거스틴수도원에 들어가서 서원을 하고 AD 1507년에 사제가 되고 1년 후에 비텐베르크 대학으로 가서 있는 동안 로마교회의 면죄부 판매가 반기독교적이며 면죄부는 회개가 없는 용서, 거짓 평안의 수단이라고 비판하고 믿음을 통해 의롭다 함을 얻는 이신칭의以信稱義만이 참 구원의 길이라고 주장했다.

2. 믿음으로 의롭게 되다(이신칭의:以信稱義)

종교개혁시대에 루터가 내건 슬로건 중의 가장 중요한 issue는 무엇보다 이신칭의였다.

믿음으로 의롭게 된다는 사도바울의 증언은 로마서(롬 3:28, 5:1)와 갈라디아서(2:16)에 주로 나타나는데 헬라어로 의롭게 하다라는 의미의 동사는 의로운(dikalos)과 의(dicalosyne)와 같은 어원에서 만들어진 dicaloo(의롭게 하다)이다. 사실 이 단어의 정확한 의미는 의롭게 하다 보다 의롭다고 선언한다는 것으로 주님께서 죄의 용서를 통하여 우리 죄인을 의롭게 봐 주신다는 긍정적인 표현이다.

그런데 반대로 우리가 의롭게 된다는 것은 우리의 행위와 관계없이 주님에 의하여 우리가 의의 반열에 서게 될 수 있다는 표현으로 수동적인 표현이다. 바울은 수동태 동사 "의롭게 되다"를 형벌을 취급하는 사법적 의미 대신에 일반적으로 자주 사용하지 않는 "변화되다, 옮겨지다"라는 의미를 쓰고 있다. 바울에게 이 용어는 "세례를 받음, 그리스도를 입음, 그분과 하나됨, 그리스도께 속함"이란 표현들과 같은 수동적 의미이다. 어거스틴의 영향을 받은 루터는 바울의 이 용어를 사법적 의미로 이해하면서 "한 그리스도인이 죄인이라 할지라도 하나님은 그를 의롭다고 인칭하신다"는 의미로 받아들였다.

루터에게는 그리스도인이면서 여전히 없어지지 않는 죄에 대한 가책이 중요한 문제였기 때문이다. 바울을 제대로 이해하려면 '루터'라는 안경을 잠시 벗어 놓고 바울이 처해 있던 상황을 살펴볼 필요가 있다.

대부분의 신약학자들은 의롭게 된다는 표현을 그리스도의 의의 전가라는 말로 바꾸어 쓰고 있다. 그리스도께서 우리 죄인들을 구속하시기 위해서 하나님께 완전한 순종을 통하여 십자가를 지시고 그의 희생을 통하여 우리에게 의의를 전가한 것이다. 그리하여 죄인이 의롭게 되었다는 것이다.

그러나 이러한 의의 전가는 잘못 해석이 될 수도 있다. 오늘날 교회들이 무기력하고 변화 없는 교인들을 양산하기 위해서 이신칭의의 교리에 맞추려고 한다는 것이다. 오늘날 교회들에 있어서 가장 크게 결여된 문제는 이신칭의의 본질과 그 정체를 제대로 이해하지 못하고 있다는 것이다. 이신칭의가 무조건 믿음이라는 매개체를 통해서 값없이 주어지는 것이 아니라 이 믿음이 얼마나 성숙되었는가와 직결된다는 사실을 기억해야 한다는 것이다. 죄인이 의롭게 된다는 것은 구원의 첫 발걸음에 불과한 것이고 성도의 믿음이 날로 성장하여 주의 재림을 기다려 심판에 이르러야 완전한 구원이 이루어진다는 것이다. 그래서 칼빈을 우리 성도들이 날로 믿음이 자라고 성화(聖化: sanctification)되어야 한다고 강조한다.

그러므로 어떤 신학자들은 의롭게 되는 것과 성화되는 것이 하나로 묶여져 실천되어야 한다고 말한다.

마르틴 루터는 AD 1512년에 비텐베르크대학에서 신학박사가 되고 AD 1513년부터 성서학을 강의하기 시작했다. 그는 그 후에도 학업에 열중하여 신학 원전을 읽기 위해 헬라어와 히브리어를 열심히 공부하였다. 그는 신학교 교수로 있으면서 학생들의 마음을 하나님의 아들에게 돌이켰고 예수를 믿음으로 그의 사랑으로 인해 죄 사함을 받게 된다고 가르쳤다. 마르틴 루터는 그의 말과 삶이 일치되는 생활을 함으로 많은 사람들에게 존경을 받았다.

그러던 중 AD 1517년에 교황 율리우스가 로마의 성베드로성당 건축을 위해 면죄부를 팔도록 지시했고 후에 레오 10세가 뒤를 이어 면죄부 판매를 계속하자 독일에서는 교황과 독일의 제후들 사이의 협약으로 면죄부를 팔지 못하도록 결의를 하였다. 마르틴 루터는 이 면죄부를 사면 죄가 사해진다는 것은 거짓이라고 지적하고 하나님이 인간에게 선한 행위를 요구해서 구원의 반열에 이르게 하는 것이 아니고 그리스도를 통해 하나님의 은혜로 구원의 대상이 될 수 있다는 것을 설명했다.

면죄부 판매를 비판한 그는 1517년 95개 논제를 제시함으로써 당시 면죄부의 대량 sale을 하는 Dominican 수사이자 설교 담당자인 요한 테첼에 맞섰다. 그는 1517년 10월 31일 비텐베르크 대학교 교회문에 95개 논제를 붙였는데 이것이 종교개혁이 시작되었다. 이 종교개혁은 당시 교회 사회에 엄청난 영향과 충격을 주었다.

마르틴 루터는 교황청으로부터 로마에 와서 공청회를 거쳐 재판을 받으라고 명령하자 거절하고 독일에서 공청회를 열자고 제안해서 교황청에서는 추기경 가레탄을 파견하고 그의 주재 하에 공청회를 열게 되었다. 마르틴 루터는 추기경의 압박에 못 이겨 결국 오그스버그에 가서 계속 95개 논제를 되풀이했다. 또한 로마에서 온 종교심문관들과 논쟁을 하자고 제안하기도 했다.

이 면죄부 판매는 결국 비텐베르크의 반발을 야기시켰고 특히 마르틴 루터는 위험을 무릅쓰고 누구보다 이 일을 반대하는데 앞장을 섰다. 그는 1517년 100여 명의 학생들이 지켜보는 가운데 로마교회와 스콜라철학에 관한 모든 서적들을 불태워 버렸다. 그는 계속해서 그의 주장을 취소할 것을 요구받았으나 거절하면서 이렇게 기도했다. "나는 여기 서 있다. 나는 달리 말할 수 없다. 하나님이 나를 도와주신다."라고 외쳤다.

1520년 교황 레오 10세로부터 그의 주장을 다시 철회하도록 요구를 받았으나 거부했고 1521년 신성로마제국의 황제인 카를 5세로부터 같은 요구를 받았으나 거부함으로써 결국 교황에게 파문을 당했다. 마르틴 루터는 그 후에 많은 평민들과 기사들, 백작들 그리고 성직자들로부터 위로의 방문을 받았다. 마르틴 루터는 독일 황제와 독일의 모든 적들 앞에서 자기의 무죄함을 호소했다. 그 후 그는 계속해서 교황과 주교들과 전쟁을 치루었으며 가능한 한 사람들이 교황청의 권위를 경멸도록 했고 교황의 교서에 반대하는 책을 썼으며 독일어로 신약을 번역해서 출판하기도 했다.

마르틴 루터는 AD 1527년에 갑자기 심장 둘레에 피가 응고되는 병을 앓게 되었으나 계속해서 로마교회에 반대하는 논문을 발표했고 AD 1546년 2월 18일에 그의 고향 아이스레벤에서 과로로 인한 심장마비로 숨을 거두게 되었다. 그는 63세의 나이로 세상을 떠나면서 다음과 같은 기도를 남겼다.

"하늘에 계신 나의 아버지, 주께서 나에게 주의 사랑하시는 아들 우리 주 예수 그리스도를 나타내어 보이셨습니다. 나는 주 예수를 사람들 앞에서 가르쳤으며 또 그를 잘 알게 되었고 사랑했으며 이제 주께 나의 영혼을 드립니다. 주께서 나를 구속하셨습니다." 그리고 요한복음 3장 16절을 암송한 후 세상을 떠났다.

3. 루터의 95개 반박문의 내용

로마교회의 강제적인 면죄부 판매는 루터뿐만 아니라 모든 양심이 있는 신부와 사제들에게는 무조건 순종할 수 없는 교령이었다. 특히 면죄부 판매는 루터의 신앙 양심으로 도저히 받아들일 수 없을 뿐 아니라 상상조차 할 수 없는 것이었다. 어떻게 돈으로 구원을 살 수 있는 것인가? 구원은 오로지 믿음을 통한 하나님의 은총에 의해서만 가능하다고 그는 설교 때마다 강조했다. 그는 설교 때에 나의 목회적 양심에서 면죄부 판매는 받아들일 수 없다고 말했다.

* 루터의 95개의 반박문을 간단히 정리한다면 아래와 같다.

교회와 우리가 제일 먼저 할 일은 회개하는 것이다. 교황은 자기와 자기 교회가 만든 면죄법을 범한 죄 외에는 아무의 죄도 사면할 의지도 없고 권한도 없다. 교황에게는 사면을 할 권한도 주어지지 않았고 다만 하나님께서 사면하신 것을 공포할 뿐 이다. 하나님께서 누구의 죄든 사하시면 그는 반드시 하나님의 사자인 신부의 지도를 받게 하신다.

죄를 회개할 때 이것은 생존자에게만 해당하지 사망자에게는 죄 사함의 기도가 필요가 없다. 그러므로 교황은 성령의 인도함에 따라 발령하되 사망자에 관해서는 제외해야 한다.

연옥에 있는 사람을 교회가 사죄하고 사면한다는 것은 잘못된 것이다. 죽은 사람은 그 죽음으로서 이 세상에서 모든 벌을 다 받았으며 교회 벌칙에서 완전히 벗어난 것이다. 지옥, 연옥 그리고 천국이 다 다르듯이 마음의 절망과 평안도 사람마다 다르므로 다르게 취급해야 한다. 연옥에 있는 영들이 우리가 생각하는 바와 같이 자기네들이 누릴 복락을 확신하는지 증명할 수 없다.(연옥은 사람이 그곳에서 얼마 동안 속죄를 위해 고생을 하면 천국으로 올라가는 곳이라고 가톨릭교회는 믿는다)

그러므로 교황의 면죄부가 인간이 그가 받을 모든 형벌을 면하여 석방되고 그리고 구원이 보장된다면 이것은 대단히 잘못된 것이다. 교황은 연옥에 간 영들의 죄를 사면할 수 없다. 이는 그 영들이 이 세상에 살아있을 때 교회법대로 속죄 행위를 했어야 할 것이었다. 연옥에 있는 영들이 다 구속받기를 원하는지 누가 알 것인가? 교회가 정할 일이 아니다.

면죄부를 파는 자들이 말하기를 돈이 헌금궤에 철렁하고 떨어질 때마다 영혼이 연옥에서 날아서 나온다고 하는데 이것은 다 틀린 생각이다. 돈이 그렇게 철렁하고 떨어질 때 탐욕이 늘어날 것이다.

각자가 자기 자신의 회개에 대한 진실성을 알 수 없거든 어찌 자기가 완전히 사죄함을 받았는지 알 수 있으랴? 그것은 불가능하다. 참으로 회개하는 사람은 드물다. 또 참으로 회개를 하고 면죄부를 받는 사람도 없을 것이다. 누구든지 면죄장을 받고 자기가 구원 받았다고 확신한다면 저와 모든 다른 신부들도 영원히 멸망할 것이다. 교황의 사죄가 하나님의 지극히 귀한 선물이라고 말하는 사람을 우리는 삼갈 것이다.

사람이 만일 면죄부를 사가지고 영을 연옥에서 구출하든지 혹은 면죄부를 사면 저에게는 회개가 필요 없다고 하는 전도는 기독교 교리가 아니다. 참된 그리스도인은 살았거나 죽었거나 면죄부가 없어도 하나님께서 그리스도와 교회를 통하여 주시는 모든 은사를 통해 구원의 반열에 참여할 수 있다.

그리스도인들이 마땅히 알아야 할 것은 면죄부를 사는 것이 자선 사업을 하는 것에 비할 바가 아니고 그보다 더 중요하다고 말하는 교황의 말을 경계해야 할 것이다. 또 그리스도인들이 생각해야 할 것은 누구든지 가난한 사람에게 구제하는 것이 면죄부를 사는 것보다 낫다는 것이다.

자선사업을 하면 할수록 사랑이 늘어가고 그 사람의 인격이 날로 높아간다. 그러나 면죄부를 사는 것이 더 나은 것은 아니다. 그리스도인들이 어려운 사람을 보고 돕지 않고 지나가면서 면죄부를 산다면 저는 교황의 면죄부를 사는 것이 아니라 하나님의 진노를 사는 것임을 명심해야 한다.

그리스도인들이 또 기억해야 할 것은 누구든지 큰 부자가 아닌 이상 그 돈을 가지고 자기 집을 도와야 하지 면죄부를 사는 데 써서는 안 된다. 면죄부를 사는 것은 자유로 할 것이지 의무적으로 강압적으로 사면 절대 안 된다.

그리스도인들이 또 알아야 할 것은 면죄부를 사는 것에 너무 의지하고 하나님을 경외하는 것을 잃으면 이는 극히 해로운 것이다. 그리고 만약에 교황이 자기들의 사제나 신부가 면죄부를 파는 것을 안다면 성베드로성당을 팔든지 혹은 자기의 사재로 면죄부 산 사람들의 낸 돈을 반환해야 할 것이다.

면죄부에 교황이나 혹은 어떤 감독이 보증을 선다 해도 그것으로서 구원을 얻을 수는 없다. 면죄부를 선전하고 팔기 위하여 교회 내에서 하나님의 말씀을 가지고 말하는 것을 금지하면 이는 교황이 그리스도께 대적이 되는 것이다. 교회 설교 시간에 하나님의 말씀을 전하는 것보다 면죄부에 대한 설명이 더 길어지면 이것은 하나님을 모욕하는 것이다. 교황의 생각에 사죄가 그리 중요하지 않다면 사죄 축하에는 종 한 번 울리고 행렬도 한 번 할 것이고 그 반면에 복음이 더 중요하다면 종을 백 번 울려 전하고 축하 행렬도 백 번을 하고 성례를 백 번하는 것이 옳다.

교황이 면죄부를 발행하는 교회의 금고는 교인들에게 전혀 알려지지 아니했는데 이것도 큰 잘못이다. 그 금고에 세상 재물이 있을 수 없다. 만일 있다면 언제든지 써 버릴 것이다. 많은 신부들은 보물을 거기에 쌓아 놓기만 한다. 면죄부 금고에는 그리스도와 성도들의 공로가 있는 것도 아니고 교황도 모르게 면죄부가 사람의 마음속에 은혜를 베풀고 십자가의 효력을 나타내고 죽음과 지옥을 면케 해 준다고 하는 것은 사실이 아니다.

지금 행사를 보면 교황의 권력만이 가결죄와 미결죄를 사유할 수 있게 되어 있는데 이것도 잘못된 것이다. 교회의 보화는 교황의 권력이 아니라 하나님의 영광과 은혜의 거룩한 복음이다. 그러나 그 보화가 천대를 받게 되고 첫째로 있을 것이 끝에 가서 있다. 면죄부 보화는 맨 끝에 있어야 하는데 맨 첫째로 환영을 받는다. 복음의 보화는 예로부터 사람을 많이 낚는 그물이었다. 면죄부의 보화는 사람의 재산을 따먹는 것이 되었다.

신부들이 면죄부가 가장 큰 은혜라고 대대적으로 선전하는 것은 순전한 몰이 행위이다. 그리고 면죄부는 하나님의 은혜와 십자가 공로에 절대로 비할 수 없다. 감독들과 신부들은 사도의 사면특사를 경건되게 다루지 않으면 큰 벌을 받을 것이다. 그리고 그들이 교황의 말을 전하는 대신 자기들의 욕망을 채우려고 하는 것도 잘못이다. 누구든지 면죄부를 선전하는 자에게 나아가서 그들의 잘못을 알려주는 자들은 복을 받을 자이다.

면죄부 매매에 기만적 수단을 쓰는 것을 교황이 엄금한다면 이것은 잘한 일이다. 교황의 사죄권으로 성모에게 범한 죄 같은 용납 불가능한 것까지 사면할 수 있다고 생각하면 이는 참으로 발광적이다. 우리가 확신하는 것은 교황의 사죄는 죄 중에 제일 경한 죄도 사할 수 없다는 것이다.

성 베드로 자신도 교황 이상의 사랑과 은혜를 베풀 수 없다고 하는 것은 성 베드로에 대한 모독이다. 우리가 확신하는 것은 현 교황이나 혹은 다른 교황보다도 더 큰 은혜를 베풀 수 있는 것이 있다면 그것은 곧 복음의 능력이요. 병 고치는 은사이다. 교황의 팔에 달고 있는 휘장들과 십자가가 그리스도의 십자가와 같은 능력을 가졌다는 것은 주님을 모독하는 일이다. 이러한 교황의 권한을 신도들에게 주입시키는 감독, 신부 및 신학자들은 반드시 심판을 받을 것이다.

사죄에 대한 방종적 설교에 대하여 평교인들로부터 예민한 질문이 튀어나오는데 아무리 유식한 학자라도 교황의 위신을 꺾이지 않게 하고 대답하기는 쉽지 않을 것이다. 하나님을 공경치 않고 하나님의 원수된 사람이라도 돈만 내면 연옥에 있는 영을 구출하는 은혜를 가질 수 있다고 하는데 왜 돈을 받지 않고 순전히 하나님의 은혜로 그런 영을 구출할 수 있다고 하면 이것이 더 중요하다는 것을 교황이 생각해야 할 일이다.

죄를 회개한 교역자들 중 이미 별세한 지 오래되었는데 마치 그들이 살아있는 것처럼 그들을 위하여 면죄부를 돈 주고 사서 그들을 구출한다는 것은 아주 잘못된 일이다.

오늘의 교황은 부자 중에 거부인데 왜 자기의 돈을 들여서 성당을 짓지 않고 가난한 시자들의 돈을 거둬서 지으려 하나, 이것도 잘못된 일이다. 참으로 회개하고 온전히 하나님 앞에서 사죄 받은 사람을 어찌 교황이 사죄를 해야 하는가. 이것은 큰 잘못이다. 만일 교황이 하루 한 번뿐 아니라 백 번씩이라도 진실한 신자들에게 사죄의 은혜를 베푼다면 교회에 얼마나 큰 유익이 될까 생각해 봐야 할 것이다.

교황의 목적이 영을 구출하는 것이요 돈을 버는 것이 아닐진대 전일에 내린 사죄장이 왜 무효가 되는 것인가? 그것이 현재의 면죄부와 같이 동일하게 죄를 면할 수 있을 것인데 이것도 잘못된 일이다. 평교인들이 이런 질문을 하는데 이론적으로 증명치 못하고 완력으로만 나아간다면 교회는 그 원수들의 비방거리가 될 것이요 그리스도인으로 불결하게 될 것이다.

만일 면죄에 대하여 교황의 본의와 정신을 가지고 설교한다면 이런 모든 문제는 저절로 해결될 것이요, 잊지를 않을 것이다. 그리고 그리스도인들에게 평안할 지어다 평안할 지어다 하고도 평안이 없는 것을 말하는 감독이나 신부들을 다 물리칠 것이다. 그리스도인들에게 십자가, 십자가 하고 십자가 없는 것을 말하는 감독이나 신부는 화를 받을 지어다. 그리스도인들은 고통과 죽음과 지옥을 통과해서라도 저희의 머리되시는 예수 그리스도만을 따를 것이다. 그럼으로 많은 고난을 피하고 천국에 들어갈 생각을 하며 안전하게 갈 생각을 말아라.

결론적으로 마르틴 루터의 95개 반박문은 그동안 교황청의 행정이 얼마나 부패했는가를 속속 깊이 보여주며 그가 파면을 당하고 출교를 당한다 할지라도 목숨을 내 걸고 부패된 로마교회를 개혁하고자 하는 철두철미한 신념과 신앙에서 나온 행동이었음을 역력히 보여주고 있다.

당시의 루터의 종교개혁은 다윗과 골리앗의 싸움과 비교될 정도로 거의 불가능한 것이었다. 그러나 교황과 교회의 횡포에 복종하는 것이 아니라 하나님의 뜻에 순종하여 교회를 올바로 개혁하고자 하는 확고한 신앙을 우리는 또한 교훈으로 배워야 할 것이다. 그의 종교개혁 정신은 신교가 탄생하는 주춧돌이 되었을 뿐 아니라 부패한 로마교황청과 가톨릭교회를 다시 갱신하는 계기가 되기도 했다.

그는 오직 믿음과 하나님의 은혜를 통한 구원을 강조했다. 이 주장은 "오직 성경, 오직 믿음, 오직 은혜, 오직 그리스도, 오직 하나님께 영광을(Sola Scriptura, Sola Fide, Sola Gratia, Sola Christus, Sola Deo Gloria)"라는 말로 함축할 수 있다.

루터는 다음의 다섯 개의 종교개혁 원칙을 중심으로 종교개혁에 참여하게 되었다. 종교개혁의 5가지의 기본 정신이요 원리는 오직 성경, 오직 그리스도, 오직 은혜, 오직 믿음 그리고 오직 하나님께 영광이라는 내용이다.

첫째로 Sola Scriptura(오직 성경)인데 이 원리는 종교개혁의 총 주제가 되는 것으로 특히 마르틴 루터의 종교개혁의 기본 정신이라고 말할 수 있다. 1517년 종교개혁 당시 가톨릭교회의 타락하고 남용된 교권주의에 대항하여 95개조 항의 반박문을 내면서 루터는 당시의 사제들만이 읽을 수밖에 없었던 라틴어성경을 예수 그리스도를 믿는 모든 사람들이 읽을 수 있도록 신구약으로 나누어 독일어로 번역하기에 이르렀다. 루터는 이 성경이 하나님의 영감으로 쓰인 권위 있는 말씀이며 기독교 윤리의 유일한 원천이 되는 것으로 믿었으며 더 나아가서 종교개혁 당시에 교황의 말이 성경과 동일한 권리를 가지고 있다는 가톨릭교회의 신학과 전통이 성경에 위배된 다고 하면서 루터는 성서만이 최종적인 권위를 가지게 되며 또 성서가 신앙생활에 기준이 되어야 한다는 것이었다.

두 번째 원리는 Solus Christus(오직 그리스도)이다. 종교개혁 당시에 성전 건축의 목적으로 면죄부를 남발하여 죄를 사해 주던 가톨릭 교권주의에 대항하여 루터는 예수 그리스도를 통하는 길 외에 다른 죄 사함을 받을 길이 없고 또한 구원의 길이 없다는 것이다. 다시 말해서 구원은 오직 그리스도를 통해야만 한다는 것이었다. 그리스도께서 죄 많은 우리를 위해 십자가에 보혈을 흘려 희생당하심으로 하나님의 의를 완전히 이루셨기 때문에 오직 그리스도만이 우리의 죄를 사해 줄 수 있다는 것이다.

세 번째 원리는 Sola Gratia(오직 은혜)이다. 우리가 그리스도를 통해서 구원을 얻게 된 것은 오직 하나님의 은혜라는 것이다. 구원이 인간의 공로나 선행으로 이루어지는 것이 아니라 전적인 하나님의 은혜를 힘입어 우리는 구원의 반열에 들어가게 된다는 것이다.

네 번째 원리는 Sola Fide(오직 믿음)이다. 위에서 말한 하나님의 은혜를 받는 유일한 조건은 구원의 주가 되시는 주 예수 그리스도에 대한 절대적인 믿음이라는 것이다. 다른 어떤 방법보다 오직 믿음을 통해서만 가능하다는 것이다. 그러면 믿음은 어디서 오는 것일까 생각해 볼 때 믿음은 하나님께 충성할 때 하나님께서 우리에게 선물로 주시는 것이 믿음이라는 것이다.

다섯째 원리는 Soli Deo Gloria(오직 하나님께만 영광)이라는 것이다. 이 말은 구원은 하나님이 시작하신 계획이며 섭리요 또한 구원을 완성하시는 분도 오직 하나님이심으로 우리는 오직 하나님께만 영광을 돌려야 한다는 것이다. 이것은 복음이 전파될 때 절대로 하나님이 아닌 어떤 단체나 개인에게 영광이 돌려져서는 안 된다는 말이다.

종교개혁시대의 기본 정신이요 원리인 5가지 주제는 신교의 기독론의 원칙으로 사용되고 있다.

그가 이렇게 하게 된 동기는 무엇보다 하나님에게 이끌리어 할 수 없이 하게 되었다고 말한다. 그는 복음주의자로서 성경을 위주로 복음 전파하기를 원했고 자신이 설교자, 박사, 교수로 불려지기를 원했다. 그러나 그의 삶 가운데 그가 행했던 일들은 엄청난 결과를 초래했다. 그로 인해 개신교가 태동했을 뿐 아니라 성서 번역, 많은 저작 활동, 작곡과 설교를 통해 사회와 역사가 크게 변화되었다.

루터는 죄인인 인간이 어떻게 거룩하신 하나님과 바른 관계를 맺을 수 있을 것인가에 대하여 고뇌하였는데 수도원에서는 그를 비텐베르크대학교에서 공부하도록 했고 나중에는 이 학교의 성서학 교수사제로 임명을 받아 로마서, 시편, 갈라디아서 강의를 통하여 의 義에 대한 개념을 새롭게 했다.

루터는 로마서 1:17절에 특히 관심을 두었다. 즉 복음에는 하나님의 의가 나타나서 믿음으로 믿음에 이르게 하나니 기록된바 오직 의인은 믿음으로 말미암아 살리라 함과 같으니라(롬 1:17). 칭의란 오직 그리스도를 믿음으로 죄인이 의인으로 인정받는다는 교리이다. 하나님의 의란 수동적인 것으로 하나님에 의해 은혜로 주어지는 의이다. 루터가 지적하는 면죄부 판매는 고해성사에서 생기는 것이다. 고해성사에서 사제는 고해자의 죄 고백을 듣고 죄 사면을 한 뒤 죄책에 대한 행위로 특별봉사, 시낭송, 특별기도 등의 행위를 하게 하였는데 면죄부는 이러한 행위를 면제해 주는 증서였다.

그런데 면죄부가 로마교회의 주요 수입원이 되면서 교회는 면죄부 영업에 열을 올렸는데 실제로 요한 테첼은 금화가 헌금궤에 떨어지며 소리를 내는 순간 영혼은 연옥을 벗어나 천국을 향해 올라가리라고 신자들을 기만했던 것이다.

당시 중세교회 신자들은 하나님께 자신의 잘못을 뉘우치는 진지한 신앙생활보다는 면죄부를 구입함으로써 죄의식을 면하려는 손쉬운 신앙생활을 선호했으며 구원을 돈으로 살 수 있다는 교회의 주장이 과연 성서의 가르침에 부합하는가를 생각하지 않았다.

　루터의 공로 중의 하나는 무엇보다도 성서 번역이다. 그동안 사제(신부)들 만이 읽을 수 있었던 라틴어 성서가 처음으로 모든 독일의 신자는 물론 누구나 읽을 수 있는 독일어로 번역했다는 것이다. 이 성서 번역은 1522년 9월에 번역 출간되었다.

4. 루터의 십자가 신학

　오직 십자가만이 우리 신학이라고 말하는 루터의 십자가 신학은 가톨릭교회의 영광의 신학에 대조되는 것이다. 세상의 비천하고 연약한 경험 속에 감춰져 계시는 하나님을 발견하는 것이 십자가 신학의 근본이다.
　가톨릭교회에 의하면 하나님은 장엄하고 권능에 가득 찬 상황에서 자신을 계시한다고 주장하나 루터의 십자가 신학은 이것이 잘못된 것임을 지적한다.
　가톨릭교회 영광의 신학이 전통과 권위와 경험이 낳은 신학으로 하나님의 뒷면을 바라보아서 숨어 계시는 하나님을 찾지 못하였을 뿐 아니라 영광의 신학이 이성과 경험을 통하여 찾으려는 하나님은 보이지 않는다. 그러나 고난 속에서 헐벗은 민중과 함께하시는 하나님을 찾으려는 루터의 신학은 먼 곳에 계셔서 권위로 우리를 치리하시는 하나님보다는 가까이 계셔서 우리와 동거하시는 하나님에 관심이 있다. 십자가 신학은 소망이 없는 연약함 속에서도 하나님의 현존을 본다는 점에서 소망의 신학이라고도 할 수 있다. 루터의 십자가 신학은 그리스도의 십자가와 신자의 십자가를 하나님 인식의 기준으로 제시한다. 십자가의 신학은 인간을 고난과 수난으로 부름 받은 자로 인식한다. 그리하여 이 십자가는 하나님 앞에서는 인간을 무능화 시킨다. 인간이 스스로 무엇을 하는 대신에 오히려 하나님이 모든 것을 인간 속에서 행하심으로 인간은 순수하게 하나님의 공로와 은혜를 수용하는 자가 된다.

십자가의 신학은 인간의 고난과 약함과 미련함 속에서 하나님을 인식하게 된다고 루터는 말한다. 십자가 신학은 십자가에 달리신 십자가에 감추어진 하나님을 증언한다. 이것은 오로지 겸허하고 가난한 마음을 통하여 가능하다. 십자가는 하나님의 은폐이다. 하나님의 능력은 직접적으로 계시되지 않고 역설적으로 그의 십자가의 희생과 낮아지심 속에서 드러난다.

5. 루터의 신학의 배경

어거스틴의 "은혜의 신학"에 영향을 받았으며 신비적이고 경건주의적인 신앙 경험에 상당히 영향을 받았다. 성경 공부를 통한 신앙생활이 신앙의 기초가 되어야 한다고 주장했다.
루터는 교회와 국가는 반드시 분리되어야만 한다고 했다. 기독교인은 누구나 자발적으로 국가에 복종해야 하는데 그 이유는 국가도 하나님의 주권 하에 있기 때문이다. 기독교인은 누구나 한 사람도 의인이 아니기 때문에 국가에 복종해야 한다. 만약 국가가 신앙생활에 방해가 된다면 기독교인은 누구나 국가에 불복종할 권리가 있다고 믿었다.

누구나 종교적 이유 때문에 피신처나 사면이나 망명이 허락되어야 한다고 주장했다. 그러나 이 목적을 위해 무력을 사용하는 것은 금지되어야 한다. 기독교인은 누구나 국가의 부패에 대하여 의견을 표현할 자유가 보장되어야 한다고 강조했다. 구원은 하나님의 은혜다. 구원은 믿음에서 얻어진다. 사람은 누구나 신앙으로 하나님과의 새로운 관계를 유지할 수 있다. 인간의 행위로는 절대로 구원 받을 수 없다.

루터는 또한 무형교회와 유형교회의 필요성을 강조했고 거룩한 교회는 기독교인들의 아름다운 fellowship에서 시작된다고 보았다. 성령은 모든 성도들을 모으고 보호하고 위로하는 역할을 한다. 교회는 복음을 선포해야 하고 모든 성례는 교회에서 반드시 시행되어야 한다고 했다.

하나님은 그의 오른손으로 교회를 통치하시고 그의 왼손으로 국가를 다스리신다. 교회의 권위에서 탈피하고 개인의 신앙적 자유화에 관심이 기울어지고 로마교회의 권위만이 할 수 있는 성서의 번역을 누구나 자유로이 할 수 있는 기초를 세웠다. 하나님과의 대화를 위해 교황의 중재가 필요하던 것을 없애도록 권유했다.

먼저 마르틴 루터가 종교개혁에 마음을 두게 된 것은 학창시절 그는 하나님과의 화평을 찾기 위해서 법률 공부를 포기하고 어거스틴 교단의 수도승이 되었다. 성경을 통하여 루터는 낯선 사람이 아닌 친구로서 심판자가 아니라 소박한 믿음을 가지고 그분에게 돌아선 자를 용서하시는 구세주로서의 하나님을 만났다. 이 새로운 통찰은 종교개혁의 근본 원리가 되고 믿음에 의한 의인에 대한 신조가 되었다. 하나님께서 보실 때의 인간은 스스로의 힘이나 또는 올바른 행위에 의해 의롭게 될 수 없다.

그 반대로 인간은 믿음을 통해 예수님 때문에 자유로이 의로움을 인정받는다고 했다. 즉 하나님의 은총으로 영접 받고 우리의 죄를 대신하여 죽으신 예수님 때문에 죄 사함을 받았다는 믿음을 가질 때 의인이 되는 것이다. 로마서 3장과 4장을 통해서 보듯이 하나님께서 보시는 의로움은 바로 이러한 믿음이다.

루터가 비텐베르크에서 한 그의 마지막 설교 중 신앙을 배제시하는 이성은 악마의 창녀라고 불렀던 것은 종교개혁의 하나의 고전적인 독설로 전해 내려오고 있다. 그러면서도 루터 자신도 이성을 매우 효과적으로 이용했다.

그의 실제적인 공격 목표는 이성의 남용, 즉 철학이 기독교 신앙의 진실을 몰아내는 상황이었다. 이성의 정당한 위치는 과학의 일상적인 연구에 필요한 것이라고 보고 있다. 이성의 진정한 역할은 그 앞에 놓여 있는 불가지론적 사건에 대한 이해에 도움을 주는 것뿐이다. 그리고 이성이 진리 파악의 기준이 되어서는 안 된다고 보고 있다.

모든 것은 성경에 나타난 하나님의 말씀에 비추어 새롭게 연구되어야 한다고 루터는 말했다. 그의 저작은 비난을 받았고 그 자신도 파문을 당했으며 제국으로부터 추방을 당했다. 그러나 이러한 거센 반대에도 불구하고 종교개혁의 대의는 조금도 늦춰지지 않았다.

루터는 인간의 존재를 비추어 주는 세 개의 빛이 있다고 주장했다. 첫째 자연의 빛이 있는데 이것은 이성과 상식이 일상생활의 많은 문제들을 풀기에 충분하다고 보고 있고 둘째로 은총의 빛은 성경에 나타난 계시가 인간으로 하여금 하나님을 알도록 해 주는데 이 빛 없이는 하나님을 알 수 없다고 보고 있다. 셋째로 영광의 빛은 미래에 속한다. 이 영광의 빛은 장차 주님이 재림하실 때 영광의 빛으로 우리 믿는 성도들을 맞이한다는 것이다. 다시 말하자면 루터는 모두 본질적으로는 이성과 신앙의 상관성을 찾으려 했고 그리고 신앙이 이성에 앞서야 된다고 주장했다.

루터의 신학이 토마스 아퀴나스와 다른 점은 토마스는 신앙과 이성을 똑같이 중요시 여기는 반면 루터는 이성을 신앙의 한 도구로 사용되어야 한다는 것이다. 이성을 통하여 인간은 하나님에 대한 일반적인 인식이 필요했고 다른 한편 신앙적인 면에 있어서는 하나님은 성경을 통하여 자신을 창조주로서 뿐만 아니라 예수 그리스도의 구속자로서도 계시된다고 보고 있다.

중세의 약 천여 년에 걸쳐서 철학과 신앙, 신앙과 이성의 흐름에 대한 논쟁이 벌어졌지만 이 모든 문제를 만족스럽게 다루는 것은 불가능했다. 먼저 기독교와 기독교 신자임을 자처하는 사람들에 대한 비평가들은 기독교 신앙의 근거와 본질에 대한 설명을 할 권리가 있다고 주장하고 또한 기독교와 그 신자들에 대한 조사 연구는 객관적으로 가능할지 모르나 그들은 이미 기독교에 심취되어 있으므로 주관적인 해석에 치우칠 수밖에 없다고 보고 있다.

루터가 보는 종교철학의 목적은 종교적 체험의 내용보다는 그 체험의 형식이나 체험이 야기시키는 문제에 더 많은 관심을 가지고 있다고 보는 데 있다. 그러므로 기독교철학의 출발점은 기독교 밖에 있는 것이 아니라 기독교 안에 있다고 본다. 그 최초의 연구 자료는 예수님 속에 계시는 하나님에 대한 기독교적 경험이다. 기독교적 이해라는 것은 실험과 경험 뒤에 따르는 것이지 그것에 선행되어서는 안 되는 것이다.

물론 모든 실험은 객관적으로 공증이 되는 것이고 개인적인 믿음의 요소를 포함시켜서는 안 된다고 기독교 비평가들은 주장하고 있다. 그러나 루터는 주장하기를 신약성경에도 이와 비슷한 접근방법이 있다고 보고 있다. 예수께서 천국의 복음을 도판 위에 자세히 새겨 놓지 않으셨다. 그러므로 실제로 그 복음의 진실을 알려면 예수님과의 개인적 믿음의 언약이 요구된다. 그 예수는 자신을 따르는 자들에게만 복음을 이해할 수 있게 하신다. 예수를 따름으로써 인간은 하나님을 만날 수 있다는 것이다.

하나님의 존재는 논리적이거나 과학적인 증명을 통해 해결될 문제가 아니라 내적인 신앙의 경험과 인식의 문제다. 그러므로 기독교 복음의 핵심적 진리는 개인적인 믿음의 언약을 통해서만 도달할 수 있다고 루터는 주장한다.

6. 루터와 종교개혁주의자들이 말하는 영성문제

종교개혁의 영성문제는 고대와 중세시대의 영성문제와는 아주 다르다. 고대와 중세시대의 영성은 성직자들의 수도원 생활을 중심으로 금욕생활에 그 기본을 둔다. 반대로 중세시대의 로마 가톨릭교회에서는 육체와 물질의 세계가 영과 정신의 세계에 비해 열등하다고 믿는 플라톤적인 이원론에 근거하여 물질의 세계인 세속을 탈피하는 영성을 주장하고 있다. 그러나 종교개혁자들은 세상에 살면서 하나님의 영에 지배를 받는 사람의 삶이 실천되는 현장이 영성 실천의 장이라고 본다.

다시 말해서 고린도전서 2장에 언급된 대로 신자들이 이 세상 속에 살면서 하나님의 말씀에 응답하며 사는 삶이 곧 종교개혁자들이 말하는 영성이다. 그러나 가톨릭교회의 영성은 인간 내면의 생활을 충실히 함으로 인격적 완성을 추구하는 생활을 강조하는 반면에 종교개혁자들의 영성은 내면적 생활은 물론 세속 사회에서의 모범적인 신앙생활을 겸해서 하는 총체적인 영역에서의 경건과 또한 하나님의 뜻에 대하여 순종하는 삶이 참된 영성이라고 보고 있다. 반대로 가톨릭교회에서는 성직자들의 탈세상적 삶을 강조하고 있다.

루터의 종교개혁 영성의 목적은 초기 성직자 중심의 수도원을 탈피하고 그 대신 평신도의 영성의 회복을 강조하는데 있다. 루터는 성직자들의 영성 독점에 저항해서 평신도들의 자발적인 영성운동의 회복을 강조한다.

종교개혁 영성운동에서 특히 강조하는 것은 성서 연구, 하나님을 아는 지식을 통한 자아 갱신 운동이다. 더 나아가서 평신도의 영성 생활을 강조하는 교육과 일상 신앙생활의 성화聖化를 목적으로 한다.

종교개혁은 성경을 읽고 깊이 묵상한 사람들의 운동이다. 가톨릭 교회에서는 상상도 할 수 없는 포괄적인 성경 주석에 몰입해 있고 또한 성령의 직통 계시를 강조하는 재세례파(Anabaptists)에 맞서 객관적인 성경 계시를 주장한다.

종교개혁주의자들은 요새 유행하는 자아존중적 위로 설교에 담긴 영성과 심리학적 인격 완성을 강조하는 현대적 영성 개념과는 달리 자기반성적 그리고 자기변혁적 영성에 관심이 많았다. 종교개혁주의자들은 하나님을 아는 지식으로 변화를 받는 자아를 중요시 여겼다. 막연한 정신 교양이나 심리 조작을 통한 자아 완성과는 기본적으로 다르다. 종교개혁자들에게 있어서 하나님을 안다는 것은 하나님으로 말미암아 자아와 공동체가 바뀐다는 것을 말하고 있다.

종교개혁의 특징 중의 하나는 무엇보다도 평신도의 leadership을 키우는 것이었다. 그들은 평신도가 하나님의 백성이요 만인제사장의 역할을 충분히 감당하고 남는다는데 확신을 가지고 있었다. 놀랍게도 종교개혁 초기의 지지자들이나 참여자들은 평신도 남녀였다는 사실이다. 이와 같이 종교개혁의 영성은 평신도 중심의 영성이었기 때문에 평신도들의 일상생활에서의 영성생활은 얼마나 중요한가를 알 수 있다.

종교개혁주의자들의 영성운동의 또 한 가지 특징은 초기 기독교 신앙의 뿌리로 돌아가자는 운동이기도 하다. 칼빈은 제네바를 거룩한 도시로 변화시키려는 과정에서 사도시대의 교회 구조를 창출하려고 애썼고 쯔윙글리도 성찬식을 통하여 예수 그리스도의 죽으심과 부활을 기념하고 기억하며 초대교회 공동체의 생활을 모방하려고 심혈을 기울였다.

D. 존 칼빈(John Calvin: AD 1509 - 1564)

1. 칼빈의 회심

칼빈은 자신의 회심 체험을 그의 시편 주석에서 이렇게 말했다. "내가 아주 어렸을 때 내 아버지는 내가 신부가 되기를 원했다. 그러나 아버지는 그의 생각을 바꾸었다. 내가 법률에 종사하면 명성도 얻고 돈도 벌수 있다고 생각했다. 그래서 나에게 법률 공부를 하도록 강요했다. 나는 아버지의 뜻에 순종하여 법률 공부를 하였다. 그러나 하나님께서는 그의 섭리를 비밀리에 수행하시면서 나의 가는 길을 바꾸어 놓으셨다. 하나님께서는 저에게 갑작스러운 회심을 하게 함으로써 아버지의 생각과 나의 생각을 완전히 바꿔 놓으셨다. 그래서 나는 참된 경건에 대한 지식을 얻게 되고 내 마음은 참된 경건 속에서 신앙생활을 하고자 하는 마음으로 돌아서는 기쁨을 얻게 되었다.

칼빈의 회심 후에 얻은 것은 참된 경건의 신앙생활을 하기 위해서는 무엇보다 하나님을 바로 알고 하나님과 깊이 교제하여 하나님께 영광을 돌리는 것이라고 했다. 칼빈은 그의 유명한 저서 《기독교

강요》에서 하나님을 아는 지식과 나를 아는 지식을 강조했다. 하나님을 모르면 나를 알 수 없다고 하여 하나님에 관한 지식을 아는 것이 신앙생활의 중심이 되어야 한다고 하면서 그렇게 하기 위해서는 매일매일 성경 말씀을 통한 경건의 생활이 지속되어야 한다고 거듭 강조했다.

이사야 선지자가 하나님의 영광을 본 후에 자기 자신에 관하여 알았듯이 그리고 욥이 하나님을 본 후에 처절한 자기 자신을 발견한 것 같이 하나님을 알아야 자신을 알 수 있다는 것이다. 또 하나님을 올바로 알기 위해서 나의 추한 모습을 우선 발견해야 한다는 것이다. 둘째로 하나님을 단지 지식적으로 안다는 것에 그치지 않고 내가 하나님을 위해서 무엇을 해야 하는지를 알고 하나님께 영광을 돌리는 것이라고 칼빈은 말한다. 그뿐 아니라 우리의 중보자가 되시는 그리스도께서 오셔서 하나님과 우리 사이를 회복시킴으로써 우리는 하나님을 알게 된다는 것이다.

칼빈은 하나님이 자기 자신을 우리에게 나타내시는 실제적인 지식은 성경 말씀에서 나온다는 것이다. 성경을 진정으로 사랑하는 제자가 되지 않고는 하나님을 만날 수 없고 또 성경 없이 우리는 매 순간마다 오류에 빠지기 쉽다는 것이다. 그러면 하나님을 아는 방법으로 성경을 통하는 것은 물론 성령의 조명이 필요하다고 칼빈은 말하면서 성령의 조명은 이성보다 뛰어나고 그리고 말씀이 성령의 조명에 의해 비쳐질 때 비로소 말씀이 사람의 가슴속에 받아들여진 다는 것이다.

칼빈은 또한 루터와 마찬가지로 기도의 중요성도 강조했다. 그는 기도에 대해서 다음과 같이 말하고 있다. "기도의 은총으로 우리는 하늘의 보화를 얻는다. 기도를 통해 사람이 하나님과 교제를 하게 되는데 하늘 보좌에 들어가 하나님께 간구하므로 믿음의 내용들이 헛된 것이 아님을 체험하게 된다." 칼빈은 기도의 필요성을 말로는 다 표현할 수 없고 기도의 실천이 얼마나 많은 유익을 주는 지 알 수 있다고 하였다. 우리가 기도를 통해서 하나님의 이름을 부를 때 하나님의 섭리가 나타나 우리를 보살피며 그의 능력이 나타나 우리를 붙드시고 그의 선하심이 나타나 우리를 은혜 가운데로 인도하신다.

우리는 기도를 통해서 하나님께서 자기 자신을 우리에게 나타내시고 임재하시기를 간구한다. 그리하여 우리는 평안과 안식을 경험하게 된다.

칼빈은 하나님이 받으시는 기도를 위해서는 기도의 법칙을 따라야 한다고 하였다. 그 기도의 법칙이란 먼저 우리의 마음과 생각을 가다듬으며 성령의 도우심을 구해야 하고 자신의 부족함을 인식하고 구하는 것에 대하여 신실한 마음을 가져야 하고 하나님 앞에 겸손히 서서 우리 자신의 허영을 버리고 하나님께 온전한 영광을 돌려야 하고 그리고 우리의 기도가 응답되리라는 확실한 소망을 가지고 기도해야 한다고 지적했다. 칼빈의 회개와 감사의 기도는 그의 생을 마감하는 마지막 순간까지 이어졌다.

칼빈은 그가 AD 1564년 5월 27일 51세의 짧은 생애를 마치기 한 달 전에 다음과 같은 기도의 글을 유언으로 남겼다. 그런데 그 고백과 기도 가운데 "나는 망할 자"라는 고백이 두 번이나 포함되어 있었다.

"나 요한 칼빈은 어려가지 질병으로 고통과 압박을 당하는 가운데 하나님께서 나를 이 세상으로부터 조만간 부르실 것이라고 생각되어 다음과 같은 유언을 남기기로 했다. 무엇보다 내가 먼저 하나님께 감사를 드리는 것은 나를 불쌍히 여겨 우상숭배의 깊은 어두움 속에서 건져내어 복음의 빛 가운데로 인도하여 구원의 도리를 받아들이게 하시고 나의 모든 허물과 죄를 담당하신 일인데 나는 그 은혜를 받을 아무런 가치가 없고 거절을 당해야 마땅한 나는 망할 자였다. 내가 하나님께 감사드리는 두 번째 이유는 같은 긍휼과 자비로 나를 사용하셔서 설교를 하게 하시고 복음의 진리를 전파하게 하신 일이다.

내가 증거하고 선언하는 것은 생명이 남아 있는 한 그의 복음으로 나에게 맡겨 주신 같은 신앙과 같은 경건 가운데 계속 머물기를 원한다는 것이다. 그리고 나의 구원을 위해서는 나를 변호해 주시고 보호해 줄 다른 아무것도 없고 오직 은혜로운 선택밖에 없다는 것이다. 나의 영혼을 다해 나는 하나님 아버지를 붙잡는 것뿐이다. 내가 증거하고 선언하는 것은 하나님께서 나의 구속주가 흘리신 피로써 나를 씻기시고 정결케 하시기를 원하는 것이며 그의 그늘 밑에서 내가 심판대 앞에 설 수 있기를 바라는 것이다.

내가 또 선언하는 것은 나를 향한 주님의 은혜와 선하심을 따라 나의 설교와 저술과 주석들을 통해, 그의 말씀을 순수하게 전파하려고 노력했으며 성경을 충실히 해석하려고 노력한 것이다. 내가 또 증거하고 선언하는 것은 복음의 원수들과 모든 논쟁에서 내가 거짓이나 약함이나 궤변을 사용하지 않았고 진리를 변호함에 있어서 솔직하고 진실하게 행동했다는 것이다.

그러나 나는 망할 자로다. 나의 열성과 열심은 그렇게 부를 수 있을지 모르겠지만 전부 부주의하고 힘이 없는 것이어서 나의 직분을 수행하는데 수없이 실패를 반복했다. 그의 도움과 은혜가 없었다면 모든 것이 공허한 헛수고였을 것이다.

유해에 대해서는 내가 세상을 떠나면 나의 시체가 교회의 습관과 형태로 땅에 묻히게 하여, 영화로운 부활의 날이 올 때까지 기다리게 하기를 소원한다."

우리는 칼빈의 이러한 솔직한 유언의 기도를 통해서 그가 얼마나 하나님의 은혜를 감사하고 또한 겸손한 목자이었음을 볼 수가 있다. 그는 죽는 순간까지 복음을 자랑스럽게 전한 복음의 사역자였다.

결론적으로 말해서 죄인들이 하나님을 바로 알고 바로 교제하며 하나님께 영광을 돌리기 위해서는 성경의 가르침과 성령의 조명과 중보자 그리스도의 개입과 자기 자신의 종교적 경건이 절대로 필요하다는 것이 칼빈의 신앙의 초점이었다.

2. 종교개혁과 칼빈

칼빈은 AD 1509년 프랑스의 북동쪽 Noyon에서 다섯 명의 자녀 중에 넷째 아들로 태어났다. 그가 11살 때 Noyon 성당의 사제 보조로 일을 했으며 AD 1529년 아버지의 권유로 법학을 공부하러 오를레앙대학에 입학해서 그리스어와 인문학을 공부하는 중에 루터의 종교개혁사상을 접하게 되었다.

AD 1531년 아버지가 세상을 떠나자 칼빈은 다시 진로를 바꾸어 신학을 공부하기 위해서 College Fortet에 입학하여 히브리어와 헬라어를 배우며 원전을 연구할 수 있는 어학의 기초를 단단히 닦아 놓았다. AD 1533년 10월에 파리대학 총장으로 취임한 니콜라스 콥을 위해 총장 취임 연설을 칼빈이 작성하였는데 그 연설 내용 중에 종교개혁자들의 사상을 지지하는 내용과 로마교회의 부패상을 비판한 내용이 들어 있어서 이 때문에 칼빈은 도피하게 되었다. AD 1534년에 종교개혁자의 길을 가기로 다짐하고 다시 Noyon으로 가서 성직을 포기했다. 이것은 로마교회와의 완전한 단절을 말한다.

칼빈은 교회의 개혁을 꿈꾸면서 스트라스부르그로 갔다가 다시 바젤로 들어가 당시의 종교개혁자들을 만나 종교개혁에 대한 토론을 하며 그들로부터 종교개혁에 관한 상세한 지식과 지혜를 얻게 되었다. 바젤에서 그는 그의 유명한《기독교강요》초판을 완성했는데 이 초판의 내용은 프랑스 안에서 박해를 받는 종교개혁자들의 신앙을 변호하는 책이다. 이 책은 1536년 바젤에서 출판되었다. 그의《기독교강요》는 여러 차례 수정이 되어 1559년 최종판을 출판하게 되었는데 그 내용을 간단히 소개하면 1권은 성부 하나님에 관한 지식, 2권은 성자 하나님에 관한 지식, 3권은 성령 하나님에 관한 지식, 4권은 참된 교회에 관한 지식으로 구성되어 있다.

그 후 칼빈은 AD 1536년에 Noyon에서 아버지가 남긴 유산을 정리하고 파리로 가서 신변을 다 정리한 후 다시 스트라스부르그로 돌아가서 Farel을 만나 그의 요청으로 그해 9월부터 제네바교회에 부임하게 되었다. Farel은 AD 1532년에 벌써 제네바에 들어와서 교황청을 비판하는 설교를 했고 AD 1534년에는 다행히도 제네바 시의회가 종교개혁을 적극 수용하여 로마교회와 완전히 단절하고 말씀 중심의 예배를 드리기 시작했다. 그 후 AD 1536년부터 1537년까지 화렐의 지원을 받은 칼빈은 제네바에서 종교개혁에 본격적으로 참여하기 시작했다. 칼빈은 성피에르교회에서 바울서신을 강의하면서 모든 사람은 믿음으로 의롭게 될 수 있다고 강조했다.

그는 AD 1537년에 제네바 목사회에 가입하면서 "교회 행정에 관한 조례"를 시의회에 제출했다. 조례의 내용은 다음과 같다. ① 사도바울의 가르침대로 예배 때 시편 찬송을 부를 것 ② 성찬을 매월 시행할 것 ③ 어린이들을 위한 교육을 실시할 것 ④ 결혼법을 개혁할 것 그리고 ⑤ 교훈과 신앙 고백을 통해 모든 시민이 신앙을 배우고 고백하게 함으로 신앙공동체를 만들 것을 주장했고 ⑥ 오직 성경만이 신앙의 유일한 법칙임을 주장했다.

칼빈은 또한 로마교회가 말하는 구원의 조건 중에 인간의 선행과 공로가 중요하다는 것을 비판했고 그 외에 일곱 가지 성례와 성모 숭배 사상도 동시에 비판했다.

칼빈의 궁극적인 제네바 개혁의 목표는 제네바 시를 신앙공동체로 만들고 하나님의 말씀으로 다스려지는 시가 되게 하는 것이었다. 칼빈은 모든 시민들이 신앙 고백을 서약하도록 강요했는데 이로 인해 칼빈은 시민들로부터 많은 저항을 받기도 했다. 그리고 시민들에게 권징을 할 수 있는 권한은 오직 교회의 고유 권한이므로 정부가 간여해서는 안 된다고 주장하자 제네바 시 당국은 칼빈의 파격적인 요구에 불만을 품고 AD 1538년에 Farel과 칼빈을 제네바에서 추방했다.

제네바에서 쫓겨난 칼빈은 취리히와 바젤을 거쳐 스트라스부르그로 돌아가 당시 프랑스 피난민으로 구성된 성 니콜라스 교회의 담임목사가 되었다. 칼빈은 여기서 목회를 하는 동안 교회음악으로 시편 찬송 18개를 작곡하고 AD 1539년에 《찬송가(Book of Music)》를 출판하기도 했다.

칼빈은 계속 저작 활동을 하였는데 《로마서 주석》, 《기도서》, 그리고 《성찬론》을 집필하였고 AD 1540년에는 이돌레테 더 뷰르와 결혼해서 가정을 이루었다. 로마교황청에서는 칼빈이 로마교회를 떠났다는 소식을 듣고 사를레토 추기경으로 하여금 제네바에 편지를 보내어 칼빈이 다시 로마교회로 돌아오도록 명하였다. 제네바에서는 칼빈에게 이에 대한 답서를 쓰게 하였는데 칼빈은 제네바 시민을 대표해서 〈샤를레토 추기경에게 보내는 반박문〉을 써서 보내어 제네바가 개혁의 중심지인 것을 암시했다.

칼빈은 그 후 제네바에서 약 25년간 살면서 제네바를 개혁의 도시로 만드는 계획을 세웠다. 그가 말하는 개혁의 내용은 다음과 같다. ① 교회의 법령을 제정하고 장로교 제도를 만들고 당회(장로법원)를 통해 제네바시의 모든 일들을 논하게 했고 ② 설교를 강조하여 모든 시민들은 말씀 중심의 삶을 살도록 하였으며 ③ 교회 교육을 통해 교인들을 권징勸懲할 수 있도록 하였다. 물론 이 제도를 반대한 사람들도 많았으나 제네바 시의회의 절대적인지지 아래 장로 제도를 통해서 교회의 질서를 바로 잡게 되었다.

칼빈의 개혁에 대한 군건한 의지는 여기서 끝나지 않고 장차 개혁을 계속해서 짊어지고 나갈 후배를 양성하기 위해서 AD 1559년에 제네바 아카데미를 설립하고 5명의 교수를 두었다. 이 아카데미는 개혁자 교육의 산실 역할을 하게 되었다. 이 아카데미가 훌륭하다는 소문이 유럽 각지에 퍼져서 잉글랜드, 네덜란드, 스코틀랜드, 독일 그리고 이탈리아에서 많은 학생들이 몰려와서 아카데미 설립 이후 10년 뒤에는 무려 1,600여 명의 학생들이 열심히 개혁주의 교육을 받았다. 제네바 아카데미는 개혁주의 신학의 센터인 동시에 개신교의 센터 역할을 하였다. 여기서 개혁주의 신학으로 무장된 학생들은 각기 모국에 돌아가서 개혁주의 사상을 선전했고 아울러 장로제도의 교회를 세워 개혁주의 신앙을 넓혀 나갔다.

칼빈의 개혁사상은 철저히 하나님 중심주의, 하나님 주권주의 사상이다. 그리고 칼빈 신학의 주제는 성경과 성령이다. 모든 일에 있어서 성경을 중심해서 바른 삶을 살도록 하는 것이다. 또한 성령의 가르침에 살면서 교회를 운영해야 한다는 것이 그의 주장이다.

3. 칼빈 신학의 7가지 원칙을 살펴보기로 하자.

1) 성경이 모든 신학의 가장 중요한 기초이다. 그러므로 성경만이 기독교 신앙의 기초가 된다. 인간의 전통이나 교회의 권위를 부정한다. 칼빈은 하나님의 말씀과 성령이 밀접한 관계를 가지고 있다고 본다. 성경이 문자이지만 성령에 의하여 우리의 심령 위에 역사하며 그리스도를 보여주게 하며 생명으로 인도한다. 이러한 칼빈의 말씀과 성령의 불가분리성에 대한 강조는 성경 위주를 배제하고 또한 성령에 대한 무제한적인 호소를 배척하여 좌로나 우로나 치우치

지 않는 정통신학을 만들자는 것이다.

2) 칼빈의 성경 해석이다. 칼빈은 로마교회만이 올바로 성경 해석을 할 수 있다는 것을 부정하고 루터의 문자적 해석을 배척하면서 그 대신 역사적, 문법적 해석으로 원 저자의 의도와 기록 당시의 문화와 역사의 배경을 알아서 성경을 해석해야 한다는 것이다. 칼빈의 개혁주의 성경 해석의 원리는 역사적 문법적 해석(historic-grammatical exegesis)이다.

3) 칼빈의 예정론이다. 그의 예정론은 성도들에게 구원의 확신을 주고 구원이 인간의 공로가 아니라 전적으로 하나님의 자비에 의존해 이루어진다는 것이다. 그의 예정론은 인간을 높이지 않고 하나님만 영화롭게 하며 인간을 겸손하게 만든다.

4) 칼빈의 교회론이다. 칼빈에 의하면 교회는 유형교회와 무형교회로 구분이 되는데 무형교회는 하나님의 비밀스러운 선택에 근거하는데 보편적이고 하나님 안에서 하나이며 타락할 수 없는 특징을 가진다. 또 다른 유형교회는 지상에 존재하는 교회로 하나님에 의해 양육되고 성장하는데 교회 성장을 위해 목사와 교사들을 임명하고 성례를 행하며 성도들은 교회의 품안에 안겨서 즐거운 생활을 영유하도록 하는 것이다. 교회에는 참된 교회와 거짓된 교회가 있는데 하나님의 말씀을 순수하게 전파하고 또한 그리스도께서 제정하신 성례를 잘 지키는 교회가 참된 하나님의 교회라는 것이다.

5) 장로제도의 확립이다. AD 1541년 칼빈은 "교회법령"을 작성했다. 장로는 목회(가르치는)장로와 치리(다스리는)장로로 나누고 또 집사직을 두어 이중직분론을 제정하였다.

6). 하나님 말씀 주심의 예배를 강조했다. 칼빈은 성화나 성상에 호소하는 미신적 예배를 비판했다. 그는 또한 예배 때 시편을 찬송가로 삼았다. 시편 51편 17절의 "상한 심령과 뉘우치는 마음"으로 드리는 예배를 강조했다. 하나님께서 원하시는 것은 진실한 심령의 소리를 듣는 것이다. 로마교회의 형식적인 예배는 하나님은 외면하신다고 비판했다. 그리고 신령한 예배는 히브리서 13:15절에 있는 대로 예수 그리스도를 통하여 예수 안에서 드리는 기도와 감사의 예배라는 것이다.

7) 성례에 관한 것이다. 로마교회가 시행하는 7가지 성례(세례, 견진성사, 고해성사, 성찬례, 기름부음, 결혼성례 그리고 안수식)는 잘못된 것이고 성례는 성찬과 세례뿐이라고 하였다. 그리고 성찬에 대하여는 로마교회가 주장하는 화체설 즉 성찬 때 떡과 포도주가 실제로 그리스도의 몸과 피로 변한다는 것을 반대하고 루터가 말하는 공제설도 비판했다. 루터는 성찬 때 그리스도의 몸과 피가 떡과 포도주 안에 함께 그리고 밑에 있다는 것이다. 그리고 쯔윙글리의 상징설도 반대하였는데 쯔윙글리는 성찬 때 떡과 포도주는 단지 그리스도의 몸과 피의 상징이라는 것이다. 그러나 칼빈은 영적임재설을 주장하였다.

성찬 때 성령의 사역에 의하여 만찬에서 그리스도께서 진정으로 임재하셔서 자신의 몸을 보여주신다는 것을 말하고 있다. 성찬을 통해서 우리는 그리스도와 한 몸으로 커 가는데 그리스도의 성자됨과 우리의 인성, 그리스도의 강함과 우리의 약함 그리스도의 의의와 우리의 불의와 같은 속俗과 성聖 간의 경이로운 교환으로 그리스도의 것을 우리의 것으로 만들게 된다는 것이다.

4. 칼빈의 종교개혁이 유럽에 끼친 영향

칼빈의 제네바 개혁은 밀물이 들어오듯 삽시간에 유럽 각국을 휩쓸었다. 칼빈의 제네바 개혁 소식을 듣고 다른 여러 나라에서 피난민들이 제네바로 몰려오기 시작했다.

AD 1547년 앙리 2세의 박해로 프랑스의 귀족과 신사 계층의 위그노, 상인들과 인쇄업자들이 제네바에 이민을 왔고 그리고 이탈리아 북부지역에서 박해를 받던 종교개혁자들도 제네바로 이주했으며 네덜란드, 스코틀랜드, 스페인, 폴란드와 영국 등지에서도 많은 사람들이 제네바로 몰려들었다. 그들은 칼빈과 함께 생활을 하면서 종교개혁의 사상에 대한 훈련을 받고 대부분의 사람들이 본국에 돌아가서 성경적 개혁사상을 소개함으로 유럽에 개혁신학이 크게 확산되기 시작했다.

특히 제네바에서 교육을 받은 목회자들이 유럽 각국에 돌아가서 개혁주의 신학을 확산시켰는데 프랑스에서는 위그노, 네덜란드에서는 도르트신조와 칼빈의 5대 강령을, 스코틀랜드에서는 존낙스의 장로교 그리고 영국에서는 장로교/웨스트민스터의 신앙 고백 등이 개혁신학으로 자리를 잡기 시작했다.

독일 남부지역에서는 프리드리히 3세에 의하여 칼빈주의가 발전했으며 더 나아가서 하이델베르크 대학이 독일지역의 개혁주의의 중심이 되었다. 여기서 하이델베르크 요리문답이 작성되어 칼빈주의 신앙과 신학이 본격화되기 시작했다. 그 외에도 리투아니아, 폴란드 그리고 헝가리에도 칼빈의 종교개혁이 소개되는 등 온 유럽에 칼빈 신학의 영향이 매우 커서 로마교회에 위협을 주었다.

종교개혁자 칼빈은 처음부터 성경으로 무장된 사람이었다. 그는 철저하게 하나님의 말씀에 굴복하여 자신의 모든 것을 말씀으로 해석하고 검증받아 말씀대로 살려고 노력한 위대한 종교개혁자였다. 그의 진실된 노력과 말씀 중심의 신학이 그의 유명한 《기독교강요》에 나타나 있다. 《기독교강요》의 가장 특징적인 것은 그의 작품 매 페이지마다 성경 구절과 성경 본문으로 가득 찬 성경적 작품이라는 것이다. 칼빈은 성경을 하나님의 권위 있는 말씀으로 받아들이고 성경만이 유일한 신학의 원리로 인정하였다. 칼빈의 신학은 성경이 가는 곳까지만 가며 인간의 한계를 창조주 하나님 앞에서 겸손하게 받아들인 사람이었다.

칼빈은 또한 처음부터 교회 공동체를 위한 신학자로 알려져 있었다. 칼빈은 자신의 신학적 활동이 하나님의 교회 공동체 유익을 위한 것임을 분명히 밝혔다. 이런 교회의 유익은 정당한 방식에 의해 수행되어야 한다고 말한다. 칼빈은 가톨릭처럼 성직자 중심의 정치는 금지되어야 한다고 주장했다. 오늘날도 개신교회에서도 개체교회나 성직자 중심의 교회 정치로 교회나 교인에게 불이익을 주는 경우가 많은데 칼빈의 신학을 통해서 이런 일들은 지양되어야 한다고 본다. 칼빈의 신학 활동은 주님의 교회를 확장시키고 하나님의 백성들을 돕는 일이라고 말한다. 교회에 유익을 주는 것은 교회에 무작정 굴복하고 성직자들에게 맹목적 순종을 하는 것이 아니라 하나님의 말씀에 나타난 경건의 순수한 교리를 가르치는 것이라고 칼빈은 말한다.

칼빈은 또한 복음을 강조한 신학자로도 소문이 났다. 칼빈의《기독교강요》의 주제는 무엇보다 구원관이다. 구원은 하나님의 예정과 하나님의 섭리에 있다고 보았다.

만약에《기독교강요》가 이러한 구원관을 제시하지 못한다면 이 책은 단순히 인간의 사상이나 철학으로 변절되고 말 것이라고 그는 강조한다. 기독교철학에 의하면 오직 이성만 의지하고 성령에 따르지 않는 것이라고 보고 자기는 말씀의 신학자로서 성경을 통해서 구원의 교리를 제공하는 것이라고 거듭 강조한다.

칼빈에 의하면 복음은 모든 믿는 자에게 구원을 주시는 하나님의 능력(롬 1:16)이며 생명으로 좇아 생명에 이르는 냄새(고후 2:15)이고 복음은 우리로 교회의 전통에 의존하라고 하지 말고 오직 성경의 중심이신 그리스도에게 순종하라고 말한다. 칼빈은 인본주의 사상이 기독교에 들어오는 것을 경계했다.

칼빈은 모든 것을 건설적으로 비판하는 능력을 가진 신학자이기도 했다. 칼빈은 용감하게 프랑스 왕 프란시스 1세에게 편지를 보냈다. 로마 가톨릭교회가 복음을 왜곡하고 하나님의 백성들을 바르게 인도하지 못하고 복음을 바르게 믿는 자들을 핍박하는 것에 대해 호소했다. 이 내용은 쉽게 표현하면 칼빈의 신앙 고백과도 같다.

그는 성경을 왜곡시켜 해석의 오류를 만들었던 많은 신학자들을 비판했다. 칼빈은 로마 가톨릭교회가 미사, 연옥, 성지순례, 성직자 결혼 금지와 같은 것들은 성경 말씀을 왜곡하고 주님의 명령에 순종하지 않은 것이라고 강하게 비판했다. 그러므로 칼빈은 오직 성경 말씀대로 오직 그리스도의 말씀만 들으며 그의 명령을 소중히 여기고 성경의 단순성을 혼란하게 하지 말며 사변적 신학 이론에 빠지지 말라고 했다.

그들이 이렇게 신학적으로 타락한 이유는 그들은 성경의 권위보다 교회의 권위를 더 높이는데서 나온 것이라고 말하면서 오직 성경으로만 교회와 신학을 개혁할 수 있다는 칼빈의 의도가 프란시스

1세에게 보낸 편지에서 잘 나타나 있다. 칼빈의《기독교강요》의 전체적인 내용의 발원은 바로 로마 가톨릭교회의 비성경적 교리들과 전통에 대한 비판에서 시작되었다고 볼 수 있다.

결과적으로 말하면 칼빈은 성경에 철저하게 복종한 진정한 신학자였다. 교회의 유익과 성도들의 영적인 유익을 위한 그의 열정은 자신의 몸을 희생해 가면서까지 성경의 올바른 가르침을 순수하게 전하기 위한 것이라고 그의 사명감을 보여주었다. 그의 신학의 특징은 오직 성경만으로 모든 문제를 해결해야 한다고 신학의 활동을 제한했으며 성경에 대한 올바른 해석 방법도 일관성 있게 그의 삶에서 적용되어야 한다고 말했다. 그의 신학의 강조는 구원의 교리임을 빼놓을 수 없다. 그가 참된 구원의 복음을 그의 동족들에게 전파하기 위한 영적 사랑도 매우 감동적으로 나타난다.

바로 이런 작업이 신학자의 임무라는 것은 칼빈에게는 너무나도 자명한 것이다. 칼빈은 철저하게 모든 문제를 하나님 앞에서 인식하였다. 국가의 지도자도 하나님의 영광을 위해서 봉사해야 하며 우리는 하나님 앞에서 죄인이며 하나님 앞에서 우리에게 그의 자비 외에는 자랑할 아무것도 남아 있지 않다고 했다(고후 10:17-18). 칼빈은《기독교강요》를 통하여 중세부터 지금까지 오류와 왜곡, 미신과 우상숭배, 인간의 공로와 성직자의 성직 남용, 교회와 교황의 절대적 권위를 버리지 않고 점점 말씀으로부터 멀어져가는 로마 가톨릭

교회를 하나님의 말씀으로 개혁하려는 강인한 자신의 모습을 보여주고 있다.

5. 칼빈의 5대 교리(The Five points of Calvinism)

1) 전적타락(Total Depravity)

인간은 타락으로 말미암아 구원을 얻기 위해 복음을 믿는 일에 전적으로 무능력해졌기 때문에 구원에 관한 아무것도 할 수 없다. 구원은 오직 성령의 중생하시는 은혜를 통해 가능하며 전적으로 하나님의 선물이다(엡2:1-3; 창 6:5; 렘17:9; 고전 2:14).

2) 무조건적 선택(Unconditional Election)

하나님의 선택은 덕이나 예지할 수 있는 행위에 의한 것이 아니라 오직 그의 주권적인 의지에 근거한다. 그러므로 칼빈 신학의 기초는 하나님의 절대적 주권에서 시작되어야 한다고 볼 수 있다. 따라서 구원의 궁극적인 원인은 죄인이 그리스도를 선택하는 것이 아니라 오직 하나님이 죄인을 선택하시는 것에 있다(고전 1:26-29; 딤후 1:9; 행 13:48; 요 6:37)고 칼빈은 말한다.

3) 제한속죄(Limited Atonement)

이 교리는 칼빈주의의 5대 교리 중에 가장 논란이 많은 교리 중의 하나다. 논란의 핵심은 바로 예수 그리스도의 구속사역이 모든 인류에게 적용되느냐 아니면 선택받은 소수 사람들에게 적용되느냐의 문제이다. 지금도 자유주의는 보편적 속죄를 주장하지만 개혁주의는 제한속죄를 주장한다. 그러나 만약 우리가 성경이 가르치는 진리 곧 하나님은 주권적이요 그의 뜻은 불변적이며 그의 선택이 무조건적이라는 사실을 믿는다면 자연히 속죄는 하나님의 기뻐하시는 뜻대로 은혜 베풀어 주시기로 한 자들에게만 제한된다는 진리를 확신할 수 있다(요:3 16; 10;14, 27 - 28; 마 1:21).

4) 불가항력적 은혜(Irresistable Grace)

이것은 선택자를 향한 하나님의 은혜를 말할 때 사용되는 교리로서 하나님께서는 자신의 뜻을 따라 그가 선택한 자들에게 반드시 생명을 주시며 이러한 은혜에 인간들이 거스를 수 없다는 것이다. 다시 말해서 전능하신 하나님의 뜻과 계획이 인간의 허약하고 무력한 의지에 의해서 방해될 수 없다는 말이다(단 4:35; 요 6:44).

5) 성도의 견인(Perseverance of the Saints)

이 교리는 한번 선택을 받은 자들은 하나님의 변치 않으시며 전능하신 뜻에 의하여 결코 그들의 구원을 잃을 수 없다는 것이다. 다시 말해서 하나님이 주신 믿음의 선물을 통하여 은혜로 받은 구원은 인간 스스로의 행위에 의해서 구원 받지 못할 존재로 떨어질 수 없다는 것이다(요 6:39; 10:28; 17:2). 그러므로 성도는 끝까지 인내를 가지고 하나님의 뜻을 추구해야 한다는 것이다.

다음으로 이러한 칼빈주의 5대 교리에 대항해서 나타난 것이 알미니안주의 5대 교리이다.

E. 알미니안주의의 5대 교리(The Five Points of Arminianism)

알미니안주의란 신학자 알미니아누스가 주장한 교리들을 그의 제자들이 신학적으로 정립한 것으로 처음에는 네덜란드의 총회에 의하여 받아들여졌다. 그러나 후에는 이 교리가 성경에 반대되는 것으로 확정되었으며 이교적인 것으로 선포되기에 이르렀다.

1. 자유의지(Free Will)

인간의 자유의지가 하나님의 말씀이든지 사탄의 말이든지 자유롭게 선택할 수 있으며 구원이란 인간의 자유의지에 따른 신앙적 행위에 전적으로 의존된다. 인간은 그의 의지에 따라 영생을 선택할 수 있고 반대로 사망을 선택할 수 있다.

2. 조건적 선택(Conditional Election)

하나님의 선택은 조건적이다. 그 선택은 인간에 의해 이룩된 조건에 근거한 하나님의 예지적 행위이다. 다시 말해서 하나님의 선택은 무조건적 선택이 아니라 구원 받기 위해 믿을 자들을 미리 아시고 선택했다는 것이다.

3. 보편적 속죄(Universal Atonement)

예수 그리스도의 속죄의 효력은 소수의 선택자들에게만 아니라 인류의 모든 사람들에게도 미친다. 따라서 예수 그리스도는 선택된 자들을 위해 죽으신 것이 아니라 자유의지를 행하사 하나님이 주시는 영생을 받아들이는 자들을 위해 죽으셨다.

4. 저항할 수 있는 은혜(Obstructable Grace)

비록 하나님께서 모든 인류를 사랑하시고 구원하고자 원하여 성령께서 그들을 그리스도에게로 인도한다고 할지라도 하나님의 뜻이 인간의 뜻에 의하여 제한을 받고 있기 때문에 성령의 역사도 인간에 의하여 제한 받을 수 있다.

5. 은혜의 상실(Falling from Grace)

인간은 자유의지에 따른 자기 자신의 행위에 의하여 그리스도를 영접하였으므로 구원을 얻으며 또한 구원을 얻은 후에도 어떤 사건에 의하여 그의 마음이 변하면 얻었던 구원도 다시 잃을 수 있다.

결론적으로 칼빈주의와 알미니안주의를 비교해서 간단히 정리해 본다면 다음과 같다. 위에서 본 바와 같이 두 체계는 근본적으로 다르다. 칼빈주의는 인간의 완전 타락을 고수하는 반면에 알미니안주의는 인간의 부분적 타락을 주장하고 있다. 완전 타락을 주장하는 칼빈주의의 교리는 인간의 모든 면이 죄로 말미암아 부패되어 사람은 자발적으로 하나님께 나아갈 수 없다고 말한다. 부분적인 타락을 고수하는 알미니안주의는 인간의 모든 면이 죄에 오염되어 있지만 자발적으로 하나님을 믿을 수 없을 정도까지 오염된 것은 아니라고 말한다. 알미니안주의자들은 완전 타락과 구원 사이에 어떤 중간 상태가 있다고 믿는다. 이 상태에서는 죄인들이 선행적 은총에 의해 그리스도께 이끌리는 것이 가능하며 또한 하나님이 주신 능력에 의해 구원을 택할 수 있다고 보는 것이다. 그리고 칼빈주의의 무조건 선택은 하나님께서는 개인의 타고난 어떠한 가치와는 상관없이 자신만의 전적인 뜻에 근거하여 구원할 사람들을 택하신다는 견해이다. 반면에 조건적인 선택은 누가 그리스도를 믿어 구원에 이를지 미리 아심으로 그 예지에 근거해서 구원 받을 사람을 택하신다는 것이다.

그리고 칼빈주의는 속죄를 제한적이라고 보지만 알미니안주의는 무제한적이라고 본다. 이 대립된 논리는 가장 많은 문제를 야기시키고 있다. 제한적 속죄는 예수께서 오로지 택한 자만을 위해서 죽으셨다고 보는 반면에 무제한적 속죄는 예수께서 모든 사람들을 위해 죽으셨으니 사람이 믿음으로 그를 영접하기 전까지는 그분의 죽음은 아무런 효력이 없다는 것이다. 그리고 칼빈주의는 하나님의 은혜는 거부될 수 없다는 믿음을 포함하지만 알미니안주의는 개인이 언제든지 하나님의 은혜를 거부할 수 있다고 본다.

거부될 수 없는 은혜란 하나님께서 사람을 구원하시려고 부르시면 그 사람은 필연적으로 구원에 이른다는 것이다. 거부할 수 있는 은혜란 하나님께서 모든 사람을 구원으로 부르시지만 많은 사람들이 그 부름을 반대하고 거부할 수 있다는 것이다. 칼빈주의는 성도의 견인을 강조하는데 반해 알미니안주의는 조건적 구원을 강조한다. 성도의 견인이란 택함을 받은 사람은 믿음 안에서 인내하며 영원토록 그리스도를 부인하거나 그분으로부터 돌아서지 않는다는 개념을 말한다. 조건적 구원은 그리스도를 믿는 신자라도 자신의 자유의지로 그리스도로부터 돌아설 수 있고 따라서 구원을 잃을 수도 있다는 견해이다.

F. 종교개혁 반대파(반종교개혁)의 운동

종교개혁 운동으로 곤욕을 치룬 교황청은 어떻게 해서든지 그동안 약화된 교황청의 권위를 회복하기 위해 여러 가지로 심혈을 기울였다. 교황 바오로 3세는 실추된 교황청의 권위 회복을 위해서 교회와 교황청의 개혁이 필요한 것을 잘 알고 있었다. 또한 교황의 권위를 회복시킬 수 있는 공의회를 소집해야 할 필요성을 느꼈다.

1545년 12월 13일 교회 개혁을 한다는 슬로건으로 바오로 3세의 주최 아래 트렌트공의회가 소집되었다. 그런데 이 회의는 바로 끝난 것이 아니라 무려 18년 동안 세 교황을 거쳐 진행되었다. 교황 바오로 3세(1545—1547), 교황 율리오 3세(1551—1552), 교황 비오 4세(1562—1563)로 구분된다.

트렌트공회의 목적은 형식상 개신교가 점점 강성해지는 것을 막는 것과 교회 내부의 부패상을 막는 것이었다. 이 회의에서 지적된 것은 그동안의 교회 부패는 주교들의 태만에서 온 것이라고 지적하고 또 증가하는 교회의 영적 상실, 교리문제에 관한 신학적인 불명확성 그리고 교황청의 타락이라고 했다. 이 회의에서 교회 개혁에 중요한 안건은 교회의 무능, 성직자 중임제, 그리고 교회에 대한 감독의 소홀 등이었다.

AD 1552년 다행히도 황제의 주선으로 트렌트공의회에 개신교 사절들이 초청을 받았는데 이때에 사절들은 공의회에 몇 가지 안건을 제시했다. 첫째로 새로운 공의회를 소집할 것, 이미 결의된 신앙 교리의 취소, 교황수위권 거부 등이다. 그러나 회의 도중 루터교 신봉자들이 회의장으로 들어와 난동을 부려 교황은 회의를 중단시켰다. 결국 가톨릭교회와 개신교의 대화는 있을 수 없게 되었다. 이 공의회는 서방교회와 개신교의 통합이 아니라 서방교회와의 분리를 결정하게 되었다. 트렌트공의회는 개신교를 이단으로 결정했고 예수회를 앞세워 개신교를 가혹하게 탄압하기 시작했다. 이 공의회에서 교황의 절대권을 회복시키기 위해서 "예수회(Jesuit)"의 조직을 허락했다. 교황청의 후원으로 예수회는 성 Ignatius Loyola에 의해 창설되었다. 그러나 이 예수회는 쇄신운동으로 시작했으나 별로 성공을 거두지 못했다. 그 이유는 개혁찬성파와 분리된 지 얼마 되지 않아 개혁을 주도할 중심을 잃었고 또 주도권을 쥔 교황이 교회 문제에 관심을 두기보다는 세속 문제에 더 몰두할 수밖에 없었기 때문이다. 예수회는 교황을 위해서 싸우는 군대교단이 될 것과 해양 개척으로 인해서 발견된 신대륙에 그리스도의 진정한 복음을 전하고 선교집단이 되는 것이었다.

제16장 르네상스, 합리주의적 및 경험주의의 탄생

중세시대에 철학과 신학 이성과 신앙 등의 논쟁으로 오랜 세월을 보냈지만 결국에는 종교개혁이 일어나게 되고 그 후에는 다시 종교개혁과 더불어 인간의 가치와 실존을 다시 찾아보려는 르네상스시대가 오는데 이 시대는 14세기부터 17세기까지 이어진다. 동시에 르네상스는 현대로 가는 길목이 되기도 했다. 사실상 르네상스시대에 들어오면서 중세시대의 신학과 사상이 비판을 받기 시작했다.

르네상스시대의 교황으로는 니콜라스 5세(Nicolas V, AD 1447-1455)가 잘 알려져 있다. 그는 학문과 문화에 대한 관심이 깊어서 교황청은 물론 로마 전체를 학문적 전당으로 만들려는 노력으로 바티칸에 처음으로 도서관을 건축했다. 그는 고대문화를 지나치게 애호했고 우상까지도 복원하고자 많은 비용을 낭비했다. 그리고 그 다음 교황 식스투스 4세(Sixtus IV AD 1471-1484)는 돈으로 추기경들을 매수하여 교황이 되었으며 자신의 이름을 따서 식스틴대성당을 세워 세계의 최대의 성당으로 그리고 가장 화려한 성당으로 장식하기 위해 부당한 세금 제도를 만들게 되었다. 식스투스 4세도 니콜라스 5세와 마찬가지로 교황청과 로마를 문화와 예술의 중심지로 만들려고 노력했다. 더 나아가서 그는 스스로 문화와 예술의 후원자 역할을 하려고 많은 노력을 기울이는 한편 교황의 영적 모델의 역할은 소홀이 했다. 이러한 식스투스의 사치스러운 행동으로 교회 내는 물론 교회 밖에서 많은 불평의 소리가 온 로마 시내를 휩쓸었다. 점차로 신을 떠나서 자아의식의 르네상스 운동이 활발해짐에 따라 후대의 교황들도 본연의 임무를 떠나서 세속화되어 가고 품위가 떨어지고 경박해지고 사치스러워져서 로마 교황청이 본래의 모습은 많이 쇠퇴해졌다.

종교개혁자 중에 마르틴 루터는 젊은 시절에 인문주의에 관심을 가지고 있었다. 인문주의는 르네상스의 기초이다. 르네상스의 어원적 의미는 "부활, 재발견"이라는 뜻인데 고전적 가치를 다시 회복하자는 것이 르네상스의 목적이다. 중세시대에 유행하던 히브리 및 희랍문화 그리고 로마문화를 되찾음으로 인간 본연의 자세로 돌아가자는 운동이다. 중세가 무시했던 인간의 존엄성, 잃어버린 인간의 정신적 지혜의 거듭남으로 본래의 인간성을 회복하자는 것이다.

마르틴 루터는 르네상스에 관심을 가졌던 때는 에르푸르트 대학에 입학했던 AD 1501년으로 독일에서 인문주의 운동이 본격적으로 자리를 잡을 때였다. 그러나 그는 사실상 이때에 수도원에 들어

가서 세속과 단절할 때이었으므로 르네상스 사상에 직접 접촉할 시간이 많지는 않았다. 하지만 라이프치히의 인문주의 사상과 마르틴 루터의 인문주의 운동 사이에는 밀접한 관계가 있었다. 인문주의 운동이 종교개혁의 신학적 발전에 더 나아가서 청년 마르틴 루터에게 간접적이나마 영향을 끼친 것은 사실이다. 로마교회의 권위주의에 항상 순종해야 하는 자신을 되돌아보면서 인간의 실존을 찾으려 했기 때문에 인문주의에 관심이 있었던 것은 사실이다.

르네상스 운동의 한 모습으로 합리주의와 경험주의가 일어나게 되었다. 합리주의 사상은 17세기에 들어오면서 활발하게 일어나기 시작했는데 합리주의 사상가의 선구자인 데카르트는 아퀴나스의 접근방법을 뒤집었다. 아퀴나스는 하나님을 증명하기 위해 이 세상을 사용한 반면에 데카르트는 이 세계의 존재를 위해 하나님을 이용했다. 데카르트에 의하면 하나님에 대한 인간의 의무는 필요치 않다고 본다. 법률은 하나님의 뜻이 아닌 국민의 의지를 나타내고 있으며 정부는 그들의 권한을 전능자로부터 획득한 것이 아니라 피지배자의 동의로부터 얻어내고 있다. 세속적인 인간들은 성경에서 이야기하고 있는 기독교 신앙의 실제적인 근거를 너무나 맹목적으로 찾고 있다고 반증을 하고 있다.

종교개혁시대가 하나님의 재발견이라면 합리주의는 그 반대로 인간의 재발견이요 인간의 특수성을 강조한다. 합리주의는 모든 것을 이성에 따라 판단하려고 시도한다. 이성을 통해 초자연적인 것은 모두 없애고 모든 것을 자연적으로 있는 그대로 추구해 보려는 시도가 강하다. 합리주의에서는 이성이 가장 중요한데 이성을 올바로 사용함으로써 정확한 논리적 추론이 가능하다는 것이다.

16세기 종교개혁자들의 주요 관심사는 하나님이었다. 그러나 17세기에 들어오면서 합리주의자들은 하나님이 아닌 이 세상에 대하여 그만큼 몰두했다. 그들의 문제는 하나님과의 개인적인 관계를 분명히 하는 것이 아니었다. 그보다 그들의 흥미를 끈 것은 하나님이 우주의 설계자가 아니라 자연 그대로의 우주의 합리적인 구조 연구이다.

이 합리주의에서 나중에 유신론적, 무신론적 실존주의가 발생하게 된다. 유신론적 실존주의를 대표해서 키에르케고르, 야스퍼스, 마르셀 등이 나타났고 무신론적 실존주의를 대표해서 니체, 하이데거, 사르트르 등의 활약이 컸다. 합리주의의 대표자로는 데카르트와 스피노자와 라이프니츠 등이 있는데 이들의 주장은 실체의 개념에 대한 것이다. 이들은 유신론적 혹은 무신론적 입장으로 갈라진다. 이 실체는 하나님 혹은 자연으로 간주된다고 주장한다. 유신론적 합리주의에서는 모든 존재하는 것은 하나님 안에 있고 하나님께서는 자연 밖에 존재하는 것이 아니라 자연 안에 계신다고 생각한다. 하나님은 사물 안에 계시며 만물의 일시적 근원이 아니시고 영원한 근원이시다고 말한다.

데카르트는 프랑스의 합리주의의 대표 주자로서 그의 저서인《방법서설》에서 "나는 생각한다. 고로 나는 존재한다."고 말함으로써 합리적인 주체의 근본 원리를 처음으로 확립했다. 그는 말하기를 모든 다른 것은 의심할 수 있어도 그가 의심하고 있다는 사실은 의심할 수 없다는 인식에 도달한다. 데카르트는 명목상 가톨릭 신자였다. 그는 말하기를 유한한 존재로서의 자신에 대한 개념이 무한한 존재인 하나님이 존재함을 부인하기는 힘들 것이라고 했다. 그러나 때로는 무한한 하나님이 진정으로 존재하는지를 의심해 볼 때가 있다고 고백한다. 그는 또한 하나님은 완벽하시기 때문에 우리를 기만하지는 않으신다는 주장을 옹호하기도 한다.

그러나 합리주의자인 스피노자는 유대인으로 자유사상가였다. 그의 논쟁속에서 인간의 모든 자유의지와 하나님께서 인간을 개인적인 방법으로 사랑하실수 있다는 사실을 인정하려하지 않는다. 스피노자의 교의에 전체적인 체계는 상당히 비인격적이고 기계적이다. 반대로 라이프니쯔는 데카르트와 스피노자의 영향을 많이 받은 신교철학자다. 대부분의 무신론적 합리주의자들과 마찬가지로 라이프니쯔도 신은 하나의 가정된 추상적 개념으로서 우리의 현재의 경험에서 우리가 개인적으로 만나는 신은 아니라고 주장한다. 그러나 유신론적 합리주의자인 파스칼은 무신론적인 합리주의와는 반대로 초기교회시대의 신학자인 어거스틴의 입장을 강조했다. 그는 철학자나 과학자의 신이 아닌 아브라함과 이삭과 야곱의 하나님을 발견하고 결정적 개종을 하였다. 파스칼의 주요저서인 "팡세"를 통해 당시의 무신론적인 합리주의에 대항해서 반대의 논증을 하려했다. 그는 말하기를 인간에게서 가장 견딜 수 없는 것은 욕망, 무가치함, 공허함 그리고 나약함이라고 하면서 여기에서 불행함, 분노, 좌절과 절망감이 생겨난다고 했다. 이 때문에 이러한 문제를 해결하기 위해서 절대자의 도움이 필요하게 된다고 한다. 하나님은 이성을 통하여 알 수 있는 것이 아니다 그렇다고 하나님을 쉽게 만날 수 있는 것도 아니다. 우리는 하나님을 알기 위해 일생을 기독교에 걸어야만 기독교의 진리를 알수 있다고 본다.

파스칼은 지성보다 자기의 의지를 더 강조했다. 여기서 믿으려는 의지는 모든 지적인 명상을 축출한다고 본다. 하나님을 아는 것과 사랑하는 것 사이에는 엄청난 차이가 있다고 보고 우리는 일생을 통해서 하나님을 사랑하도록 노력해야 한다고 강조한다. 그는 기독교의 진리가 논증보다 더 깊은 곳에 있다는 것도 깨달았다.

합리주의와 더불어 18세기에 들어가면서 프랑스를 중심으로 계몽주의의 시대가 열리게 되었다. 현대사상의 요람이라고 할 수 있는 계몽주의 사상이 들어오면서 종교개혁의 사상적 조류가 많이 축소되었다. 합리주의와는 다르게 경험론은 흔히 철학에서 감각과 경험을 통해 얻은 증거들로부터 비롯된 지식을 강조하는 이론이다. 합리주의가 인식 원천을 오직 이성에게만 추구하는 것과 아주 대립된다. 경험론에서는 이성을 통한 인식보다는 경험과 증거 특히 감각에 의한 지각을 강조한다. 모든 것을 합리주의적 사고방식으로 철학적 체계를 세우려고 노력했던 합리주의자들과는 대조적으로 경험주의자들은 지식 안에서의 경험의 역할을 강조했다. 이 경험주의는 후에 18세기에 많이 유행했는데 그들의 주장은 감각을 통해서 오는 경험에서 파생된 개념 이외에는 아무것도 가지지 않고 있다는 것이다. 그들은 모든 것을 경험 속에서 시험함으로써만 그것의 참과 거짓을 가려낼 수 있다고 본다.

경험주의의 대표적 주자로 존 로크(John Locke: AD 1632-1704)를 들 수 있다. 그는 또한 영국의 철학자요 정치사상가로 옥스퍼드 대학 시절에 합리주의자인 데카르트를 읽고 많은 감명을 받았으나 그 자신의 접근방법은 매우 달랐다. 로크는 신앙과 이성에 대하여 다음과 같이 정의했다. 신앙은 이성의 추론에 의해 만들어진 명제에 동의하는 것이 아니다. 기독교 신앙에는 이성을 초월한 양상을 가진 것도 많이 있다.

로크는 이성으로 믿을 수 있는 근거를 마련하고 더 나아가서 이성을 초월한 것을 받아들이는 것이 믿음이라고 말하고 있다. 로크에게는 기독교의 기적이 기독교의 변호자임을 자처하는 사람들이 생각하고 있는 것과 같이 변호되어야 한다고 생각하고 있다. 기적은 신의 증명을 확신하는 사람에게 오며 이런 사람들에겐 기적의 진실성에 대하여 묻지 않는다.

17세기 초·중기 유행했던 합리주의에 대한 응답으로 존 로크는《인간지성론》이라는 책에서 인간이 얻을 수 있는 지식은 오직 A Posteriori인데 그 뜻은 경험에 기반을 둔다는 것으로 아주 영향력 있는 견해를 그는 제시했다. "우리는 일상생활을 하면서 여러 가지 상황에 부딪치게 되고 예상치 않았던 일들을 경험하게 된다. 이러한 예기치 않은 상황은 신이 아니면 예상할 수 없다. 이것을 부정하는 사람은 거의 없으리라 본다."고 로크는 말했다.

로크는 또한 "Tabula Rasa"라는 말을 제시했는데 그 의미는 인간의 머릿속은 태어날 때 선천적으로 하얀 상태라고 하는 것이다. 다시 말해서 인간은 태어나자마자 아무 경험도 하지 않았고 얻은 것도 없기에 머릿속이 하얗다는 것이다. 우리 머릿속은 지식도 없고 생각도 없는 Nothing無이기 때문에 앞으로의 경험이 얼마나 중요한가를 로크는 우리에게 경계하는 것이다. 인간은 태어나자마자 물질과 정신이 공존하는 이 세계에서 경험을 하면서 모든 것을 습득하고 살게 된다. 이 경험을 통해서 자신의 가치관과 사고방식, 하나의 틀이 형성된다고 로크는 강조한다.

이 Tabula Rasa의 논리는 데카르트의 합리론과 대조된다. 데카르트는 생득관념生得觀念의 단어를 사용하면서 인간은 태어나면서 외부의 자극에 의해 얻어진 사고방식이나 관념이 아니라 본래 천성적으로 타고 태어나는 것이다. 그 외 나머지 결론들은 인간의 경험보다도 이성적으로 그리고 회의적으로 접근하여 얻어진다고 하였다.

제17장 초기와 중세 기독교 신학의 맺는 말

초대기독교 사회는 기독교 교회의 정립 시대로 수도원을 통한 교부신학, 교부철학, Schola철학이 주를 이루며 이성을 최대한도로 사용하여 신의 개념을 파악하고 신앙을 이해하려는 시기였다. 동시에 어거스틴의 신앙 및 경건주의 신학은 하나님의 절대주권을 강조했다. 중세시대의 신학은 어거스틴의 경건주의에 뿌리를 두고 토마스 아퀴나스의 이성과 철학을 중심한 신학이 그 중심을 이루고 있다. 토마스 신학의 특징 중의 하나는 다른 종교에도 구원이 있을 수 있다. 그러나 구원의 첩경은 가톨릭교회를 통하는 길이라고 말하여 종교다원주의의 가능성을 제시하였다. 그리고 토마스 아퀴나스에 의해 현재 가톨릭교회 system의 기초를 놓았다.

중세시대에서 가장 중요한 사건은 교황청의 부패와 면죄부 판매, 성직 매매 및 성전聖戰을 빙자한 십자군의 폭력 그리고 동방과 서방 교회 분리 등으로 인해 종교개혁을 불러왔다는 것이다. 중세교회는 또한 동방과 서방교회로 갈라지면서 정치적으로도 이해관계가 얽혔으며 그리고 초대시대와 마찬가지로 중세시대에 많은 이단들에 의해서 어려움을 겪기도 했다.

　중세시대에 들어서서 교황을 중심한 로마 가톨릭의 절대권력 때문에 세속정치와 알력이 생기게 되었다. 특별히 15세기에 영국의 Henry 8세가 로마 가톨릭과 교황에 도전하여 로마 가톨릭에서 이탈하여 오늘날의 Anglican Church(성공회)를 탄생시켰다.

　중세시대의 교회와 신학을 돌아보면서 오늘날의 한국 교회의 현재의 상황을 살펴보고자 한다. 중세시대에 로마 가톨릭의 부패로 인해 종교개혁이 일어난 것처럼 오늘날 한국 개신교회도 여러 가지 부패상으로 인해 한국 교회에 새로운 교회개혁 혹은 교회갱신 운동이 필요하다는 비판이 벌써부터 일어나기 시작하고 있다.

　그동안 한국 개신교회는 교회 성장만을 주 목표로 한 결과 중세교회 못지않게 여러 교단으로 갈라지고 특히 장로교회만도 수십 개로 갈라지는 부끄러운 모습을 보여왔다. 한국 개신교도 중세시대의 로마 가톨릭처럼 정치적으로 많이 개입하면서 종교의 순수성을 상실하는 때도 한두 번이 아니었다. 성직을 팔아 권력을 유지하려던 중세교회의 모습을 보면서 오늘날 개신교회가 교회와 교인을 사고파는 거짓 목자들 때문에 교회 전체가 비방을 면치 못하게 되기도 한다.

　초대와 중세시대에 이단종파가 많아서 어려움을 겪었듯이 개신교회에도 수많은 이단 종파들이 교회의 이름을 내걸고 많은 사람들을 혼미하게 만들고 유혹에 빠뜨려 교회 전체가 어려움을 당하기도 한다. 오늘날 한국 개신교 특히 장로교회는 목사 장로 집사를 계급 속에 가두는 교계주의에 빠져 있음을 경계해야 한다.

16세기에 들어서면서 교황과 로마 가톨릭의 교권 타락에 대항하는 종교개혁 운동 즉 protestant 운동이 전개되었다. 지금까지 유형교회의 사제들을 통한 하나님과의 대화를 떠나 성서를 통한 하나님과의 직접 교제하는 시대를 열었다.

중세기 중에 14세기부터는 르네상스 운동이 시작되었는데 16세기 말에 종교개혁시대가 저물면서 르네상스시대는 그 절정을 이루었다. 르네상스시대에서는 인간 중심의 문화, 예술이 많이 발전하였으나 신학적으로는 오히려 신앙이나 계시를 떠나 즉 하나님을 통한 자아의 정체를 발견하기보다 자아를 중심으로 신과의 관계를 찾아보려는 운동이 발전하게 되었다. 르네상스 운동에 힘입어 그 후로 계몽주의, 합리주의 운동으로 이 다시 전개되었다.

중세시대를 지나 근세시대에 들어오면서 신학의 많은 변화를 가져오게 되었다. 19세기에 들어와서 기독교의 선교 운동이 활발하게 전개되고 20세기 중기에는 신학적으로 의견이 다른 많은 요소들을 정립해서 합일점을 찾아보려는 소위 기독교 일치운동 혹은 ecumenical 운동이 시작되었다. 이로서 신교 상호간의 화해와 협력으로 연합선교 운동의 기초가 마련되었다. 특히 세계교회협의회(World Council of Churches)의 탄생은 Catholic교회에 대응해서 신교의 교파들을 하나로 묶는 중요한 창구가 되었다.

이러한 Ecumencal 운동은 또한 각 교파들의 협력을 위해서 그들이 가지고 있는 교리를 최소화하는 데 많은 도움이 되기도 했다. Ecumenical 운동이 본격화 되면서 교회간의 연합 운동이 활발해지자 자연적으로 신학적으로도 상당히 자유화 되는 경향이 생기게 되었다. 이런 가운데 자연적으로 보수 계통의 교회들이 교회와 신학의 현대화에 반기를 들기 시작했다. 소위 근본주의자들이라고 알려진 교회들이 세계교회협의회(WCC)를 비난하고 나섰는데 그들의 이유는 교회의 세속화 운동 때문이었다.

그들은 성서의 자유 해석을 반대하고 성서의 무오류성을 강조한다는 입장을 고수했다. 그들은 예수 그리스도의 신성과 동정녀 마리아에게서 탄생 그리고 육체의 부활을 강조하면서 어떤 형태의 자유주의적인 신학의 해석을 전적으로 반대한다는 운동을 전개했다. 이러한 근본주의 운동에서 가장 앞서서 활동한 group이 흔히 알려진 복음주의자 즉 Evangelical인데 이 Evangelical 운동이 힘을 얻어 미국뿐 아니라 세계적인 운동으로 발전해 나아가기 시작했다.

가톨릭교회도 개신교와 다른 종교와의 대화를 위해서 중요한 결정을 하였다. 1958년 교황 요한 23세가 선언한 Non-Catholic교회에 관한 것이었다. 지금까지 Protestant의 종교개혁 운동으로 신교와 관계가 멀어졌던 가톨릭이 Non-Catholic Christian도 True Christian이라고 선언한 것이다. 그 후 교황의 중대한 선언을 1962년과 1965년 Vatican공의회에서 재확인하였다. 이 Vatican 공의회에서는 유대인들이 예수 그리스도를 십자가에 처형한 것에 대하여 아무 죄가 없다고 선언했고 점차적으로 Catholic교회가 동방정교회와 성공회 그리고 Protestant 교회들과 대화를 시작하는 발판을 만들기 시작했다.

최근세에 들어오면서 우리는 Post Modern 시대에 살고 있다.

Post Modern(후기현대) 시대란 무엇인가?

내 생각도 옳고 네 생각도 옳고 그래서 서로 상대방을 존경하면서 살아가자는 시대를 말한다. 다시 말해서 어떠한 절대적인 진리가 존재하지 않고 상대적인 진리가 유행하는 사회가 소위 후기현대(Post Modern)이다. 이 후기현대를 가리켜서 불확실한 시대(Uncertain Period)라고도 말한다.

우리는 모든 가치와 진리를 통용하는 즉 상대적 가치에 중심을 둔 사회에 살고 있다. 다시 말해서 종교를 위시해서 정치, 경제, 문화 등 모든 요소가 우열의 차이 없이 공존하여야 된다는 사회에 살고 있다. 절대적 진리가 존재하지 않고 상대적 진리에 의존하게 되는 이 사회는 Global이란 단어를 낳게 되고 모든 부정적인 요소를 배제하고 긍정적으로 이해하려는 상대성 진리에 그 가치를 두게 된다. 그런데 Post Modern시대의 사상이 과연 올바른 것인가 하는 견해가 다시 고개를 들기 시작하고 있다.

초기와 중세 신학에 나타난 중요인물들

* 이그나티우스(Ignatius: AD 35—107)
* 네로 황제(Nero: AD 54—68)
* 폴리캅(Polycarp: AD 65:155)
* 도미티안 황제(Domitian: AD 81—96)
* 트라얀 황제(Trajan: AD 97—117)
* 하드리안 황제(Hadrian: AD 117—138)
* 저스티노스(Justinos: AD 125—165)
* 이레니우스(Irenaeus: AD 135—202)
* 클레멘트(Clement: AD 150—215)
* 텔투리안(Tertullian: AD 150—220)
* 마르쿠스 아우렐리우스 황제(Marcus Aurelius: AD 161—181)
* 히폴리투스(Hippolitus: AD 170—236)
* 오리겐(Origen: AD 184—254)
* 셉티무스 셀베루스 황제(Septimus Serverus: AD 191—211)
* 막시미너스 황제(Maximinus: AD 235—238)
* 데키우스 황제(Decius: AD 240—251)
* 아리우스(Arius: AD 250—336)
* 발레리아누스 황제(Varerianus: AD 253—259)
* 유세비우스(Eusebius: AD 260—340)
* 콘스탄틴 대제(Constanius Augstus: AD 275—337)

* 디오클레티안 황제(Diocletian: AD 284—286)

* 아다나시우스(Athanasius: AD 295—373)

* 암브로시우스(Ambrocius: AD 340—397)

* 크리소스톰(Crysostom: AD 349—407)

* 콘스탄티우스 황제(Constantius: AD 353—361)

* 어거스틴(Augustinus: AD 354—430)

* 펠라기우스(Pelagius AD 370—420)

* 그레고리 1세 교황(Gregory: AD 590—604)

* 힐데브란드(Hildebrand: AD 1015—1085)

* 안셀름(Anselmus: AD 1033—1109)

* 인노센트 3세(Innocent III: 1198—1216)

* 토마스 아퀴나스(Thomas Aquinas: AD 1224—1274)

* 니콜라스 5세 교황(Nicolas V: AD 1447—1455)

* 식스투스 4세 교황(Sixtus IV: AD 1471—1455)

* 마르틴 루터(Martin Luther: AD 1483—1546)

* 쯔윙글리(Huldrych Zwingli: AD 1484—1581)

* 존 칼빈(John Calvin: AD 1509—1564)

* 알미니우스(James Arminius: AD 1560—1609)

* 존 로크(John Locke: AD 1632—1704)

Summary of the Christian Theology in the Early and Medieval Ages

A. The Patristic Philosophy

The Patristic Philosophy ran from the beginning of Christianity to the 8th century. The Patristic Philosophy believed in truth revealed through Jesus Christ, the Old Testament is the herald and prediction of the Christian truth and the Greek Philosophy is the pioneer of witnessing Christian faith. The main elements of the Patristic philosophy are faith, reason, philosophy and theology. Bishops, priests, and lay Christians are the leaders of Patristic thought. Greek and Latin philosophers contributed their works to this philosophy. The Latin theologians believed that theology is basically legalistic, meanwhile the Greek theologians believed theology is mainly philosophical.

B. Greek Patristic Theologians:

1. Flavius Justin the Martyr(AD125—165)

Flavius Justin was born of Greek parents in AD 100 in Nablus, Palestine. As a young man, Justin was interested in the school of Stoicism after studying Aristotle philosophies and Platonism.

Justin one day encountered with an old man who seemed to possess a love of Christ. He was later converted to Christianity. Justin believed that Philosophy was important to defend Christianity. He wrote the First Apology through which he discussed that Christianity should not be blamed by the Empire.

Instead, atheism, immorarity and only evil actions by Christianity shouild be the targets for blame. He argues that the "name" of Christianity by itself is not reason enough to punish or persecute. Justin acknowledges that some Christians have performed immoral acts, but urges officials to punish these individuals as evildoers rather than Christians. With this claim, Justin demonstrates his desire to separate the Christian name from the evil acts performed by certain individulas, lamenting how criminals tarnish the name of Christianity and are not true "Christians". Justin goes to defend Christianity as a rational philosophy. He remarks at how Christianity can provide moral teaching for the Empire.

One of the Justin's most important themes involves his

description of the Logos, a philosophical concept of order of reason and knowledge. Justin argues that Jesus Christ is the incarnation of the Logos, which leads him to the proof that any individual who has spoken with reason, even those who lived before Christ, connected with the Logos in the form of Christ, and is thus, in fact a Christian. In general, his philosophy was the Logos(Word) which was the basis of formulating the present world. Christianity is the perfected Logos.

2. Irenaeus(AD130―202)

Irenaeus was born during the first half of the 2nd century. He was a Greek from Polycarp's hometown of Smyrna in Asia Minor and later moved to Rome and studied under Justin. He later moved to Lyons, France and during the persecution of Marcus Aurelius, the Roman emperor, Irenaeus became the Bishop of Lyons in AD 178. Irenaeus is also known as one of the first theologians to use the principle of the apostolic succession to refute the opponents. In his writing against the Gnostics, who claimed to possess a secret oral tradition from Jesus himself, Irenaeus maintained that the bishops in different cities are known as far back as apostles and that the bishops provided the only safe guide to the interpretation of Scripture. He cited the Roman church as an example of unbroken chain of authority, which text Western polemics would use to assert the premacy of Rome over Eastern churches by virtue of its prominent authority.

The doctrine of the apostolic succession of the bishops, firmly established in the church could be linked. This succession was important to establish a chain of custody for orthodoxy. He felt it important, however, also to speak of succession of elders. Irenaeus' point when refuting the Gnostics was that all of the Apostolic churches had preserved the same traditions and teachings in many independent streams. It was unanimous agreement between these many independent streams of transmission that proved the orthodox faith, current in those churches, to be true.

The central point of Irenaeus' theology is the unity and the goodness of God, in opposition to the Gnostics' theory of God. Irenaeus believed in monotheism and that man was created of free will. Irenaeus prefes to speak of the Son and the Spirit as the "hands of God".

3. Flavius Clement(AD150—202)

Titus Flavius Clemens (aka Clement of Alexandria) was born in Athens and became a Christian theologian who taught at the Catechetical School of Alexandria. He tried to understand Christianity in terms of Greek philosophy, and he believed the Logos is the reason that became incarnated. Clement is known for his famous quotes: "Knowing is better than believing.", "Philosophy has good elements for Christianity.", "Philosophy is preparation for the Gospel."

4. Origen Adamantius(AD184—254)

Origenes Adamantius (aka Origen) was born probably in the Egyptian city of Alexandria by Christian parents. Origen followed Clement's theory and believed that the soul existed before creation. He believed in the idea of purgatory, and that the universe consists of idea and material. Origen is famous for composing the seminal work of Neoplatonism of Christianity which is his work On First Principles. Origen lived through a turbulant period of church, when persecution was wide spread and little doctrinal consensus existed among the various churches. In this environment, Gnosticism flourished, and Origen was the first philosophical thinker to turn his hand not only to a refutation of Gnosticim, but to offer an alternative Christian system that was more rigorous and philosophically respectable than the mythological speculations of the various Gnostic sects.

Origen was the first systematic theologian and philosopher of Christian Church. Christian intellectuals had confined themselves to apologetic and moralizing works; notable among such writers is Clement of Alexandria, who like Origen, found much of value in Hellenic philosophy. Origen begins his treatise On First Principles by establishing in typical Platonic fashon, a divine hierarchical triad; but instead of calling these principles by typical platonic terms, he calls them "Father, Son, and Holy Spirit." though he describes these principles using platonic language. The first of these principles, the Father, is a perfect unity complete unto Himself, and without body — a purly spiritual mind. Since God the Father is, for Origen "personal and active," it follows that there existed with Him , always, an entity upon which to exercise his intellectual activity. This entity is Christ the Son, the Logos, or Wisdom(Sophia), of God the first emanation of the Father, corresponding to "second God" as we have seen above. The third and the last principle of the divine triad is the Holy Spirit, who "proceeds from the Son and is related to Him as the Son is related to the Father".

The God and Father, who holds the universe together, is superior to every being that exists. For he imparts to each one from his own existence that each one is; the Son, being less than the Father, is superior to rational creatures alone(for he is second to the Father); the Holy Spirit is still less, and dwells within the saints alone. So that in this way the power of the Father is greater than that of the Son and of the Holy spirit, and that of the Son is more than that of the Holy Spirit, and in turn the power of the Holy Spirit exceeds that of every other holy being.

This graded hierarchy reveals an allotment of power to the second and the third members of the Trinity; the Father's power is universal, but the Son's corresponds only to the rational creatures, while the Spirit's power corresponds strictly to the saints or those who have achieved salvation.

Such a structure of divine influence on the created realm is found much later in the system of the Neo—platonic philosophers.

5. John Chrysostom(AD 349—407)

Chrysostom was a Greek priest who was born in Antioch of Southern Turkey. Many scholars describe his mother Anthusa as a pagan. John's father died soon after his birth and was raised by his mother. He was baptized in AD 368 and as he grew older, however John became more deeply committed to Christianity and went on to study theology.

He spent some of his time in a monastery. John lived in extreme asceticism and became a hermit in about AD 375, he spent next two years continually standing scarcely sleeping, and committing to the Bible to memory. As a consequence of these practices, his stomach and kidneys were permanently damaged and poor health forced him to return to Antioch.

In Antioc, over the course of twelve years(AD 386—397), John gained popularity because of the eloquence of his public speaking at the Golden Church, Antioc's cathdral, especially his insightful expositions of the Bible passages and moral teaching. His nickname was "Golden Mouth". John straightforward understanding of the Scripture in contrast to the Alexandrian tendency towards allegorical interpretation meant that the themes of his talks were practical, explaining the Bible's application to everyday life. Such straightforward preaching helped Chrysostom to garner popular support . He founded a series of hospitals in Constantinople to care for the poor.

John was appointed Archbishop of Constantinople in AD 397. During his time as Archbishop he adamantly refused to host lavish social gatherings, which made him popular with the common people, but unpopular with wealthy citizens and clergy. His reforms of the clergy were also unpopular. He told visiting regional preachers to return to the churches they were meant to be serving without any payout.

C. Latin Patristic Philosophy

1. Florens Tertullian(AD 160-220)

Quintus Septimus Florens Tertullianu (aka Tertullian) became a Christian at the age of forty. His father was a Roman Centurion and his mother was a gentile. He believed that the sin will be inherited, he opposed child baptism, believed in the theory of Trinity(essence, reality, power). Tertullian believes in Christianity because it is irrational. He insists that All false elements in Christianity are from Philosophy. He is sure that The blood of the martyrs is the seed of the church. He believes that He can judge the quality of their faith from the way they behave. He firmly believes the following arguments: Discipline is an index to doctrine. Hope is patience with the lamp lit. The first reaction to truth is hatred. Fear is the foundation of safety. Arguments about Scripture achieves nothing but a headache. He who lives only to benefit himself confers on the world benefit when he dies. Nothing that is God's is obtainable. Indeed heresies are themselves instigated by philosophy. The more you mow us down, the more numerous we grow.

2. Aurelius Augustine of Hippo(AD 354-410)

Augustine was born in the North African providence of Numidia. His mother, Monica was a devout Christian; his father Patricus was a pagan who was converted to Christianity on his deathbed. At the age of 11, Augustine was sent to school at Madaurus, a small Numidian city about 19 miles south of Thagaste. There he became familiar with Latin literature, as well as pagan beliefs and practices. His first insight into the nature of sin occurred when he and friends stole fruit from a neighborhood garden.

At the age of 17, Augustine began an affair with a young woman to Carthage. Though his mother wanted him to marry a person of his class, the woman remained his lover for over fifteen years and gave birth to his son Adodatus. In AD 385, Augustine ended his relationship with his lover in order to prepare himself to marry a young woman.

Augustine was from the beginning a brilliant student, with an eager intellectual curiosity, but he never mastered Greek. He described that his first Greek teacher was a brutal man and Augustine rebelled and refused to study Greek from him. His mastery of Latin was another matter. He became an expert both in the eloquent use of the language and in the use of clever arguments to make his points.

Initially Augustine was not strongly influenced by Christianity and its ideologies, but he was deeply interested in Manichaeism which is known as dualistic religion of light and darkness. He spent 9 years to be an ardent follower of Manichaeism. But after coming in contact with Ambrose of Millan, Augustine revaluated himself and was forever changed. Augustine arrived in Millan and visited Ambrose in order to see If Ambrose was one of the greatest speakers and rhetoricans in the world. Augustine was more interested in speaking skills than the topic of speech. He quickly discovered that Ambrose was a spectacular orator. In his book, "Confessions", Augustine states, "That man of God received me as a father would, and welcomed my coming as a good bishop should." Augustine was very much influenced by Ambrose, even more than by his own mother and others admired. Ambrose adopted Augustine as a spiritual son after the death of Augustin's father.

Ambrose baptized Augustine, along with his own son Adeodatus, in Millan. In AD 391 Augstine was ordained a priest in Hippo and he became a famous preacher, and was noted for combating the Manichean religion, to which he had formerly admired.

Augustine developed his doctrine of the Church principally in reaction to Donatist sect. He taught that there is one church, but that within this Church there are two realities, namely, the visable aspect(the institutional hierarchy, Cathoilc sacraments) and the invisable one(the souls of those in the Church, who are either dead, sinful members or elect predestined for Heaven). The former is the institutional body established by Christ on earth which proclaims salavtion and administers the sacraments, while the latter is the invisible body of the elect, made up of genuine belivers from all ages, and who are known only to God. The Church, which is visible and societal, will be made up of "wheat" and "tares", that is, good and wicked people until the end of time. This concept countered the Donatist claim that only those in a state of grace were true or "pure" church on earth, and the priests and bishops who were not in a state of grace had no authority and ability to administer the sacraments.

Augustine originally believed in Premillennialism, namely that Christ would establish a literally a thousand kingdom prior to the general resurrection, but later rejected the belief, viewing it as carnal. He was the first theologian to expound a systematic doctrine of amillennialism, although some theologians and Christian historians believe his position was closer to that of modern postmillennialists. The medieval Catholic church built its system of eschatology on Augustinian amillennialism, where Christ rules the earth spiritually through his triumphant church.

During the Reformation theologians such as John Calvin accepted amillennialism. Augustine taught that the eternal fate of the soul is determined at death, and that purgatorial fires of the intermediate state purify only those that died in communion with the Church. His teaching was once controversial and provided fuel for later theology. Augustine took the view that, if a literal interpretation of the Bible contracdicts science and God—given reason, the Bible text should be interpreted metaphorically. While each passage of Scripture has a literal sence, this literal sense does not always mean that the Scriptures are mere history; at times they are rather an extended metaphors.

Augustine taught that the sin of Adam and Eve was either an act of foolishness followed by pride and disobedience to God or that pride came first. The first couple disobeyed God, who had told them not to eat of the tree of the knowledge of good nad evil(Gen. 2:17). The tree was a symbol of the order of creation. Self—centeredness made Adam and Eve eat of it, thus failing to acknowledge and respect the world as it was created by God, with its hierarchy of beings and values. They would not have fallen into pride and lack of wisdom, if Satan hadn't sown into their senses "the root of evil".

Augustine's understanding of the consequences of original sin and the necesssity of redeeming grace was developed in the struggle agains Pelagius and his Pelagian disciples. They refused to agree that original sin wounded humann will and mind, insisting that human nature was given the power to act, to speak, and think when God created it. Human nature cannot lose its moral capacity for doing good, but a person is free to act or not to act in a righteous way. Augustine pointed out the apparent disobedience of the flesh to the spirit, and explained it as one of the results of original sin, punishment of Adam and Eve's disobedience to God. Sin of Adam is inherited by all human beings. Augustine taught that original sin is transmitted to his descendants by concupiscence, which he regarded as the passion of both soul and body.

Augustine also taught that God orders all things while preserving human freedom. Prior to AD 396, he believed that predestination was based on God's foreknowledge of whether individuals would believe, that God's grace was a reward for human assent. Later Augustine said, sin of pride consists in assuming that "we are the ones who chose God or that God chooses us (in his foreknowledge) because of something worthy in us", and argued that God's grace causes individual act of faith.

Augustine upheld the early Christian understanding of the real presence of Christ in the Eucharist, saying that Christ's statement, "This is my body" referred to the bread he carried in his hands, and that Christians must have faith that the bread and wine are in fact the body and blood of Christ.

Augustine strongly stressed the importance of infant baptism. About the question whether baptism is an absolute necessity for salvation, however Augustine appears to have refined his beliefs during his lifetime, causing some confusion among later theologians about his position. He said in one of his sermons that only the baptized are saved. The belief was shared by many early Christians. However, a passage from "City of God", concerning the Apocalypse, may indicate that Augustine did believe in an exception for children born to Christian parents.

The theology of Augustine can be summarized as follows:

Augustine believed in Christ's dual natures (Humanity and Divinity). He argues that God can be understood through a personal experience in Jesus Christ by faith. He was the first theologian who understood God of Trinity (Father, Son, Holy Spirit). He stronlgly believes in original sin and Sacraments are important for a sinner. One of the Augustine's theology is God's predestination. He strongly believed in the life after death. To understand the Bible, Faith and reason are necessary, but faith is more mportant. He emphasized the importance of the church because it is the center of proclaiming Gospel. Faith and reason are the two ways to the truth. Augustine's concept of the Kingdom of Heaven is an earthly kingdom which is historically realized and the completion of the kingdom of heaven will be done by the second coming of Christ.

D. Forerunners of Medieval Theology

1. Anselm of Canterbury(AD 1033-1109)

Anselm Candiae Genavae was an Italian cleric, philosopher, and theologian who became the archbishop of Canterbury in 1093. His theology's emphasis was on the relationship between reason and faith. Faith can be understood in term of reason. Credo ut intelligam (I believe so I understand). Intellego ut credam (I think therefore I can understand). Crede, ut intellegas (I believe in order to understand). Amselm spent all of his life comprehending Augustine's theology. He was known as the Father of Schola philosophy (Philosophia Scholastica) and believed reason first and faith second contrary to Augustine's faith first and reason second.

2. Thomas Aquinas(AD 1225—1274)

Thomas Aquinas was an Italian Dominican friar, Catholic priest, and philosopher. Some of his beliefs are controversial. Aquinas strongly believes that God cannot be comprehended without God's revelation and man can do good deeds because man is not totally depraved. He put emphasis on good deeds for salvation and believed that man may be saved through other religions, but Catholicism is the best way for salvation. Aquinas believed that our redemption can be achieved through our personal walk with Christ. He emphasizes that the church is God's institution through which people can be saved, and that the Pope is the head of the church. He distinguised natural theology from revealed theology, and stressed a philosophical proof and Christian teaching. He believed there was a relation between philosophy and faith. Belief is the foundation of religion and Philosophy is the way to understand religion.

It was popular in medieval times with the purpose to rationalize the Christian faith through reason, philosophy, and faith. Schola philosophy of the Early Church was further advanced by Thomas Aquinas' theology. His theology was developed through his book ""Summa Theologiae".

Background for Religious Reforms

During the Early and Medieval times, the church endured papal corruption, financial corruption of the church, moral corruption, authority of the state against church, the end of Schola Philosophy, and pietism and asceticism. These factors led to religious reforms. These reforms excluded the philosophical aspect from theology. Their purpose was the rediscovery of God's grace through faith only (Sola Fide). They believed that Philosophy was necessary to advocate Christianity, but it should not be a tool to understand Christianity. The reforms also focused on the redemption of Christ through the Scripture.

Principles of Protestantism

Principles of Protestantism were based on the Five Solas. 1. Sola Scriptura (by Scripture alone) 2. Sola Fide (by faith alone) 3. Sola Gratia (by grace alone). 4. Solus Christo (through Christ alone). 5. Soli Deo Gloria (glory to God alone). They also believed in justification by faith, that all Christians should have a privilege to communicate with God, and that the authority of the church is based on the Bible. It was not believed that the Pope was the only person to interpret the Bible.

Result of the Religious Reformation

The Reformation is normally dated at 1517 with Luther's "95 Theses". The church reformation went from legal and formalistic faith to evangelistic faith, from ritualistic faith to the faith of personal experience, and from church authority to individual freedom. There was a new freedom of translation of the Bible and the elimination of Papal mediation to God.

3. Martin Luther(AD 1483—1546)

Martin Luther was born in Germany in 1483. He became the Professor of Theology at Wittenberg, studied law, and became a monk at Augustine's monastery. He believed that

Schola philosophy is useless for salvation and that Bible study and teaching is more important than sacrament. Man can be saved through faith only but not through man's good deeds. He was influenced by Augustine's theology of grace and by mystic and pietistic experience.

He believed that the Bible is the only way for faith and man can be justified through faith with God's grace. Luther believed that salvation is the grace of God and that salvation is from faith. Man can have a new relationship with God, but man cannot be saved through good deeds.

Some of his 95 Theses stated authority of the Bible against Papal power, personal experience towards God, God's presence in the sacrament, visible and invisible church, and that the Holy church is the fellowship of Christians. The Holy Spirit gathers, protects and comforts all believers. The church must proclaim the Gospel and all sacraments must be performed, and that God rules the church with His right hand and rules the earth with His left hand.

Luther's Nationalism

Living in Germany, Luther believed that the Church and state should be separated. All Christians must voluntarily obey the state. All Christians are not righteous; therefore, they must obey the law of the state. If state hinders the Christian's religious life, they have the right to disobey the state. All Christians are allowed for religious asylum but they are not allowed to use force for their religious freedom. Christians have the right to criticize the corruption of the state.

4. John Calvin(AD 1509—1564)

John Calvin was a French theologian, pastor, and one of the leading Protestant Reformers. Born in Lyon, France, Calvin studied philosophy, logic and law at the University of Paris in 1523. He wrote "The Institute of the Christian Religion" in 1536 as an elementary manual on evangelical faith — "the whole sum of godliness and whatever it is necessary to know about saving doctrine." Calvin married to a widow in 1540 and died in 1564.

Calvin's foundation of theology depended on the Absolute authority of God. He stressed that the Church was both visible and invisible. He insisted that ethics should be related to the Christian fellowship and application of the Bible to the church.

Calvin developed his theology in his Biblical commentaries as well as his sermon and treatises. But the most comprehensive expression of his views is found in his "Institute of the Christian Religion". He intended that the book be used as a summary of his view on Christian theology and that it be read in conjunction with his commentaries.

The central theme of Calvin's Institute is that the sum of human wisdom consists of two parts : the knowledge of God and of ourselves. Calvin argues that the knowledge of God is not inherent in humanity nor can it be discovered by observing the world. The only way to obtain it is to study Scripture. Calvin writes "For anyone to arrive at God the creator he needs Scripture as a Guide and Teacher. He does not try to prove the authority of Scripture but rather describes it as of self authenticating. He defends the trinitarian view of God and, in a strong polemical stand against the Catholic Church, argues that images of God lead to idolatry."

Calvin's Institute also includes several essays on original sin and fall of man which directly refer to Augustine, who developed these doctrines. Calvin often cited the Early Church fathers in order to defend the reformed cause against the charge that the reformers were creating new theology. In Calvin's view sin began with the fall of Adam and propagated to all humanity. The domination of sin is complete to the point that people are driven to evil. Thus fallen humanity is in need of the redemption that can be found in Christ. But before Calvin expounded on this doctrine, he described the special sitution of the Jews who lived during the time of the Old Testament. God made a covenant with Abraham, promising the coming of Christ. Hence, the Old Covenant was not in opposition to Christ, but was rather a continuation of God's promise. Calvin then describes the New Covenant using the passage from the Apostles' Creed that describes Christ's suffering under Pontius Pilate and his return to judge the living and the dead. For Calvin, the whole course of Christ's obedience to the Father removed the discord between humanity and God.

Calvin describes how the spiritual union of Christ and

humanity is achieved. He defines faith as the firm and certain knowledge of God in Christ. The immediate effects of faith are repentance and the remission of sin. This is followed by spiritual regeneration, which returns the believer to the state of holiness before Adam's transgression. Complete perfection is unattainable in this life, and the believer should expect a continual struggle against sin. Calvin's Institute is also devoted to the subject of justification by faith alone. He defined justification as the acceptance by which God regards us as righteous whom he has received into grace.

Calvin describes and defends the doctrine of predestination, a doctrine advanced by Augustine in opposition to the teachings of Pelagius. The theologians who followed the Augustinian tradition on this point included Thomas Aquinas and Martin Luther, though Calvin's formulation of the doctrine went further than the tradition that went before him. The principle, in Calvin's words, is that all are not created on equal terms, but some are preordained to eternal life, others to eternal damnation; and accordingly, as each has been created for one or other of these ends, we say that he has been predestinated to life or to death.

Calvin's institute also describes what he considers to be the true Church and its ministry, authority, and sacraments. He denied the papal claim to primacy and accusation that the reformers were schismatic. For Calvin the Church was defined as the body of believers who placed Christ at its head. By definition there was only one "cathoilc" or "universal" Church. Hence, he argued that the reformers "had to leave them in order that we might come to Christ." The ministers of the Church are described from a passage from Ehesians, and they consisted of apostles, prophets, evangelists, pastors, and doctors. Calvin regarded the first three offices as temporary, limited in their existance to the time of New Tesatament. The latter two offices were established in the church in Geneva. Although Calvin respected the work of ecumenical councils, he considered them to be subject to God's Word found in Scripture. he also believed that the civil and the church authorities were separate and should not interfere with each other.

Calvin's Institute defined a sacrament as an earthly sign associated with a promise from God. He accepted only two sacraments as valid under the new covenant: baptism and the Lord's Supper(in opposition to the Catholic acceptance of seven sacraments). He completely rejected the catholic doctrine of transubstantiation and treament of the Supper as a sacrifice. He also could not accept the Lutheran doctrine of sacramental union in which Christ was "in , with and under" the elements. His own view was close to Zwingli's symbolic view, but it was not identical. Rather than holding a purely symbolic view, Calvin noted that with the participation of the Holy Spirit, faith was nourished and strengthened by the sacrament. In his words, the eucharistic rite was "a secret too sublime for my mind to understand or words to express". I experience it rather than understand it.

Calvin's view of Jews is controversial. Many scholars have debated Calvin's view of the Jews and Judaism. Some have argued that Calvin was the least anti-semitic among all the major reformers of his time. Especially in comparison to Martin Luther. Others have argued that Calvin was firmly within the anti-semitic camp. Scholars agree that it is important to distinguish between Calvin's views toward the Biblical Jews and his attitude toward contemporary Jews. In his theology, Calvin does not differentiate between God's covenant with Israel and the New Covenant. He stated, "all the children of the promise, reborn of God, who have obeyed the commands by faith working through love have belonged to the New Covenant since the world began. Neverthe—less, he was a covenant theologian and argued that the Jews are a rejected people who must embrace Jesus to reenter the covenant.

Most of Calvin's statements on the Jewry of his era were polemical. For example, Calvin once wrote, "I have had much conversation with many Jews. I have never seen either a drop of piety or a grain of truth or ingenuousness from them. In this respect, he differed little from other Protestant and Catholic theologians of his day.

Among his extant wrtings, Calvin only dealt explicitly with issues of contemporary Jews and Judaism in his treatise.

Highlights of Calvin's Theology:
Calvin believed in the sovereignty of God and that God was in total control. He was known for his five tenets of Calvinism… known by the acronym T.U.L.I.P

* Total depravity of man and God's unconditional selection.
* Unconditional Election: Salvation & Predestination of God

are unconditional.

* Limited atonement: God sent Jesus Christ to die for the sins of his chosen; not for those who are unbelievers.
* Irresistible grace: Those chosen cannot resist God's grace in their lives.
* Perseverance of the saints: once a person is saved, they are eternally bound to Christ.

Calvinism and Arminianism

Calvinism has been challanged by Arminianism. The doctrines of these two are still divisive arguments in church history. Calvinism is based on the theological beliefs and teaching of John Calvin(AD 1509—1564) and Arminianism is focused on the views of Dutch theologian Jacobus Arminius(AD 1560—1609).

Arminius studied under John Calvin's son—in—law in Geneva and started out as a strict Calvinist. Arminius served as a pastor in Amsterdam and professor at the University of Liden in the Netherlands. After studying book of Romans for many years, Arminius began to doubt Calvinistic doctrines and rejected many of Calvin's ideas.

Calvinism centers on the supreme sovereignity, predestination, total depravity of man, unconditional election, limited atonement, irresistible grace, and the perseverance of the saints. On the other handn Arminianism emphasizes conditional election based on God's foreknowledge, man's free will through prevenient grace to cooperate with God in Salvation, Christ's universal atonement, resistible grace, and salvation that can potentially be lost.

Calvin's sovereignty is the belief that God is in complete control ovber everything that happens in the universe. His rule is supreme, and his will is the final cause of all things. In Calvinistic thinking, God's sovereignty is unconditional, unlimited, and absolute. All things are predetermined by the good pleasure of God'will. God foreknew because of his own planning. To the Arminian, God is sovereign but has limited his control in correspondence with man's freedom and response. God's decrees are asssociated with his foreknowledge of man's response.

Calvinist believe in the total depravity of man while Arminians hold to an idea of "partial depravity". Because of the Fall, man is totally depraved and dead in his sin. Man is unable to save himself and therefore God must initiate salvation. On the contrary, Arminianism believes that because of the Fall, man has inherited a corrupt, depraved nature. Through "prevenient grace", God removed the guilt of Adam's sin. Prevenient grace is defined as the preparatory work of the Holy Spirit, given to all, enabling a person to respond to God' call to salvation.

Election refers to the concept of how people are chosen for salvation. Calvinists believe elction is unconditional, while Arminians believe election is conditional. According to Calvinism, before the foundation of the world, God unconditionally chose (or "elected") some to be saved. election has nothing to do with man's future response. The elect are chosen by God. Arminianism believes that Election is based on God's foreknowledge of those who would believe in him through faith. In other words, God elected those who would choose him of their own free will. Conditional election is based on man's response to God's offer of salvation.

Atonement is the most controversial aspect of the calvinism

VS Arminianism. It refers to Christ's sacrifice for sinners. To the Calvinist, Christ's atonement is limited to the elect. In Arminian thinking, atonement is unlimited. Jesus died for everyone. For Calvinist, Jesus Christ died to save only those who were given to him(elected) by the Father in eternity past. Since Christ did not die for everyone, but only for the elect, his atonement is wholly successful. For Arminianist, the savior's atoning death provided the means of salvation for the entire human race. Christ's atonement, however, is effective only to those who believe God's grace has to do with his call to salvation. Calvinism says God's grace is irresistible while Arminianism argues that it can be resisted. For Calvinists, while God extends his common grace to all humankind, it is not sufficient to save anyone. Only God's irresistible grace can draw the elect to salvation, and make a person willing to respond. This grace can not be obstructed or resisted. To the Arminanist, man is able to cooperate with God and respond in faith to salvation through the preparatory (prevenient) grace given to all by the Holy Spirit. Through prevenient grace, God removed the effects of Adam's sin. Because of "Free will", men are also able to resist God's grace.

The free will of man versus God's sovereignty will is linked to many points in the Calvinism VS Arminianism debate. For Calvinism, all men are totally depraved, and this depravity extends to the entire person including the will. Except for God's irresistible grace, men are entirely incapable of responding to God on their own. For Arminianism, because prevenient grace is given to all men by the Holy Spirit, and this grace extends to the entire person, all people have free will.

Perseverance of the saints is tied to the "once saved, always saved" debate and the questions of eternal security. The Calvinist says the elect will persevere in faith and will not permanently deny Christ or turn away from Him. The Arminian may insist that a person can fall away and lose his or her salvaion. However, some Arminians embrace eternal security. To the Calvinist, believers will persevere in salvation because God will see to it that none will be lost. Believers are secure in the faith because God will finish the work he began. To Arminianist, by the exercise of free will, believers can turn away or fall away form grace and lose salvation.

It is important to note that all of the doctrinal points in both theological positions have a Biblical foundation, which is why the debate has been so divisive and enduring throught church history.

Different denominations disagree over which points are correct, rejecting all or some of either system of theology, leaving most believers with a mixed perspective. Because both Calvinism and Arminianism deal with concepts that go far beyond human comprehension, debate is certain to continue as finite beings try to explain an infinitely mysterious God.

A Brief History of Christianity

Christianity is a religion of Christians who confess that Jesus Christ is the Son of God and the savior of all humankind. This religion has been practiced by many people in the world. Christians share a common belief in Jesus Christ as truly divine and truly human.

Many scholars of the New Testament believe that Christ was born around 4 B.C. in Bethlehem and grew up in Nazareth of Galilee. Jesus Christ was the eldest son of Joseph, a carpenter, and his wife Mary. Writers of Matthew and Luke report that Jesus was conceived by the Holy Spirit and born of Virgin Mary. It is assumed that Jesus attended the local synagogue school since Jesus' parents were common Jewish people, and Jesus was also trained as a carpenter. According to Matthew, Jesus had discussions with teachers of the law in Jerusalem when he was only 12 years old. Jesus had unusual interest and knowledge in the Bible.

Jesus began His ministry at the age of thirty. His first public act was his baptism by His cousin John the Baptist in the Jordan River. Jesus spent forty days in the Jordan wilderness fasting, facing temptation, and contemplating His future ministry. Jesus selected twelve disciples for His public ministry. He spent three years with his disciples preaching and teaching in Galilee, Judea, and Perea. Dr. Bernard Anderson, Professor of Old Testament at Princeton Seminary suggested that Jesus' public ministry was recognized as balanced, equalizing the nature of God and service to man.

One of His public ministries was healing people. Many people were benefited by His miracles of healing. Through Jesus' unusual preaching and miraculous healing, people gradually believed that Jesus was the Messiah who was sent by God to save His people. Peter, a disciple of Jesus, once confessed that Jesus was the Son of the living God.

Jesus' teaching was the love of God and the love of man; He proclaimed that Heaven was at hand and people should repent of their sins to be saved. The central point of His preaching was the Kingdom of God.

The Sermon on the Mountain was His first preaching which focused on how to prepare to be a heavenly citizen. Jesus' primary concern was that people should dedicate their lives to do the will of God. The Parable of the "Mustard Seed" stressed the worth of human personality. Jesus emphasized that evil was to be opposed with vigor, but persons must be loved unendingly.

Ethically Jesus taught the principles of love rather than the rules and regulations that the Pharisees concentrated. Jesus saw body, mind, and spirit as a functional whole which is essentially good before Adam's sin. His most profound teaching was given in various Parables including the story of "Prodigal Son".

On the other hand, the leaders of Judaism were gradually threatened by His powerful preaching to the common people and by His unorthodox teachings and eventually Jesus was crucified by Pontius Pilate, the Roman procurator of Judea.

The Gospel reports that the miraculous resurrection of Jesus Christ occurred on the third day following His death. Later Jesus appeared to several groups of disciples for forty days. Jesus Christ ascended into heaven in front of His disciples.

The disciples of Jesus Christ gathered together to pray at the home of Mark, in the Upper Room in Jerusalem. At Pentecost they all experienced being filled with the Holy Spirit, and they began preaching the teachings of their risen Lord with great enthusiasm and dedication. Peter and James, brother of Jesus assumed leadership of the Jerusalem Church until its destruction along with the city in 70 A.D.

The New Testament tells us that Paul of Tarsus was a Jewish scholar who met Jesus Christ at Damascus and was converted to be an Apostle of Jesus Christ. Paul was the author of fourteen books of the New Testament, and was the first Apostle to state systematically the beliefs of Christianity. He was mainly responsible for transforming Judaism into Christianity. With his effort and dedication, the gentiles were welcomed to receive the Gospel of Jesus Christ.

The theologians of the Early Christian Church were gathered for discussion about which books would officially be recognized as canon. In 367 A.D. Athanasius, Bishop of Alexandria in an Easter letter discussed the Books he considered canonical. Later, various Church Councils that followed adopted this list.

Based on the criteria of church doctrine, the Early Christian Church was not organized well. There was a wide variety of beliefs which were uncontrollable. The famous heresy of the early church centered on a wide spread and diverse group known as Gnostics. They believed that the spirit was good and that flesh was evil.

Consequently, they denied that Christ could have been truly human. Jesus was not really born of the flesh and there was no resurrection of the flesh. The Gnostics also regarded Jehovah as an inferior being and rejected the Old Testament. Gnosticism was a syncretistic movement which incorporated beliefs of many Middle East religious and philosophies. It gave a lot of headaches to the early Christian church.

Many documents of the early church point out that there was also a movement to counter these heretics. The well-known Christian scholar, Irenaeus, Bishop of Lyons wrote against the heresies around 185 A.D.

During these heresies the Apostles Creed was adopted, and the New Testament was canonized in an attempt to control religious beliefs. It appears that political factors may have been more important in determining actions rather than theological issues and problems. Theological issues and arguments were enhanced by the writings of St. Augustine, formulating the doctrines of original sin, fall of man, and predestination. At the same time pietism was rising with the monastic movement; it also had an enormous influence on the early Christian church. The purpose of the Monasteries was to allow a place for prayer and communal living, resisting secular elements, leading a pietistic life, and practicing an ascetic and mystic life. They originated around the 5th century.

Thomas Aquinas, a Dominican monk who lived in the medieval historical period was one of the greatest thinkers the

Catholic Church ever produced. In his "Summa Theologiae" he applied Aristotelian philosophy to the formulation of Christian theology in an attempt to bring faith and reason. It was a great achievement for the Catholic Church. Thomas Aquinas was the original initiator for the post modernism. He argued, "salvation can be achieved by other religions but the best and highest way for salvation is Catholicism".

The doctrine of the medieval papacy set the stage for the Protestant Reformation. Reformation of Christianity was initiated by Martin Luther when he nailed his ninety—five theses on the door of the Wittenberg Church as grounds for debate with Catholic Authorities. John Calvin in Switzerland and John Knox were the originators of the Reformed Presbyterian Churches.

The marital problems of Henry VIII were instrumental in founding the Church of England, establishing the heritage of the Episcopal Church, and later the Methodist Church under the leadership of John and Charles Wesley.

The movement of Roman Catholic's Counter Reformation

was held at the Council of Trent in 1545 A.D. The Council declared that Catholic tradition was co—equal with the Scriptures as a source of truth, and that the Roman Church had the sole right to interpret the Scripture. They affirmed the seven sacraments: Baptism, Confirmation, Penance, Eucharist, Extreme Unction, Marriage, and Ordination. On the other hand, the Protestant Churches recognize two sacraments: Baptism and the Lord's Supper.

In 1854 A.D. the Catholic Church established the doctrine of the Immaculate Conception of Mary and bodily assumption of Mary.

The most prominent issue for the Catholic Church was the Papal Infallibility. The Vatican Council of 1869 declared the dogma of Papal Infallibility when the Pope speaks as extreme cathedra(cathedral). Another major decision the Catholic Church made was the recognition of non—Catholics as true Christians. The second Vatican Council(Vatican II) called by the Pope John XXIII in 1958 and the meetings between 1952 and 1965 effected the most sweeping changes ever made in the Roman Catholic Church. The Council also declared that Jews were not responsible for the death of Jesus Christ and took steps toward reconciliation with the Orthodox and Protestant Churches.

For the Protestant Churches, the missionary movement in the nineteenth century and the ecumenical movement in the twentieth century were the beginning of reconciliation among all the different groups of churches. The birth of the World Council of Churches(WCC) was important for sharing common issues and mission works among the protestant churches. The mainline churches of Christianity became less doctrinaire and the harmony among the different churches was visible.

With the rising ecumenical movement, the conservative churches sharply reacted to the modernism. The fundamentalists denounced the WCC. They basically opposed the worldliness. They emphasized the infallibility and inerrancy of the Bible, deity and virgin birth of Christ, the necessity of the atonement doctrine, and the physical or bodily resurrection of Christ. Out of Fundamentalism "Evangelicals" were born, and they have much larger missionary programs than the mainline churches.

김득해(Samuel Dukhae Kim)
초기와 중세 기독교 신학

초판인쇄 | 2019년 10월 14일
초판발행 | 2019년 10월 21일

지 은 이 | 김 득 해(Samual Dukhae Kim)
발 행 인 | 서 정 환
펴 낸 곳 | 인간과문학사
주   소 | 서울시 종로구 삼일대로 32길 36 305호
　　　　　 (익선동 운현신화타워빌딩)
전   화 | 02) 3675-3885, 063) 275-4000
등   록 | 제300-2013-10호
E-mail | human3885@naver.com
　　　　　 inmun2013@hanmail.net

값 15,000원

ISBN 979-11-6084-107-7 03200

* 저자와 협의하여 인지는 생략합니다.
* 잘못된 책은 바꿔 드립니다.

> 이 도서의 국립중앙도서관 출판시도서목록(CIP)은 서지정보유통지원시스템 홈페이지(http://seoji.nl.go.kr)와 국가자료공동목록시스템(http://www.nl.go.kr/kolisnet)에서 이용하실 수 있습니다. (CIP제어번호 : CIP2019038666)